Silke Feltes & Anja Schriever

Salzkammergut

Wandern für die Seele

20 Wohlfühlwege

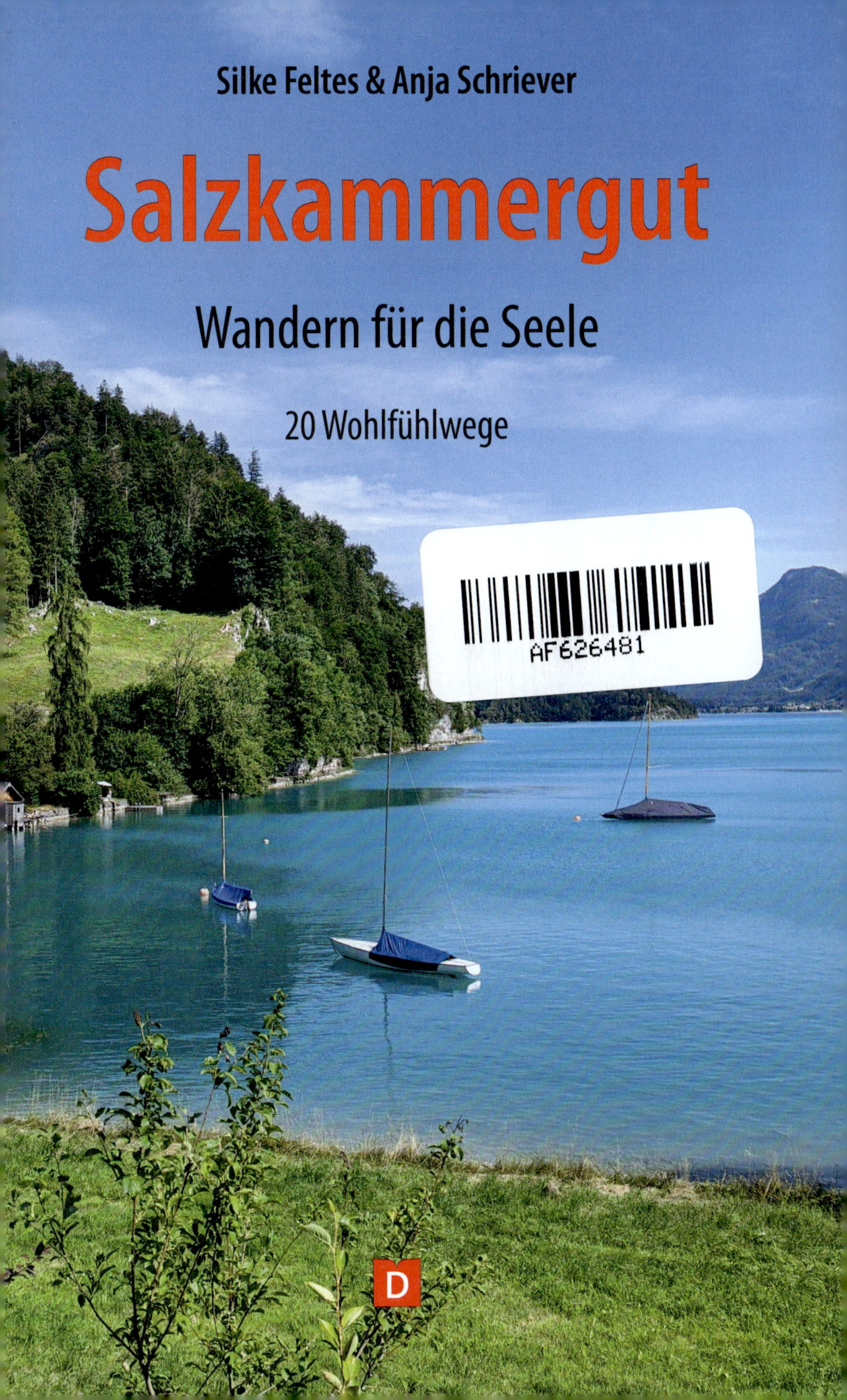

Alle Touren auf einen Blick

AUSZEITEN

WEITBLICKE

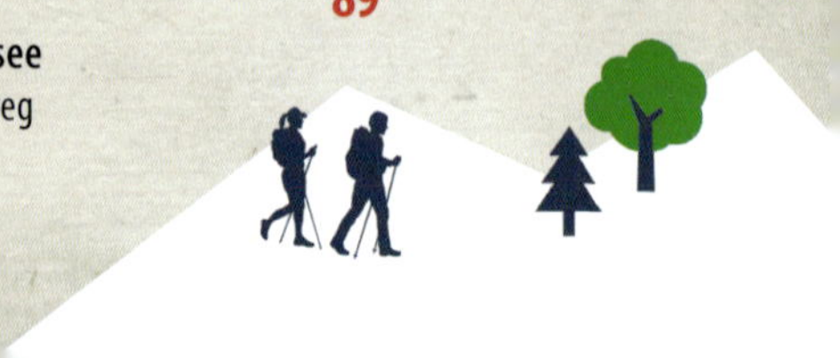

GENUSS

ENTSCHLEUNIGUNG

ERFRISCHUNG

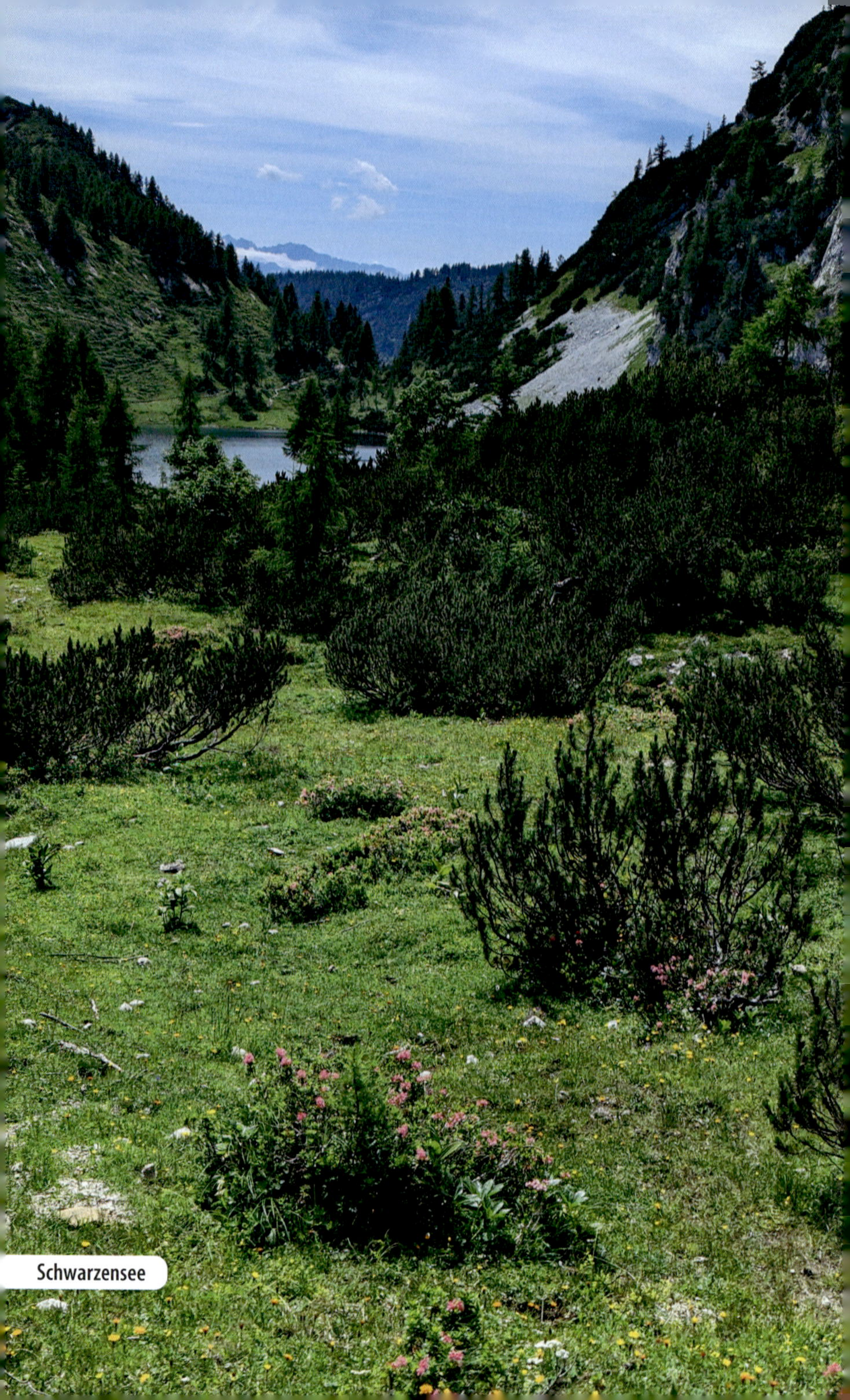

Schwarzensee

Griaß eich!

Es hat uns erwischt! Wir sind verliebt. Ins Salzkammergut. In all diese kleinen und großen Seen mit ihren unglaublichen Farben. In diese grandiosen Berge, die hier noch sanfter als in den Hochalpen, aber bitte niemals zu unterschätzen sind. In diese unendlichen Wälder, reine Kraftorte. In die saftig grünen Almwiesen mit ihrer kunterbunten Blumenvielfalt. All die tosenden Bäche und Klammen. Ach, immer geraten wir aufs Neue ins Schwärmen über die **Schönheit des Salzkammerguts.**

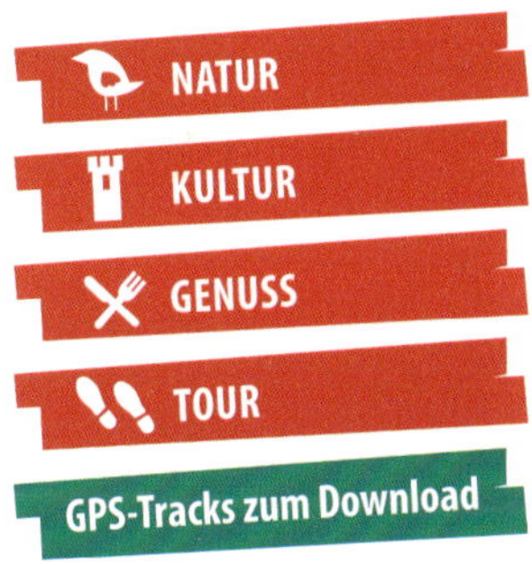

Wir sind damit nicht allein. Das Salzkammergut mit seiner wildromantischen Kulturlandschaft übte auf Künstler im 19. und 20. Jahrhundert einen besonderen Reiz aus. Im Gefolge des Habsburger Hochadels, der hier die **Sommerfrische** genoss, entwickelte sich die Gegend zum internationalen Hotspot der Maler, Literaten, Musiker und Komponisten. Und so begegnen uns auf allen Wegen auch diese beiden: Kaiser Franz Joseph und Kaiserin Elisabeth, genannt Sisi. Die schönste (und eine der gebildetsten) Frauen ihrer Zeit genoss hier die **Freiheit** ohne das strenge Wiener Hofzeremoniell.

Drei Bundesländer, 76 Seen. Gebirgszüge vom Alpenvorland bis zu den nördlichen Kalkalpen. Vom Panoramablick übers Waldbaden bis zur meditativen Entschleunigung: Wir wünschen viel Freude mit unseren **Lieblingstouren!**

In diesem Sinne
Pfiat eich!

Anja Schriever und Silke Feltes

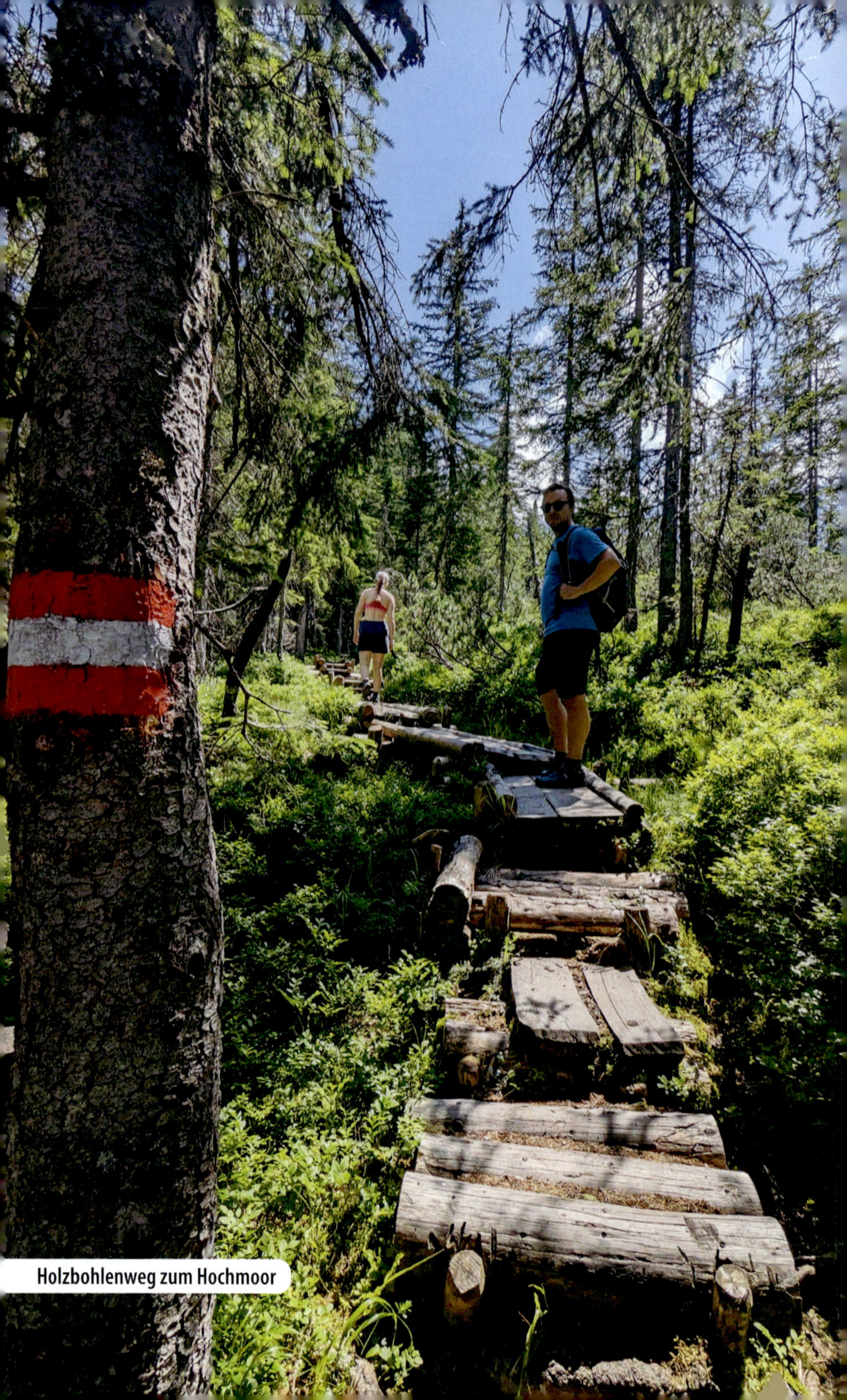

Holzbohlenweg zum Hochmoor

Kraftorte

Waldbaden rund ums Löckernmoos

Manche Dinge im Leben muss man sich erarbeiten, um hinterher umso reicher belohnt zu werden. So etwa den wunderbaren Kraft- und Glücksort Löckernmoos, hoch oben über dem Gosautal. Will heißen: Wir steigen erst knappe zwei Stunden durch den zauberhaftesten Wald bergauf, um dann den Rundweg durch das Hochmoor zu genießen.

Start ist ein kleiner, privat anmutender Parkplatz im Gosauer Ortsteil Hintertal. Ein großes gelbes Schild „Rodelbahn", darunter die kleinen Wanderschilder „Löckernmoos", „Schleifsteinbrüche" weisen den Weg, der direkt am Parkplatz beginnt. Nach einem kurzen Stück Forstweg geht es rechts berghoch einen kleinen **Waldpfad** entlang. Farne, Gräser, Klee und Walderdbeeren säumen unseren Weg. Wir steigen auf, bis wir wieder auf die Straße treffen und dann nach rechts ein gutes Stück sanft bergauf wandern. Nach 1 Kilometer führen rechts einige Stufen in den Wald hinein. Der gesamte Weg ist übrigens durchgehend gut und eindeutig beschildert.

Der kleine ***Löckernsee*** *(geschrieben mal mit, mal ohne „n") mitten im 10.000 Jahre alten Hochmoor ist 2015 zum schönsten Ort in Oberösterreich gewählt worden. Das 7,7 Hektar große Naturschutzgebiet liegt auf 1400 Metern Höhe.*

Jetzt beginnt das Waldbaden in einem wunderschönen Wald mit großen Fichten und genug Platz für die Sonne, überall durchzuscheinen. Eine grüne Decke aus Farnen, Moos, Klee und Waldheidelbeeren bedeckt den lichtdurchfluteten Waldboden. Wir tauchen tief ein in diese besondere Waldatmosphäre, öffnen all unsere Sinne und saugen die magische Stimmung und die starke Kraft der alten Bäume ein. Wir fühlen uns wie in einem wahrhaftigen Elbenwald.

Kilometer: 11,7
Höhenmeter: 680
Stunden: 5
RUNDWEG

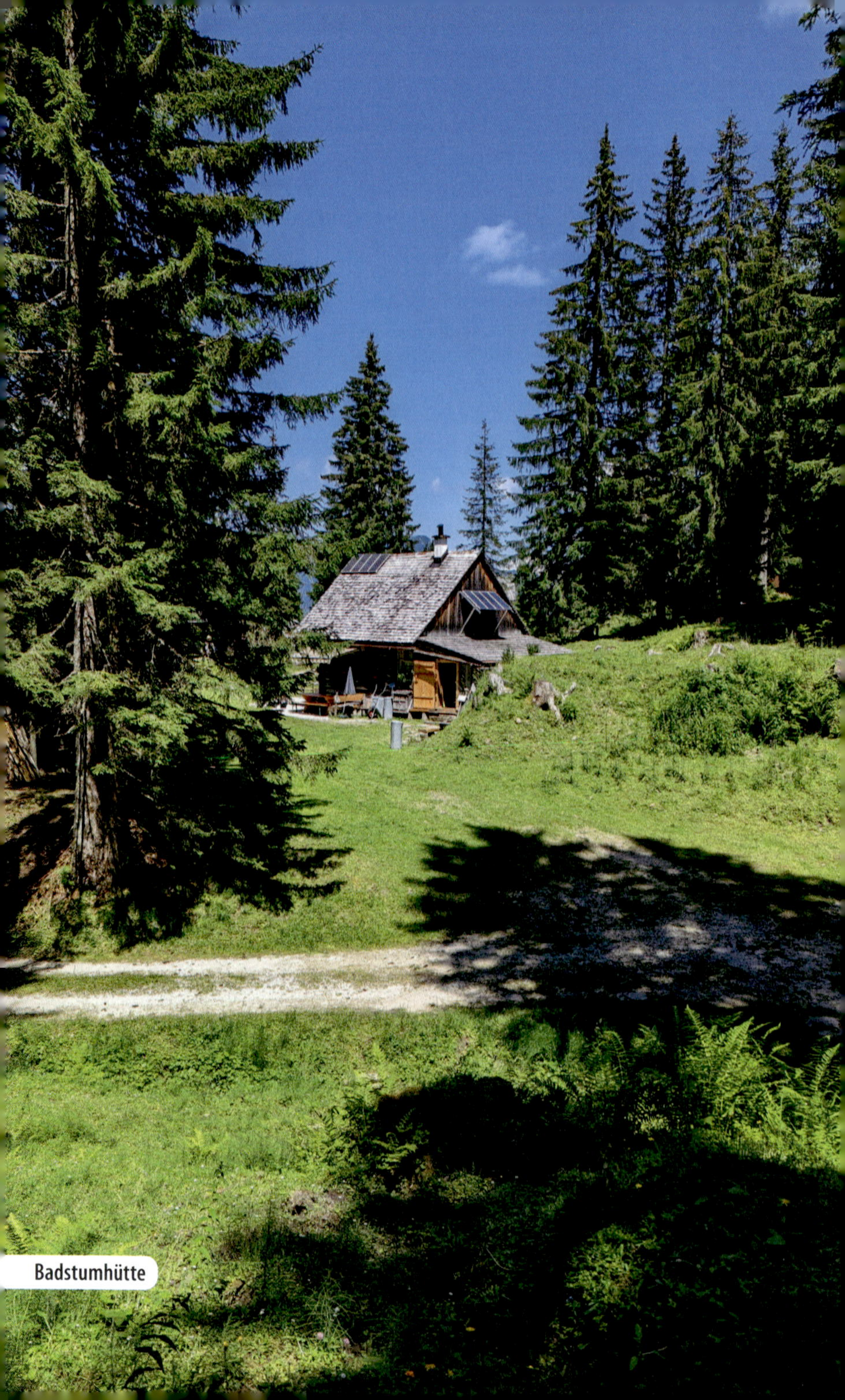

Badstumhütte

Wandern auf Waldwegen kann einer Meditation gleichen. Schritt für Schritt steigen wir langsam bergauf und atmen die sogenannten Terpene ein, Pflanzenbotenstoffe, die die Bäume absondern und die in erster Linie für die natürlichen Heilkräfte des Waldbadens stehen.

Über Wurzeln und gelegentlich Holzbohlenstege geht es immer weiter steil bergauf. Einmal kreuzen wir die Straße und steigen gleich gegenüber wieder in den Wald. Immer wieder gibt es im Sommer Walderdbeeren oder wilde Heidelbeeren zum Naschen. Auf abgesägten Holzstümpfen kann man zwischendurch rasten und durchschnaufen.

Für die Seele

An einem uralten Kraftort erleben wir mit Blick auf den majestätischen Gosaukamm innere Einkehr.

Endlich oben angekommen erblicken wir links einige Holzhütten. Um dort hinzugelangen, machen wir einen kleinen Schlenker nach rechts über die historischen ❶ **Schleifsteinbrüche.** Die nächste Kreuzung nach links und wir stehen kurz darauf im **Steinbruch** mit einigen Infotafeln.

„Shinrin Yoku" heißt die Naturheilmethode aus Japan. Beim ***Waldbaden*** *geht es darum, Stress abzubauen, die Gedanken abzuschalten und völlig in die einzigartige Atmosphäre des Waldes einzutauchen. Der (achtsame) Weg ist hier das Ziel.*

Ab jetzt folgen wir den Schildern **„Löckernmoos-Rundweg",** zunächst links in den Wald hinein. Nach ein paar Minuten erreichen wir die Holzhütten, von denen eine, die ❷ **Badstumhütte,** bewirtschaftet ist. Dort gönnen wir uns eine kleine Jause und lassen uns

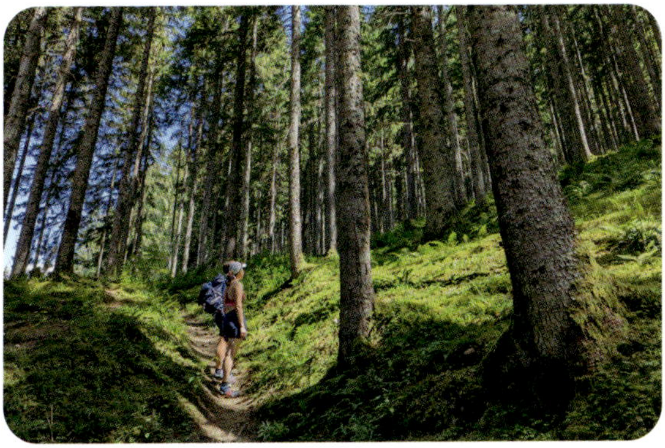

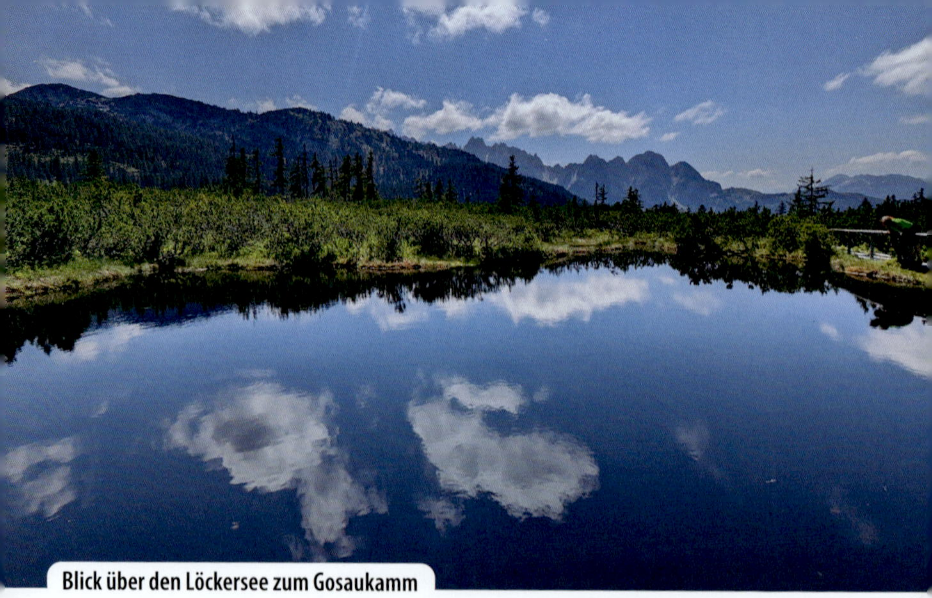

Blick über den Löckersee zum Gosaukamm

Der **Gosauer Schleifstein** ist ein quarzreicher Sandstein. Vor 83 Millionen Jahren wurde Verwitterungsschutt in Schlammlawinen in tiefere Meeresbereiche verfrachtet. Das Schleifsteinlager liegt auf dem Dachsteinkalk, der 120 Millionen Jahre früher abgelagert wurde.

die hausgemachten Pofesen schmecken, eine der einfachen, aber delikaten österreichischen Mehlspeisen. Die umstehenden alten **Schleifsteinhauerhütten** sind hervorragend erhalten und man kann sich gut vorstellen, wie einfach und abgeschieden die Steinhauer hier früher gelebt haben.

Weiter geht es den Löckernmoos-Rundweg entlang und über Holzbohlentreppen und -stege den letzten, kleinen Anstieg hinauf. Wir betreten die einzigartige Welt des sogenannten Deckenmoors ③ **Großes Löckernmoos.** Auf 7,7 Hektar erstreckt sich ein wahres Meer an Latschenkiefern. Dazwischen wilde Moorpreiselbeeren, Moosbeeren, Heidegebüsch und sogar eine fleischfressende Sonnentauart. Der gesamte Weg führt über **Holzstege,** die aus Naturschutzgründen nicht verlassen werden dürfen. Nach kurzer Zeit eröffnet sich die grandiose Aussicht auf den majestätischen **Gosaukamm** und weiter westlich auf das Tennengebirge und die Osterhorngruppe. Dann plötzlich liegt der kleine ④ **Löckersee** wie ein Moorauge vor uns. Eher ein Tümpel, komplett schwarz wirkt er wie ein tiefgründiger Spiegel der umgebenden Natur.

Am See entlang gibt es einige Bänke. Auch in der Hauptsaison ist man hier oben meistens alleine, viele scheinen den steilen Aufstieg zu scheuen. Umso besser für uns: Wir lassen uns auf einer Bank nieder, genießen diesen einmalig schönen Kraftplatz und meditieren. Diese Stille! Gelegentlich das Summen einer Biene oder das Surren der Libellen. Das sanfte Rauschen des Windes durch die kleinen, krummen Latschenkiefern. Das Wort „Löckern" bezeichnet im Gosauer Dialekt übrigens die naturgeschützten Latschenkiefern. Noch einmal tief atmen und die Kraft des jahrtausendealten Moores direkt unter uns spüren.

*Der Löckernmoosberg wird vom **Hochmoor** wie von einer Decke überzogen. In Mitteleuropa entstehen Moore in der Regel durch die Verlandung von Stillgewässern oder die Versumpfung von Geländemulden. Deckenhochmoore sind hier eine Rarität.*

Wir folgen dem Bohlenweg und gehen schließlich bergab wieder in den Wald hinein. Nach kurzer Zeit erreichen wir einen ❺ **Unterstand,** von dem aus man noch einmal einen fantastischen Blick auf die umliegende Bergwelt hat. Wir biegen nach links auf einen geschotterten Forstweg, der in eine breitere Forststraße mündet. An der Kreuzung gehen wir geradeaus weiter in Richtung Grubalm/Rossalm. Rechts des sonnigen Weges wachsen unzählige Walderdbeer-Pflanzen. Ob wir schon reife Erdbeeren finden? Wir passieren eine unbewirtschaftete Alm und kehren schließlich in die gemütliche ❻ **Grub-Alm** ein und nehmen noch eine kleine Stärkung zu uns, bevor später der Abstieg beginnt.

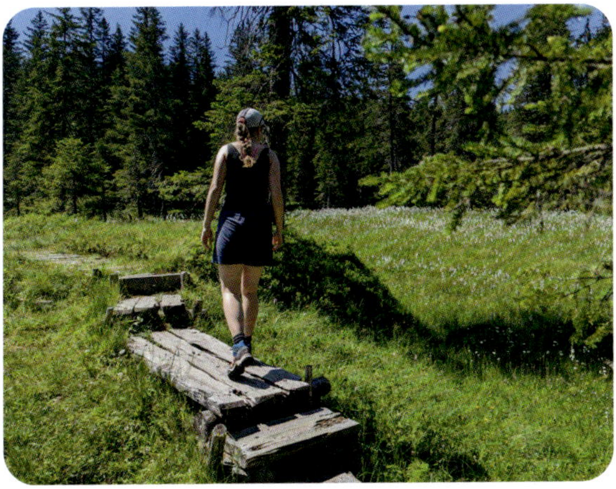

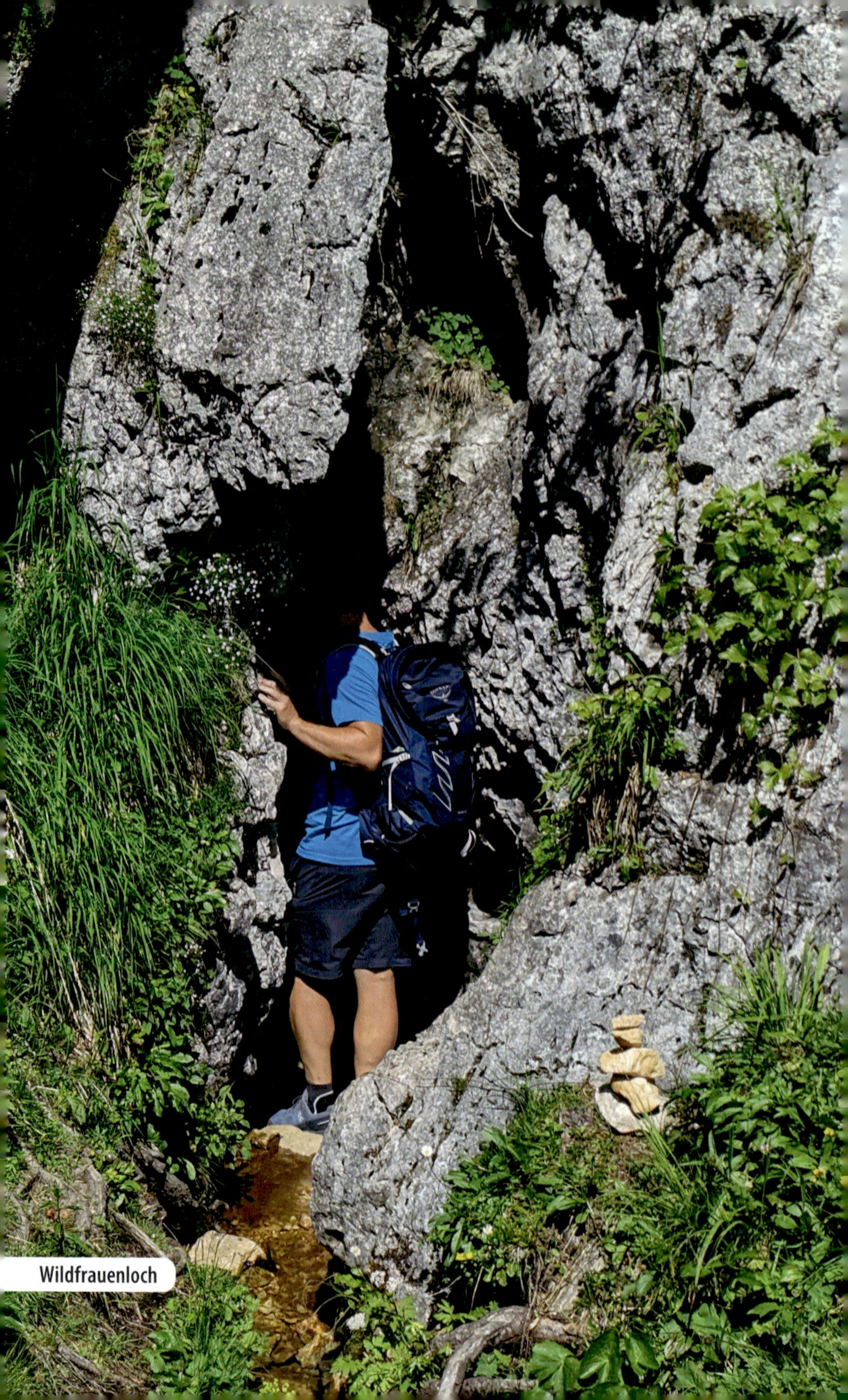

Wildfrauenloch

Doch zuvor führt der Weg noch zum ❼ **Wildfrauenloch,** einer spaltenförmigen Karsthöhle im Unterberger Marmor. Hier sollen der Legende nach in früheren Zeiten die Wildfrauen gesiedelt haben. Oder orientiert sich die Namensgebung doch eher an der Form des Eingangs, die an das weibliche Geschlecht erinnert? Wie auch immer: Ein paar wenige Meter kann man die enge Höhle unbedenklich betreten und vor allem den kühlen Luftzug genießen, der schon im Eingangsbereich für deutliche Erfrischung sorgt.

Als Nächstes durchqueren wir das ❽ **Grubalm-Niedermoor,** ein – im Gegensatz zum Hochmoor – mit mineralstoffreichem Mineralboden- und Quellwasser versorgtes Hanggebiet. Die Flora und Fauna ist hier eindeutig üppiger. Nach einigen geschlossenen Almhütten erreichen wir mit dem Ende des Rundwegs wieder die **Badstumhütte** und erfrischen uns noch mal an der kleinen hölzernen Tränke.

Ab jetzt geht es ungefähr 1,5 Stunden bergab. Wir folgen zunächst dem Schild „Gosau Mittertal“. Theoretisch könnte man immer bequem, aber länger und nicht halb so schön die Forststraße bergrunter laufen. Wir bevorzugen den Weg durch den Wald: Immer wieder queren wir die Forststraße, immer wieder suchen wir erneut den Einstieg in den Wald.

Etwa auf halber Strecke bergab gibt es die Möglichkeit, dem Schild „Gosau Hintertal“ zu folgen. Hier würde man die Forststraße weiterlaufen und nach einer guten Weile auf den Weg stoßen, den wir bergauf genommen haben, und damit direkt am Parkplatz rauskommen. Wir empfehlen diese Variante bei starker Hitze und Sonnenschein. Ansonsten folgen wir weiter dem Hinweis „Gosau Mittertal“ immer durch den Wald (zum Teil steil) bergab. Glücklich, wer seine Wanderstecken dabeihat!

Nach einem Gatter mit hölzernem Drehkreuz direkt an einem kleinen Wasserfall erreichen wir wieder die Zivilisation. Nun geht es eine ruhige Straße entlang an schmucken Bauernhäusern, bis wir unten im Tal die Brücke über die Gosau überqueren und nach links den 9 **Gosaubachweg** nehmen. Zunächst ein kleines Stück an der Bundesstraße entlang, dann folgen wir immer dem Bachlauf durch das pittoreske weite Tal. Vor uns liegt der eindrucksvolle Gosaukamm, nach links blicken wir stolz auf den Berg, den wir vor gar nicht langer Zeit erklommen haben.

Auf ebener Strecke wandern wir gemütlich bis zum Wanderparkplatz. Zur Belohnung gönnen wir uns auf dem Rückweg die Einkehr in dem kulinarisch herausragenden **Welterbewirtshaus Steegwirt,** direkt an der unter Denkmalschutz stehenden Seeklause in Steeg am Hallstätter See.

Der ***Steegwirt*** *ist einer der wenigen erhaltenen Renaissancebauten im Salzkammergut. 1571 wurde hier erstmals die „Mühlen- und Schankgerechtigkeit" urkundlich bezeugt. Seit Jahren zeichnet der Gourmetführer Gault&Millau das Haus zuverlässig mit zwei Hauben aus.*

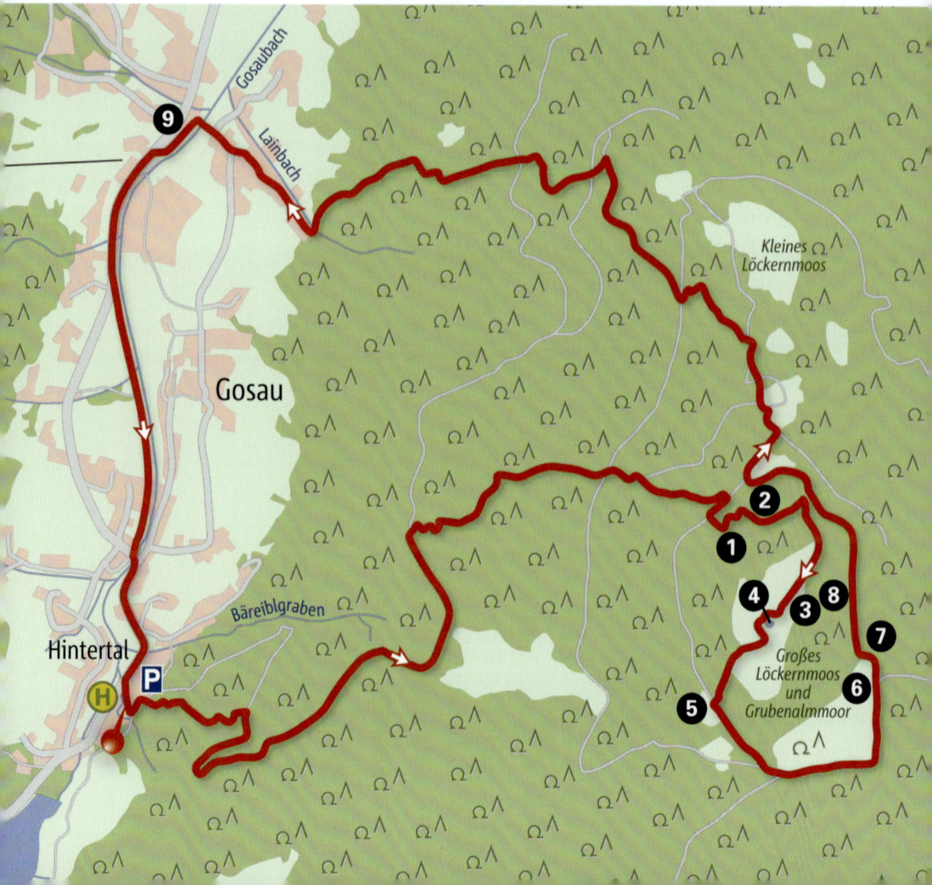

ALLES AUF EINEN BLICK

Entspannung 5/5
Abenteuer 5/5
Vielfalt 4/5

WIE & WANN

Schattiger, steiler Waldpfad, bei oder nach Regen nicht empfehlenswert. Durchs Moor Holzbohlenweg. Kurze Strecken auf Forststraßen. Bei gutem Wetter von Frühjahr bis Herbst wanderbar.

HIN & WEG

Auto: Kleiner Wanderparkplatz in Gosau Hintertal, Gosau 117, 4825 Gosau
ÖPNV: Bus 542, Haltestelle Hintertal Gosau Madlgasse

ESSEN & ENTSPANNEN

2 **Badstumhütte,** Gosau 266, 4825 Gosau, Tel. +43 (61 36) 83 79
6 **Triamer Hütte – Grubalm,** Gosau, 4824 Gosau, Tel. +43 (61 36) 82 91

Abseits der Route empfehlenswert:
Welterbewirtshaus Steegwirt, Au 12, 4822 Bad Goisern am Hallstätter See, Tel. +43 (61 35) 83 02, www.steegwirt.at

ENTDECKEN & ERLEBEN

1 **Schleifsteinbrüche**
3 **Großes Löckernmoos**
4 **Löckersee**
5 **Unterstand mit Bergblick**
7 **Wildfrauenloch**
8 **Grubalm-Niedermoor**
9 **Gosaubachweg**

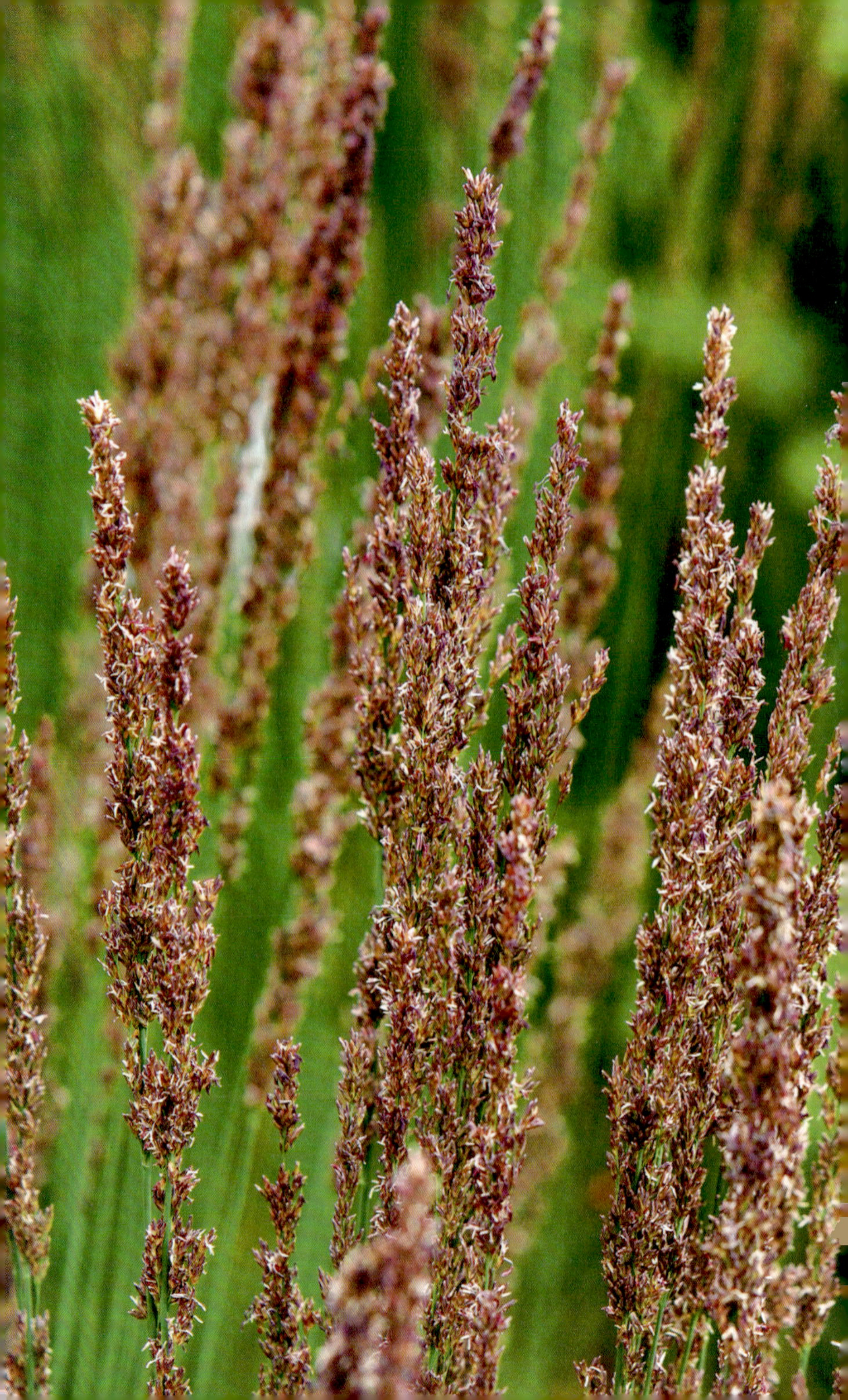

Wildes Hochmoor

Zum Eibensee und auf das Marienköpfl

Dort, wo der Eibenseeweg auf die Wolfgangsee-Bundesstraße trifft, beginnt unsere Tour an einer kleinen Wanderparkbucht gegenüber eines Pferdepaddocks. Mit etwas Glück werden wir von den hübschen Kaltblütern freundlich angeschnaubt, während wir unseren Rucksack schultern.

Wir folgen dem gelben Wanderwegweiser 13 „Eibensee/Marienköpfl". Direkt neben dem rauschenden **Eibenseebach** wandern wir durch den Wald bergauf. Regelmäßiges Innehalten lohnt sich: Außer dem Geräusch des Wassers hören wir nur die Tiere des Waldes. Straßenlärm oder Häuser gibt es hier nicht – die Stille ist eine Wohltat für unsere Ohren!

Wir passieren das **alte Forsthaus** und eine Staumauer und überqueren ein Wildgatter. Ab hier dürfen keine Fahrräder mehr fahren, ein hoher Zaun hält sie von Querfeldeinfahrten ab. An zwei Abzweigungen halten wir uns jeweils rechts. Nach einer guten halben Stunde ändert sich die Landschaft. Wir gelangen an ein lichtes Moorgebiet. Wir haben das ❶ **Wildmoos** mit seinen im Sommer blühenden Pfeifengraswiesen erreicht. Schilder weisen darauf hin, dass das Betreten der Moorwiesen verboten ist. Das macht nichts, denn vom Weg aus haben wir einen wunderbaren Blick auf die artenreiche Moorlandschaft.

Hinter der ausgeschilderten großen Wildwiese biegen wir in den mittleren der drei Wege halblinks ab und folgen dem Wanderweg 13 weiter. Nach wenigen Minuten zweigt ein Waldpfad nach rechts vom Forstweg ab,

*Das **Wildmoos** ist ein Landschaftsteil, der von der Berg- und Naturwacht des Landes Salzburg geschützt wird. Für Hunde herrscht hier Leinenpflicht.*

Kilometer: 10,5
Höhenmeter: 370
Stunden: 2,5
STRECKE (hin und zurück)

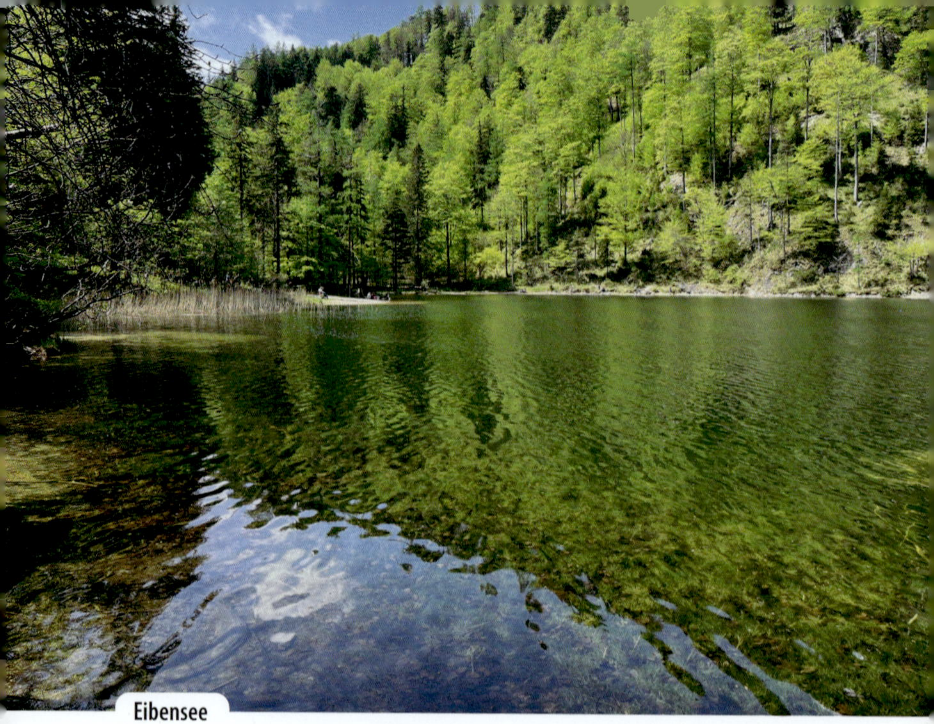

Eibensee

Der **Eibensee** liegt zwischen St. Gilgen und Fuschl auf 952 Metern Höhe. Der Bergsee ist bis zu 14 Meter tief, 280 Meter lang und 175 Meter breit.

hier biegen wir ein. Noch wenige Meter, dann sind wir an unserem ersten Ziel angekommen: Der ❷ **Eibensee** präsentiert sich jetzt in seiner ganzen Anmut vor uns. Man kann sich der beruhigenden Wirkung dieses Herzstücks der Natur wohl kaum entziehen. Im Sonnenlicht spiegeln sich die umliegenden Berge und die hohen, alten Bäume. Was für ein rares Naturspektakel!

Beflügelt von diesem ersten Anblick gehen wir weiter, der Weg führt uns an der linken Seeseite bis zum gegenüberliegenden Seeende, wo einige Picknickbänke und kleine verlockende ❸ **Badebuchten** auf uns warten.

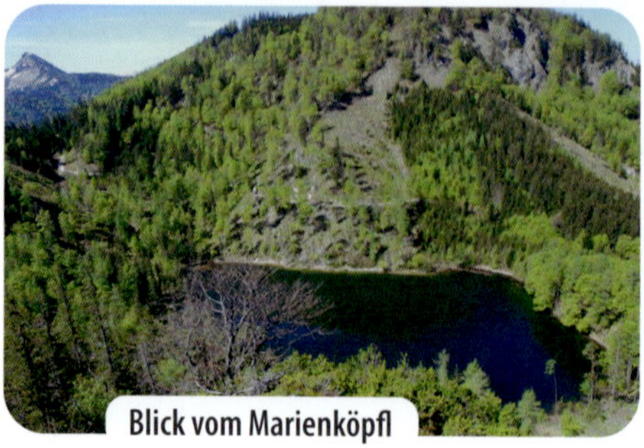

Blick vom Marienköpfl

Eine vollständige Umrundung des Sees ist aufgrund der Felsen nicht möglich, daher gehen wir nach einer ausgiebigen Genuss-Pause auf demselben Weg wieder zurück zum Seebeginn. Jetzt nehmen wir aber nicht den Weg nach unten zurück nach Fuschl, sondern halten uns rechts und folgen dem Wegweiser „Marienköpfl". Zunächst wandern wir den Forstweg weiter bergan. Nach rund 10 Minuten verlassen wir den breiten Weg und biegen nach rechts in einen kurzen Waldpfad ein, der in einen felsigen Pfad übergeht. Hier wird es für einige wenige Minuten anstrengend, denn es geht recht steil bergan. Da ragt es schon hervor, das **4 Gipfelkreuz des Marienköpfls!** Das Herz geht schneller, der Atem sowieso – wir haben einen Sehnsuchtsort erreicht.

Für die Seele

Durch stillen Wald wandern wir zum Eibensee und genießen Gipfelglück auf dem Marienköpfl.

Hier auf diesem kleinen Gipfel können wir wohltuende Weite spüren. Wir stehen auf 1074 Metern Höhe. Nach unten blicken wir auf den Eibensee, umringt von Schober, **Almkogel** und **Frauenkopf** – da unten sind wir gerade noch hergegan-

Promenade in Fuschl

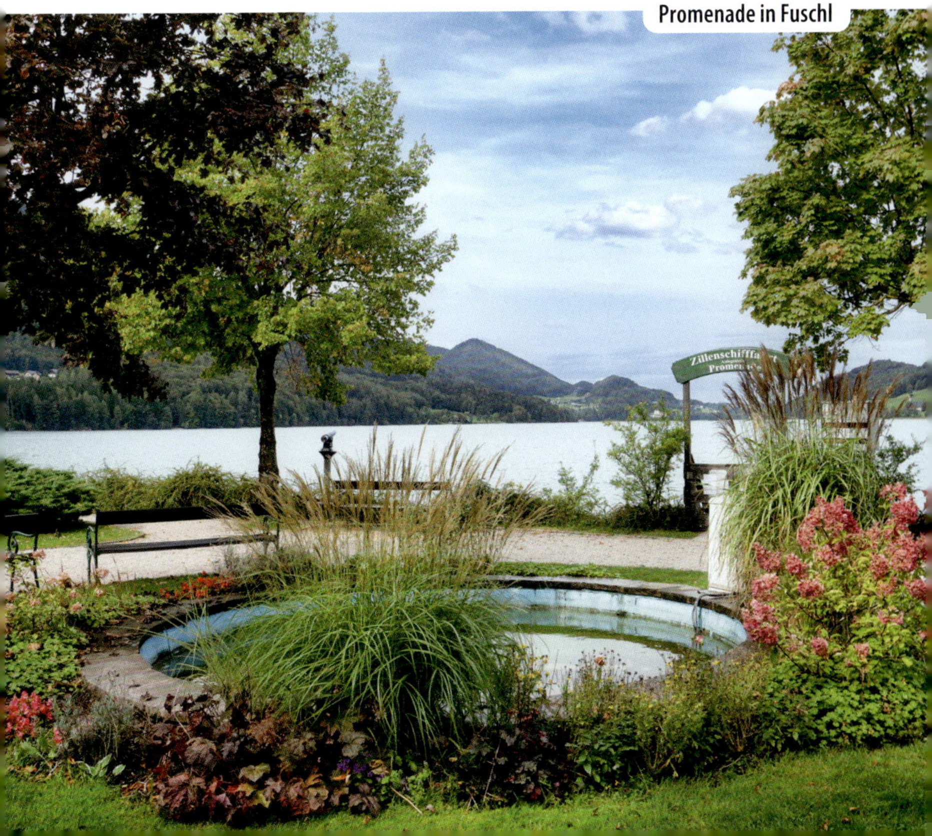

> *Wem der Aufstieg ab Eibenseebach zu wenig fordernd ist, dem empfehlen wir den **steileren Aufstieg über einen Steig** aus Richtung St. Gilgen ab „Kleiner Kapelle“. Der Einstieg befindet sich gegenüber dem Gasthaus Gimsenwirt, ebenfalls an der Wolfgangsee-Bundesstraße.*

gen! Gegenüber erblicken wir die imposante **Drachenwand** (1176 Meter) am Mondsee. Wer schwindelfrei ist, verweilt hier und genießt die Vollkommenheit der Natur an diesem außergewöhnlichen Glücksort.

Zurück geht es auf demselben Weg, immer den Wegweisern nach ⑤ **Fuschl am See** folgend. Es lohnt sich, nach der Wanderung etwas Zeit zum Flanieren in Fuschl einzuplanen. Das kleine Dorf verbindet Tradition und Moderne auf spannende Weise. Direkt am See lädt eine gemütliche kleine **Promenade** zum Entspannen ein. Auch ein Abstecher zu den **Red Bull Headquarters** direkt an der Bundesstraße, gegenüber dem Ortseingang, ist sehr lohnenswert.

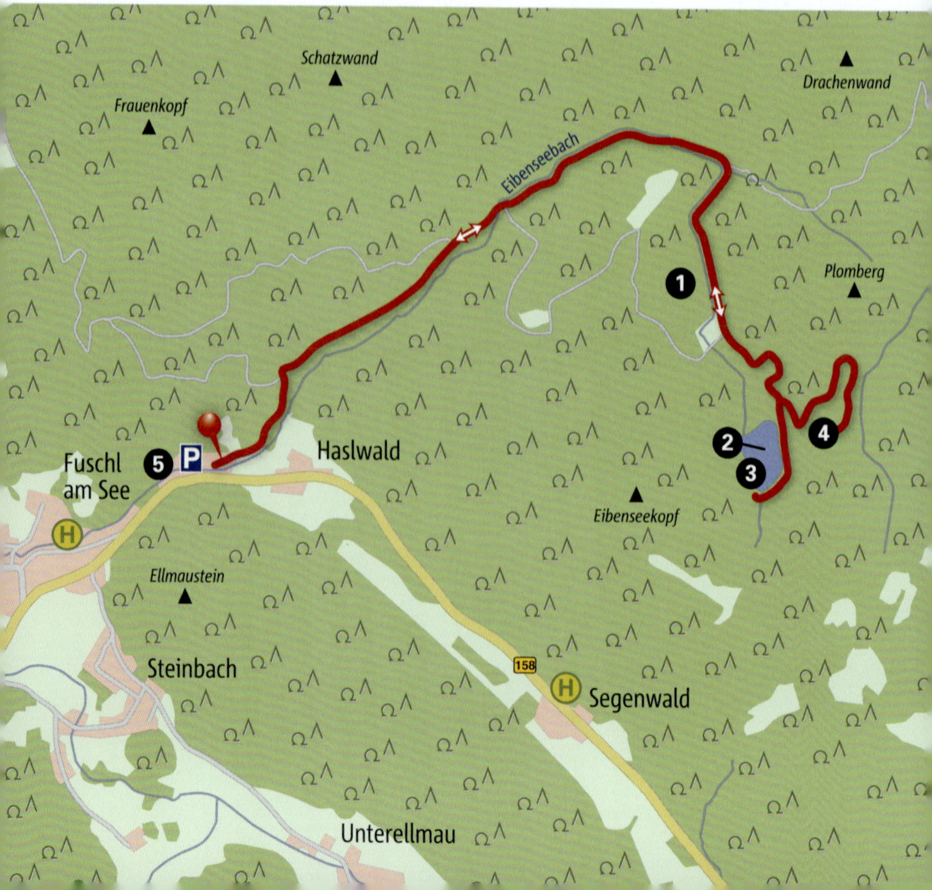

ALLES AUF EINEN BLICK

Entspannung 5/5
Abenteuer 3/5
Vielfalt 4/5

WIE & WANN

Der Weg hinauf zum Eibensee führt über einen geschotterten Forstweg. Der (kurze) Aufstieg zum Gipfelkreuz des Marienköpfl ist schmal, steinig und steil. Wegen des Weitblicks vom Gipfel vor allem bei klarem Wetter empfehlenswert. Nicht geeignet bei Schnee.

HIN & WEG

Auto: Buchten zum Parken an verschiedenen Stellen am Eibenseeweg bei Fuschl (auf der Wolfgangsee-Bundesstraße aus Richtung Wolfgangsee kommend kurz vor der Ortschaft Fuschl, in Höhe des Hauses Füsslmühle, hinter dem Brückengeländer nach rechts einbiegen in den Eibenseeweg)
ÖPNV: Bus 150, Haltestelle Pöllach oder Fuschl am See, dann circa 1 Kilometer zu Fuß zum Eibenseeweg

ESSEN & ENTSPANNEN

Wie wäre es mit einem Rucksackpicknick am See? Denn entlang dieser Tour gibt es keine Gastronomie. Die nächstgelegenen Wirthäuser und schönen Cafés befinden sich in Fuschl am See und St. Gilgen.

ENTDECKEN & ERLEBEN

1. **Wildmoos**
2. **Eibensee**
3. **Naturbadebuchten**
4. **Gipfelkreuz Marienköpfl**
5. **Fuschl am See**

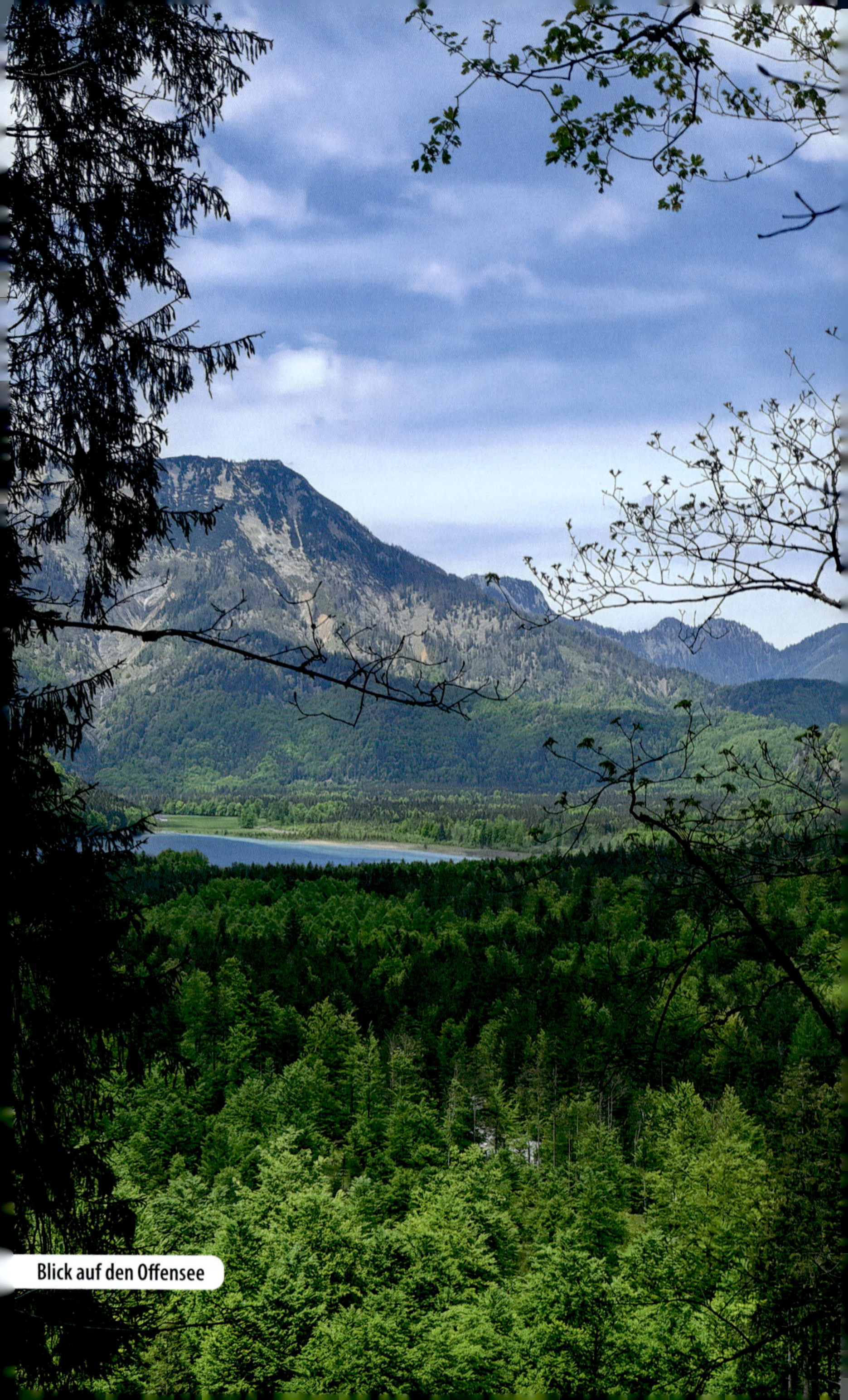

Blick auf den Offensee

Landschaftsperle

Entspannung am Offensee

Startpunkt ist der Parkplatz am Ende der einzigen Straße (L1296), die zum Offensee führt. Während viele Spaziergänger den schnellen Weg direkt zum Strandcafé wählen, laufen wir gegen den Uhrzeigersinn um den See, hauptsächlich um uns die schnuckelige Jausenstation als Belohnung für den letzten Teil der Wanderung aufzusparen. Direkt am Parkplatz zweigt ein kleiner Pfad in den Wald ab. Eine **romantische Waldauenlandschaft** wird nach einer Weile abgelöst durch ein kurzes abgeholztes Waldstück. Es geht zurück auf die Straße, um gleich nach 50 Metern wieder links durch das Holztürchen Richtung „Restaurant Offensee“ (seit Längerem geschlossen) abzubiegen.

Ein erster Blick geht über die saftigen Weiden, hinten blitzt der See, dahinter das grandiose **Massiv des Toten Gebirges.** Wir laufen direkt auf das ehemalige, in klassischem Königsbrunner Gelb gehaltene **1 Jagdschloss von Kaiser Franz Joseph** zu. Kurz gestatten wir uns zu träumen und denken an Franz und Sisi und ihren Hofstaat, die hier vor mehr als 150 Jahren die Sommerfrische beziehungsweise die Jagd genossen.

Nach dem Ende der Kaiserzeit fungierte das Schlösschen zunächst als Lungenheilanstalt beziehungsweise als Kurort für Kinder mit Knochentuberkulose. Heute befinden sich dort private Unterkünfte. Direkt vor dem Jagdhaus biegen wir links ab auf einen breiten, angenehm zu laufenden Forstweg. Nach und nach eröffnet sich uns nun die ganze Schönheit des Offensees.

Ganz zünftig mit kurzer Lederhose, zweireihigem Loden und Gamsbarthut frönte ***Kaiser Franz Joseph*** *rund um den Offensee seiner Leidenschaft: der Jagd. Hirsche, Gämse, Auerhähne, Wildschweine, insgesamt soll er rund 55.000 Stück Wild erlegt haben.*

Kilometer: 9
Höhenmeter: 370
Stunden: 4
RUNDWEG

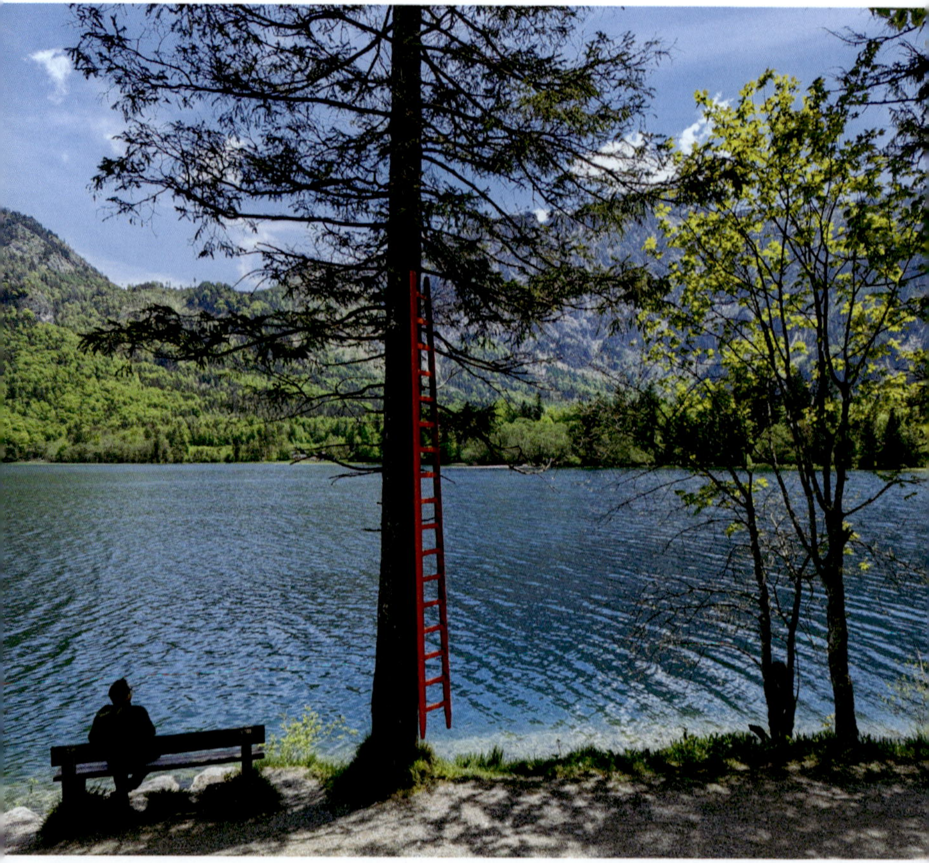

*Der **Offensee** auf 650 Höhenmetern ist einer der wärmsten (bis zu 24 Grad) und klarsten Seen des Salzkammerguts. Vor mehr als 100 Jahren hat hier Kaiserin Sisi bevorzugt gebadet. Selbstverständlich war dann die einzige Zufahrtsstraße im Norden gesperrt.*

Immer am Ufer des dunkelblau glitzernden Sees wandern wir bequem im Schatten des Waldes, bis wir links eine Bank vor einem Baum mit einer roten Leiter entdecken. Zeit für eine kleine Genusspause. Von hier hat man den unserer Meinung nach besten ❷ **Panoramablick:** gegenüber die Jausenstation vor der traumhaften Bergkulisse, rechts die tiefgrünen Wälder, die sich im Wasser spiegeln. Wer genau hinschaut, sieht in den Bergen einige Wasserfälle herunterstürzen. Vorfreude: An einem davon werden wir uns später noch erfrischen.

Weiter geht es. Am Südufer des Sees angekommen, gabelt sich der Weg. Man könnte links nach nur einigen Metern direkt in die Jausenstation einkehren, aber uns erwartet noch ein herrlicher Blick vom Wasserfall über den Offensee. Also wählen wir den rechten Weg und gehen am **Rinnerbach** (Richtung Rinnerhütte) entlang sanft bergauf. Was wir am Wandern im Salzkammergut besonders lieben, sind die üppigen Wälder, die in dieser Höhenlage – im Gegensatz zum kargen Hochgebirge – die Landschaft prägen. Wandern und das heilkräftige sowie seelenberuhigende Waldbaden gehören hier zusammen.

Für die Seele

Die gemütliche Seenrunde lockt mit Bilderbuchpanorama und kristallklarem Wasser.

Am Schild „Rinnerhütte/Rinnerkogel/Wildensee“ biegen wir nach rechts ab und kraxeln über Wurzeln und Steine einen knackigen, aber kurzen Pfad hinauf, bis wir direkt vor dem ❸ **Wasserfall** auf einem Steinvorsprung rasten können. Jetzt ist Zeit für eine kleine mitgebrachte Stärkung. Die Wasserflaschen können mit reinem, frischem Bergwasser aufgefüllt werden. Wir genießen den wunderbaren Blick durch die Bäume hindurch auf den Offensee, der von hier aus ganz klein wirkt. So ein kurzer, schweißtreibender Anstieg

Im Winter wird der fast jedes Jahr komplett zugefrorene Offensee zum ***Eislaufen und Eisstockschießen*** *genutzt. Die roten Holzleitern rund um den See sind Eisrettungsleitern, die im Notfall bei der Rettung von ins Eis eingebrochenen Personen helfen sollen.*

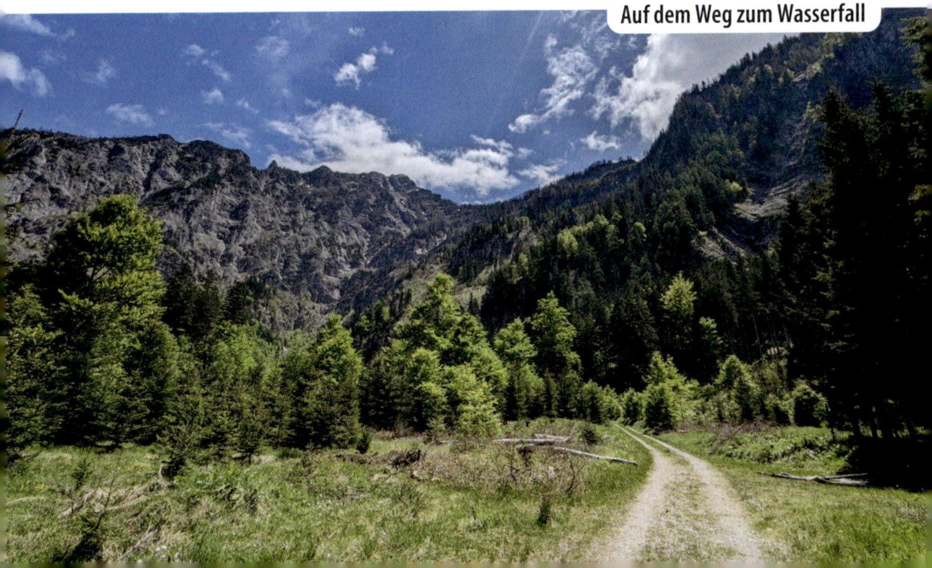

Auf dem Weg zum Wasserfall

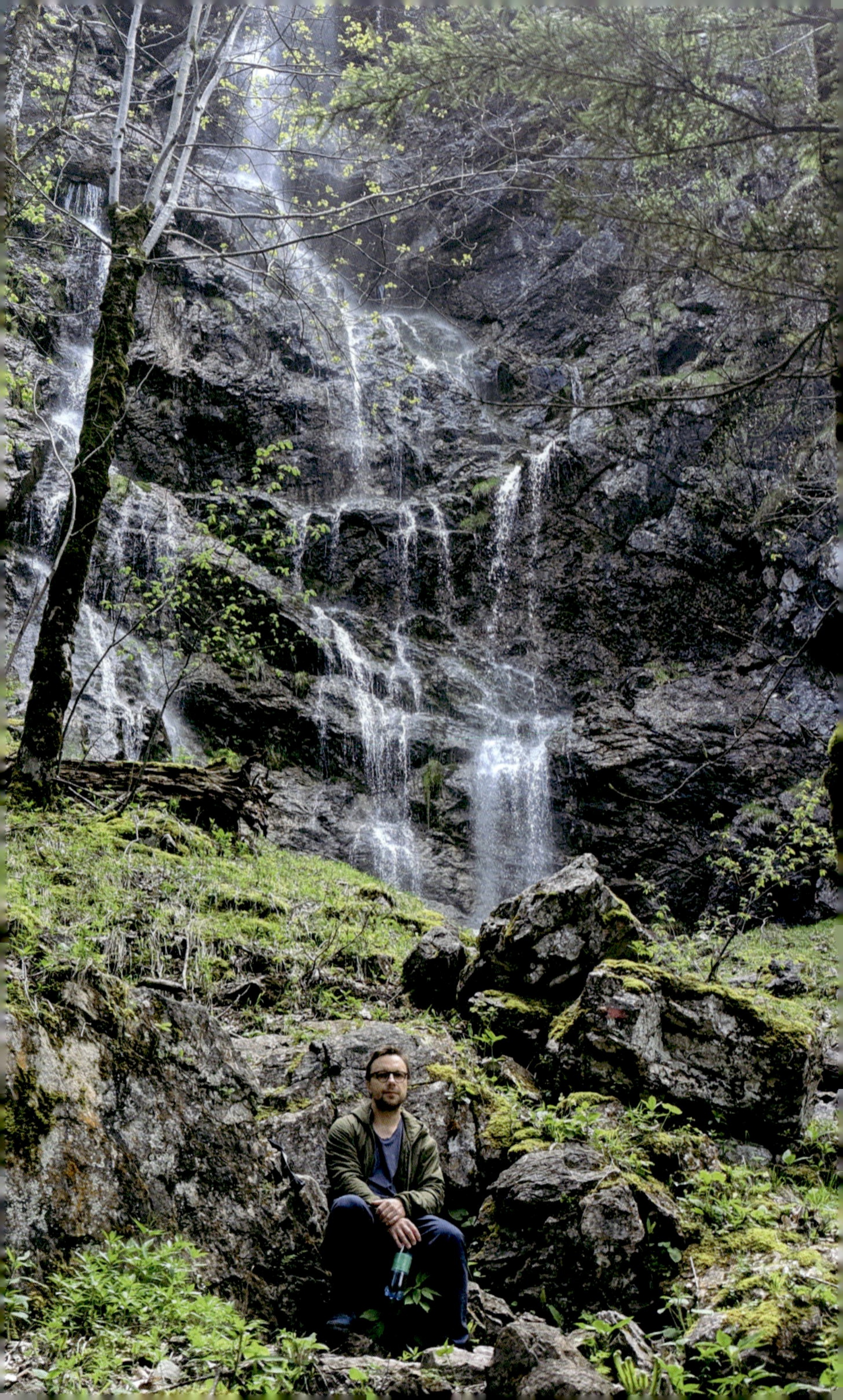

bewirkt eine große innere Zufriedenheit. Wir haben etwas geschafft, unseren Körper gefordert, jetzt können wir uns entspannt zurücklehnen, durchschnaufen und auch ein wenig stolz auf uns sein.

Mit diesem schönen Gefühl begeben wir uns auf den Rückweg und steigen den Pfad wieder hinab, bis wir auf unseren vorherigen Waldweg stoßen. Wir laufen weiter über zwei gut gesicherte Brücken über den Wildbach. Noch ein wenig durch den Wald sanft bergab, dann stehen wir auch schon vor der 4 **Jausenstation** und können uns über selbst gebackenen Kuchen und deftige Hausmannskost freuen. Wer mag, springt in den See und ruht sich auf der großen Liegewiese aus. Schattige Plätze lassen sich überall am Ufer finden.

Die gemütliche, in vierter Generation als Familienbetrieb geführte ***Jausenstation Seeau*** *gibt es seit 70 Jahren. Sie hat von Mitte April bis Mitte/Ende Oktober bei Schönwetter geöffnet.*

Der größte Teil unserer Tour ist geschafft, jetzt gönnen wir uns eine ausgiebige Pause in der wunder-

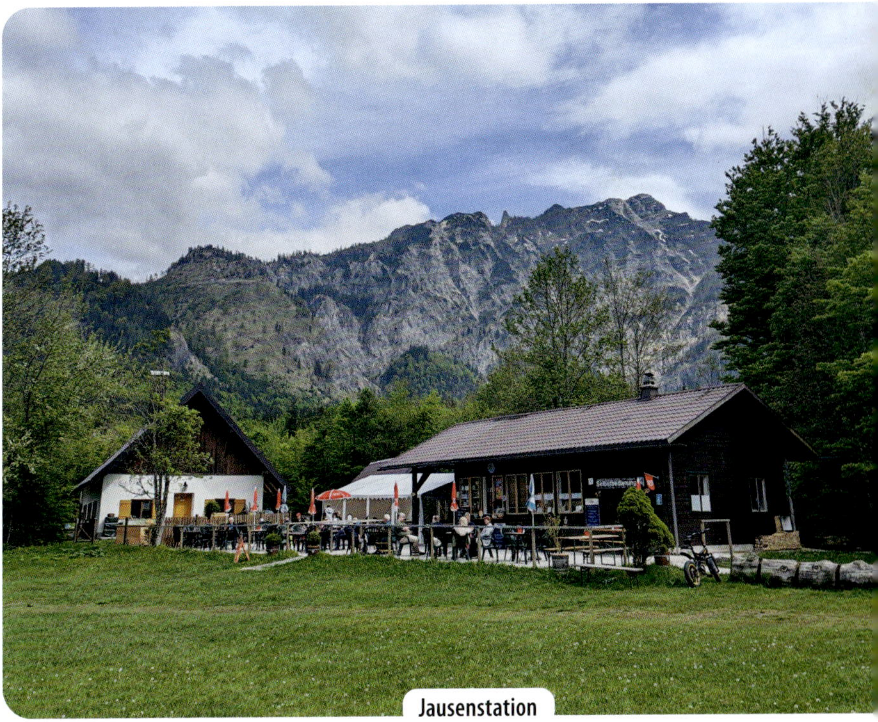

Jausenstation

*Das gesamte Offensee-gebiet ist Naturschutzgebiet. **Hunde** sind an der Leine zu führen oder müssen einen Maulkorb tragen. Bei der Jausenstation Seeau kann man den Hund angeleint mitnehmen, auf die große Liegewiese jedoch nicht.*

schönen Natur. Nichts und niemand drängt uns mehr, wir bleiben, solange wir Lust und Laune haben. Stöbern in den auslegten Wanderführern der Jausenstation, träumen von kommenden Abenteuern, erkunden das Seeufer und saugen die Schönheit unserer Umgebung in uns ein. Die Erinnerung an den Offensee und die einmalige Lage der Jausenstation wird uns an regnerischen oder düsteren Tagen zu Hause mit Sicherheit ein kleiner Lichtblick sein.

Der Weg zurück führt über die pittoresken Seeauen und den anschließenden Forstweg in 15 Minuten zum Parkplatz.

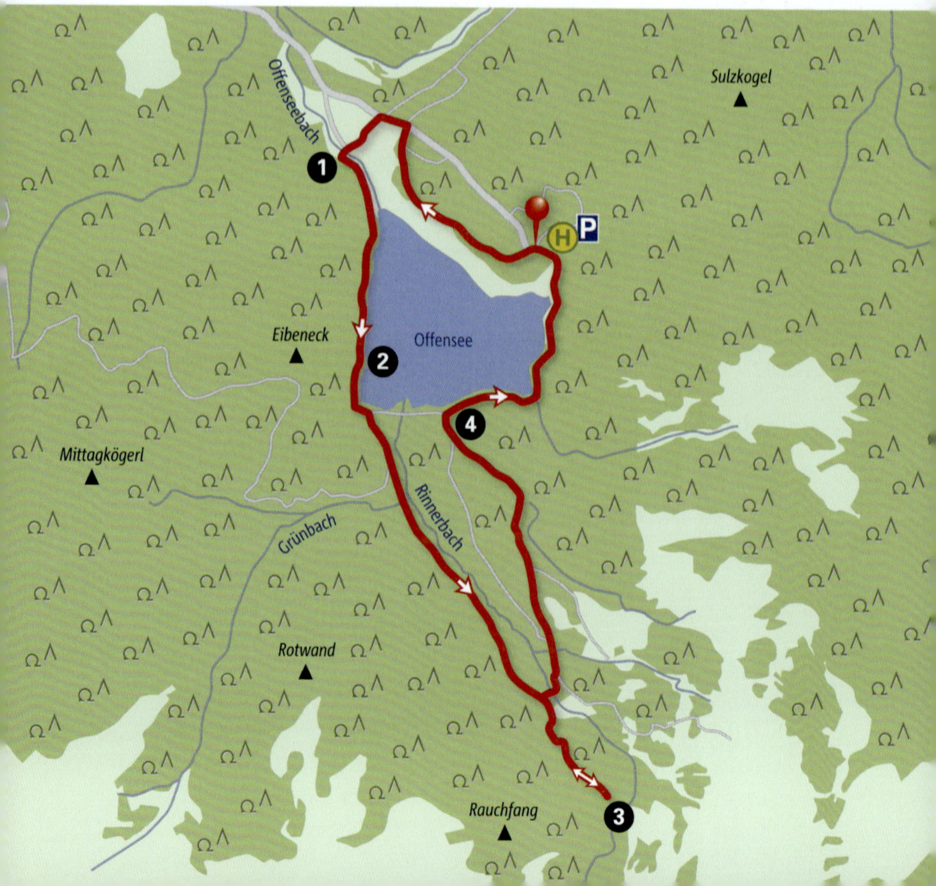

ALLES AUF EINEN BLICK

Entspannung ●●●●●
Abenteuer ●●●○○
Vielfalt ●●●○○

WIE & WANN

Größtenteils ebene, schattige Forst- und Waldwege. Kurzer steiler Pfad zum Wasserfall (bei schlechtem Wetter nicht empfehlenswert). Seeumrundung ganzjährig möglich. Beste Wanderzeit April bis Oktober.

HIN & WEG

Auto: Wanderparkplatz am Ende der Bezirksstraße L1296, am nördlichen Ufer des Offensees
ÖPNV: Anrufsammeltaxi: Traunstein Taxi, Route 41, Haltestelle Offensee, Parkplatz Ost (Anrufsammeltaxi, Tel. +43 (50) 42 24 22, traunsee-almtal.salzkammergut.at/anreise-nahverkehr/traunstein-taxi.html)

ESSEN & ENTSPANNEN

4 **Jausenstation Seeau,** Offensee, 4802 Ebensee, Tel. +43 (6 80) 5 56 96 35, www.wander-bar.at (bei schlechtem Wetter telefonisch anfragen)

ENTDECKEN & ERLEBEN

1 **Jagdschloss von Kaiser Franz Joseph**
2 **Panoramabank**
3 **Wasserfall**

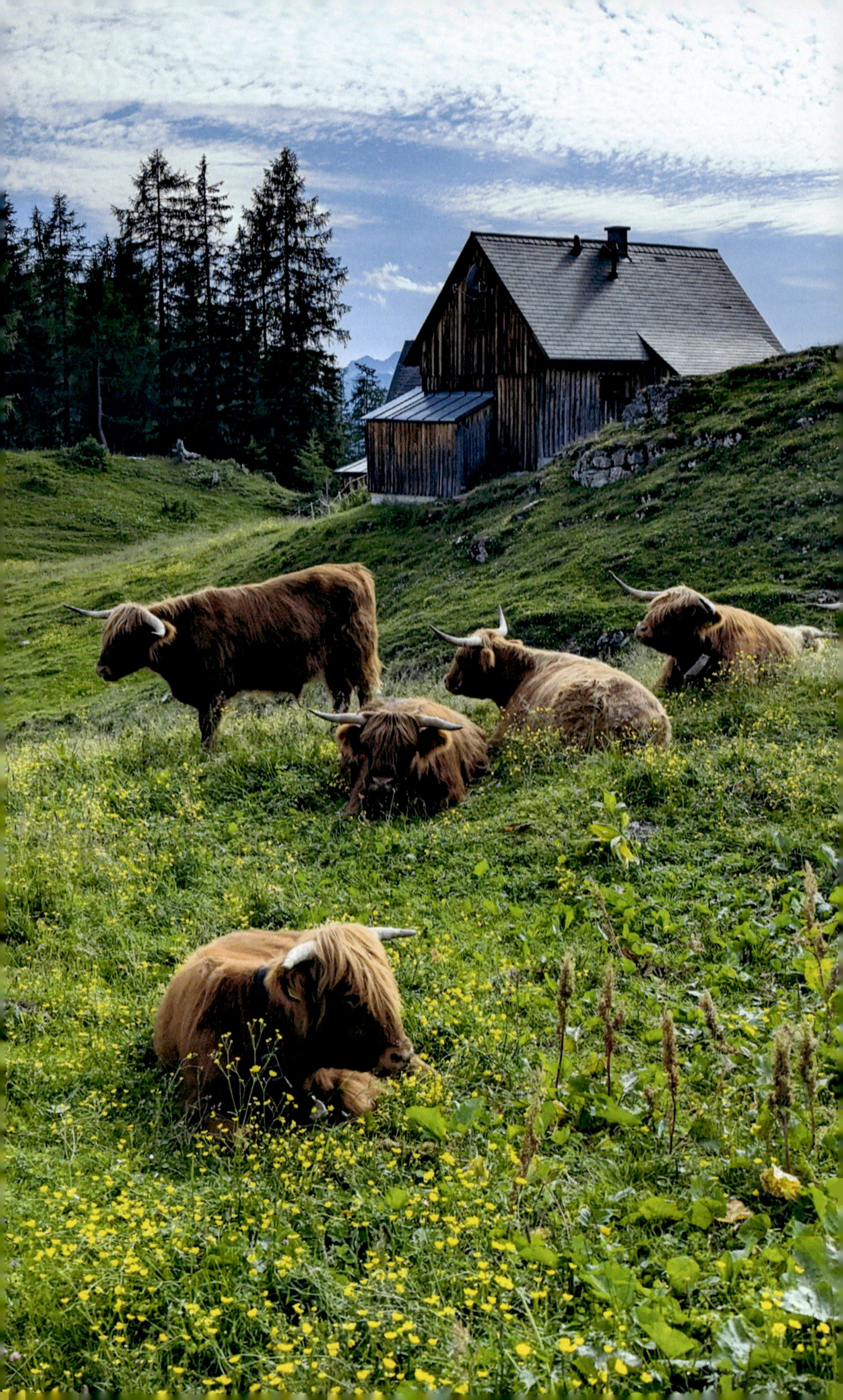

Hochalmglück

6 Bergseen auf der Tauplitzalm

Lust auf eine abwechslungsreiche Hochalmtour mit sensationellen Ausblicken? Dann nichts wie los zur **Tauplitzalm,** dem höchsten Seenhochplateau Europas.

Es gibt zwei Möglichkeiten, zur Tauplitzalm zu kommen: vom Ort Tauplitz mit dem **Vierer-Sessellift** hinauf (Achtung: letzte Talfahrt im Sommer um 16.30 Uhr) oder vom Ort Bad Mitterndorf die mautpflichtige **Alpenstraße** durch einen unberührten, wunderschönen Wald bis zum (freien) Parkplatz am Ende der öffentlichen Straße. Unsere Tourbeschreibung folgt der letzteren Variante, kann aber problemlos angepasst werden.

Von hier starten mehrere leichte, kurze Spazier- und Wanderwege sowie Bergtouren für geübte Kletterer. Wir orientieren uns während der gesamten Tour an den gelben Schildern **„6-Seen-Wanderung".** Die leicht zugänglichen kleineren Seen besuchen wir am Anfang der Tour, die wilderen, einsameren Seen mit den anspruchsvolleren Wegen liegen im hinteren Bereich.

Wir laufen im Uhrzeigersinn. Gleich hinter dem Weiderost beim Parkplatz geht es links hoch unterhalb des Hollhauses Richtung Krallersee. Auf diesem Teil des Hochplateaus ist die Ski- und Urlaubsinfrastruktur deutlich, wenn auch dezent vorhanden. Entlang des gut ausgebauten Wanderwegs gibt es einen ersten Ausblick auf die unglaublich bunte Pflanzenvielfalt. Ob des herrlichen Alpenblumenmeers in Gelb, Orange, Lila, Rot, Blau, Rosa geraten wir immer wieder aufs Neue in Verzückung. Ein Tag hier kann – da sind wir uns sicher – erholsamer wirken als so mancher Fernurlaub.

*Die **Tauplitzalm** liegt im Südosten des Toten Gebirges im steirischen Teil des Salzkammerguts auf einer Höhe von 1600 bis 2000 Metern. Sie umfasst eine Fläche von rund 5 Quadratkilometern. Bereits 1910 wurden hier die ersten Skihütten errichtet.*

Kilometer: 16,2
Höhenmeter: 470
Stunden: 7
RUNDWEG

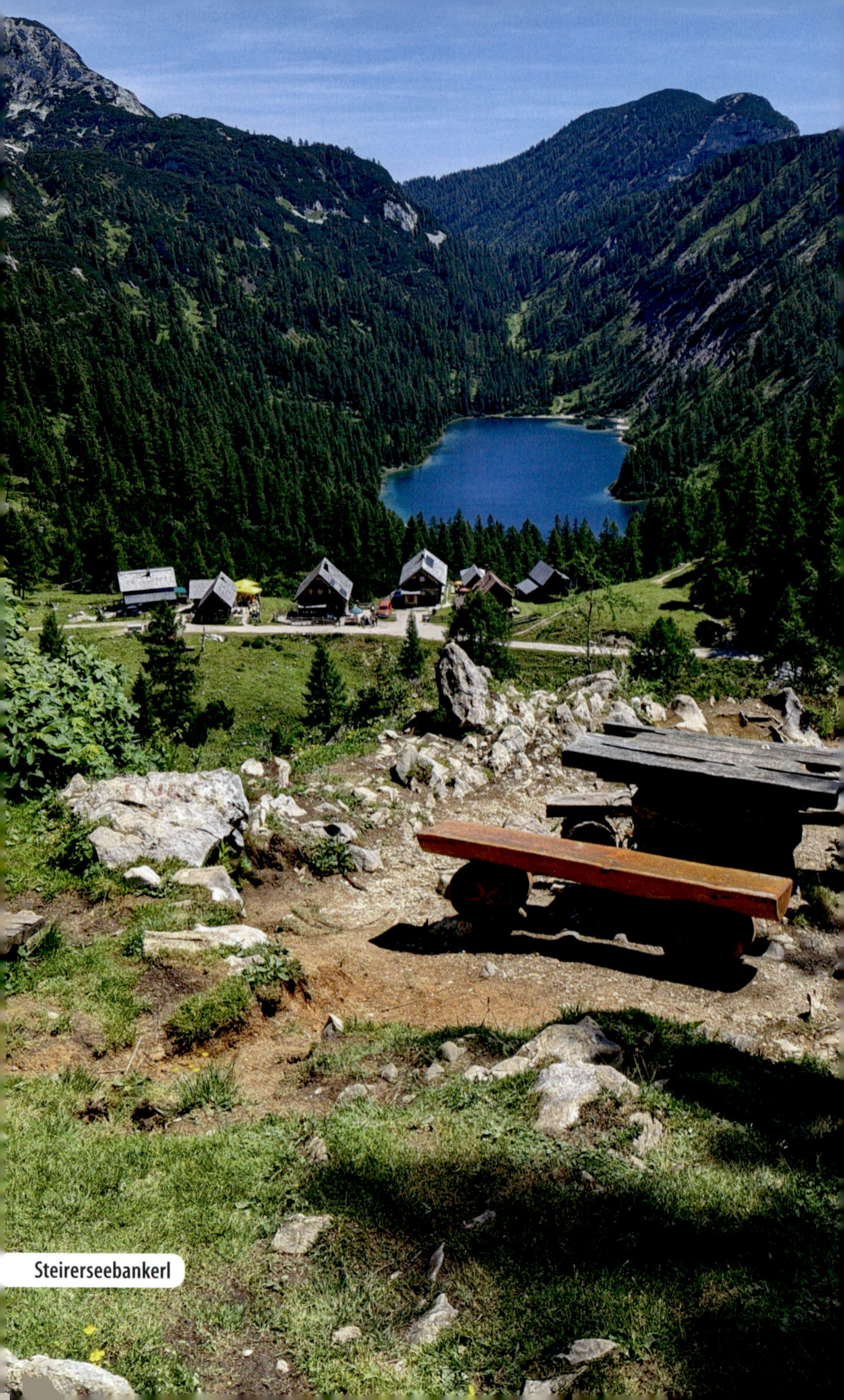

Steirerseebankerl

Nach kurzer Zeit erreichen und umrunden wir den kleinen ❶ **Krallersee** mit seinen Flachmoorufern. Unter einer Lärche gibt es ein lauschiges, schattiges Plätzchen. Nach der Seeumrundung geht es auf einem breiten Schotterweg weiter Richtung ❷ **Großsee,** der in einer Mulde, eingebettet zwischen Schneiderkogel und dem mehrgipfeligen Kamm des Traweng, liegt. Der Großsee ist der zweitgrößte See der Tauplitzalm. Wir steigen linksherum einen steinigen Pfad hinab und folgen ausnahmsweise nicht dem Schild „6-Seen-Wanderung", sondern dem Wegweiser zum ❸ **Märchensee,** um keine zwei Minuten später einen ersten Blick auf den kleinsten See des Hochplateaus zu werfen. Ein smaragdgrün schimmerndes Naturkleinod. Wir umrunden den See nicht, sondern biegen gleich nach rechts ab, um nach einem kurzen Abstieg am See entlang einen Trampelpfad hinauf zu nehmen. Nach wenigen Minuten gelangen wir so wieder zurück auf den Hauptweg entlang des Großseeufers.

Für die Seele

Malerische Seen, herrliche Rundumblicke und sanftes Kuhglockengebimmel bescheren uns Glücksgefühle.

*Das **Tote Gebirge** ist einer der markantesten Karststöcke der Nördlichen Kalkalpen. Auf der Tauplitzalm umfasst der typisch alpine Kalkrasen einzigartige, sehr artenreiche Pflanzengesellschaften, die Hochkarstflora.*

Nach der kleinen Brücke geht es rechts am Ufer weiter. Über saftige, blumenreiche Wiesen sowie vorbei an einem kleinen Wasserfall erreichen wir den recht unspektakulären, dunkel schimmernden, moorigen ❹ **Tauplitzsee.** Oberhalb liegen einige Almen, die als Selbstversorgerhütten vermietet werden. Wir werden sie auf dem Rückweg noch näher begutachten.

Das nächste Ziel auf der 6-Seen-Wanderung ist der Steirersee. Wer mag, kehrt auf dem Weg dorthin in die 1928 errichtete, urige ❺ **Grazerhütte** mit ihrer schönen Sonnenterrasse ein. Von 1933 bis 1934 wurde die Hütte übrigens von der Bergsteiger-Ikone und dem Dalai-Lama-Freund Heinrich Harrer geleitet.

Immer weiter den Schildern „6-Seen-Wanderung/Steirersee" folgen: Über eine Wiese, durch ein Weidegatter (immer geschlossen halten!), einen breiten Wanderpfad und einen steinigen Anstieg hinauf bis zum

Die Wege liegen fast durchgehend in der Sonne. Auch wenn die ***Temperaturen*** *hier in der Höhe im Sommer erträglicher sind als im Flachland: Bitte an Sonnenschutz und ausreichend Wasser denken. Es gibt einige äußerst idyllische Rastplätze im Schatten.*

wunderschönen ❻ **Steirerseebankerl,** einem schattigen Rastplatz mit grandiosem Ausblick auf den türkisblau bis tiefgrün schimmernden **Steirersee** und die davor liegenden Almhütten. Wie in einer Mulde eingebettet liegt der größte See zwischen dem markanten Sturzhahn und dem Mitterberg. An diesem Rastplatz ist es mal wieder an der Zeit, tief durchzuatmen und ob der Schönheit der Natur alle Alltagssorgen zu vergessen.

Wir klettern bergab, genehmigen uns in der schnuckeligen ❼ **Trawenghütte** einen Kaffee und setzen unseren Weg, nun mit dem Ziel **Schwarzensee,** fort. Führte unser Weg bislang eher durch sanft geschwungene Almen und über gut ausgebaute Wanderwege, wird es jetzt rauer, steiniger und auch wildromantischer. Der ❽ **Steirersee** liegt noch eine ganze Weile zu unserer Rechten tief unter uns. Mal näher, mal ferner hören wir das Gebimmel der Kuhglocken. Immer wieder grasen Kühe und Rinder friedlich am Wegesrand. Dazu ein leuchtendes Blumenmeer, in dem purpurner Almrausch, samtblauer Enzian, Nieswurz, Steinnel-

Steirersee

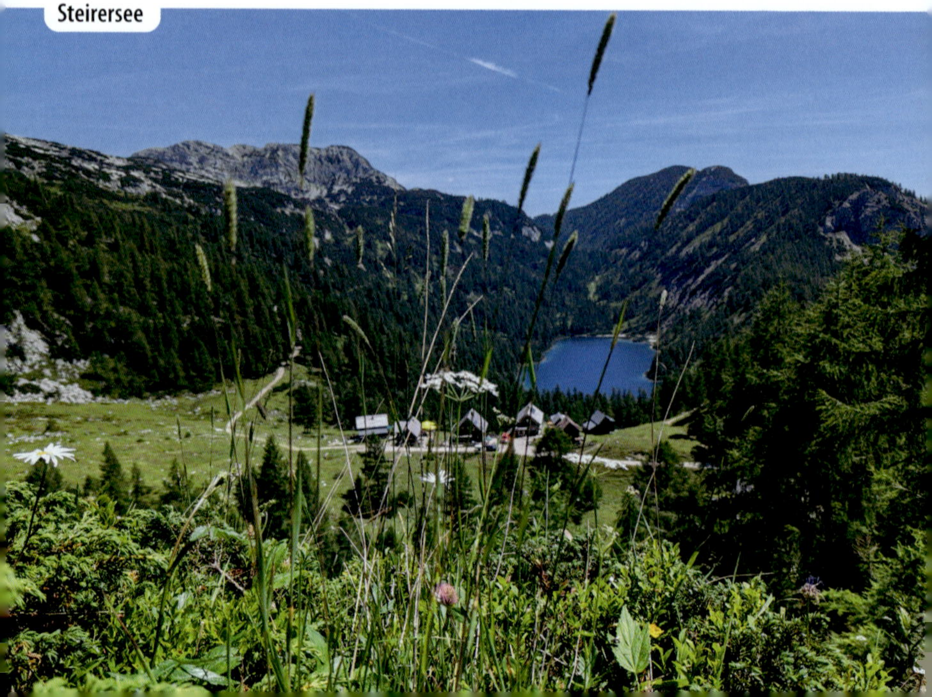

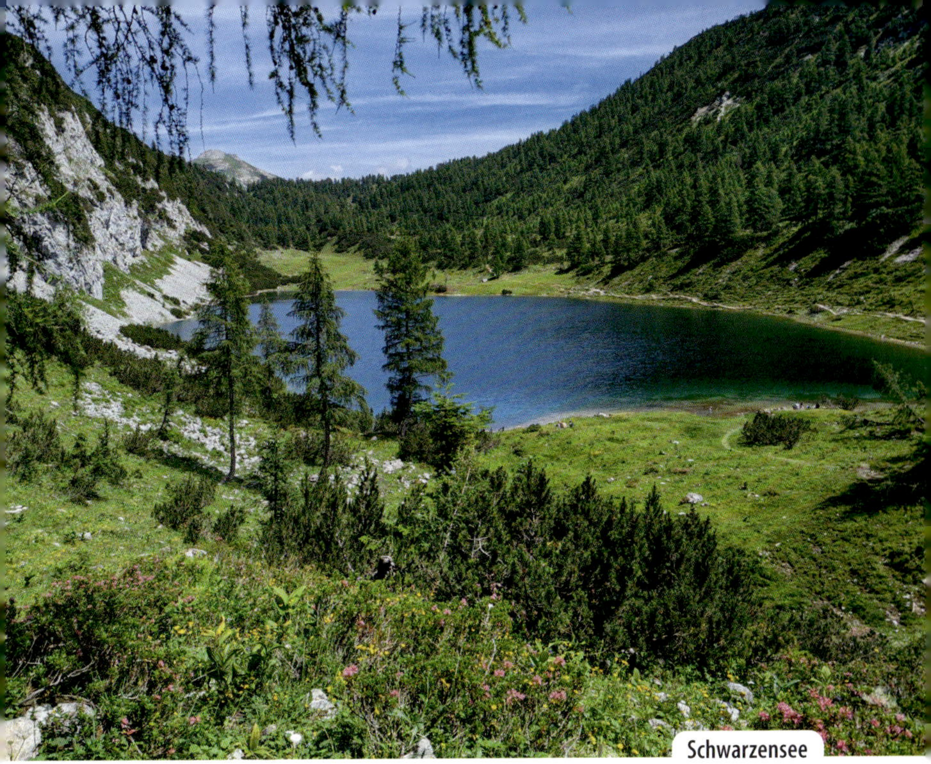
Schwarzensee

ken und noch vieles mehr blühen. So geht Abtauchen vom Alltag!

Der Weg wird nun steiniger und enger, führt aber auf dieser hohen Ebene weitgehend parallel zum Ufer. Sobald der See hinter uns liegt, gelangen wir an eine Weggabelung. Scharf rechts führt später unser Rückweg entlang. Geradeaus steht ein Gatter aus dicken Holzbalken, über das wir klettern müssen, um nach wenigen Metern unseren Lieblingsplatz zu erreichen: einen schattigen **9 Rastplatz** mit einem derart zauberhaften Ausblick auf den **10 Schwarzensee,** dass uns tatsächlich der Mund vor Staunen offen steht. Ein traumhaftes Gemälde liegt vor beziehungsweise unter uns. Schöner kann es, finden wir, im Paradies auch nicht mehr sein.

Von hier aus sieht man im Norden die östlichen Gipfel des Toten Gebirges, und östlich davon beginnt der Gebirgszug des Warscheneck. Hier oder unten am See könnte die Halbzeit unserer Tour liegen. Wir entscheiden uns jedoch, noch eine knappe halbe Stunde zur ⓫ **Leistalm** (auf 1647 Metern) am Südfuß des Grubsteins weiterzuwandern. Von hier kann man fantastisch bis zum gletscherbedeckten **Dachsteinmassiv** schauen. Die urige kleine ⓬ **Wia dahoam Hittn** bietet kleine Speisen und Getränke. Die Glückssprüche auf den Schildern sagen uns: Hier sind wir richtig. Hier kann uns das Glück finden, wenn wir es denn zulassen.

Zurück geht es zunächst denselben Weg über den Schwarzensee, bis wir nach der Absperrung den linken Weg runter zum **Ufer des Steirersees** wählen. Unten angekommen gibt es eine kleine Badepause, umschnattert von den so gar nicht scheuen jungen Entlein, die sich diesen See als Revier ausgesucht haben. Die nächsten paar Hundert Meter sind die kniffeligsten. Der Weg am Ufer ist schmal, steinig und nicht befestigt. Als Orientierung dienen uns die kleinen Hütten, in denen wir zuvor einen Kaffee getrunken haben, dort müssen wir hin. Welchen Trampelpfad über die karstigen Wiesen steil den Berg hinauf wir auch nehmen, sie sind teilweise nicht eindeutig erkennbar, aber alle führen am Ende wieder auf den eigentlichen Wanderweg.

Dann nehmen wir rechts den steinigen Pfad immer noch bergauf Richtung **Linzer Tauplitzhaus,** bis wir die geschotterte Forststraße erreichen. Durch das Weidegatter, das wir schon vom Hinweg kennen, über die Wiese und anschließend links Richtung „Linzer Tauplitzhaus/Berg-Station". Nach wenigen Hundert Metern kehren wir links ins vom österreichischen Alpenverein geführte ⓭ **Linzerhaus** ein. In diesem schmucken Haus können wir – mit grandiosem Panoramablick auf die gesamte Bergwelt – hervorragend speisen und unsere Tour Revue passieren lassen. Das war eine ganz schöne Strecke, die wir heute zurückgelegt haben.

Von hier aus sind es nur noch knappe 40 Minuten zurück zum Parkplatz. Zunächst über eine bequeme, geteerte Straße vorbei an all den Almhütten und den

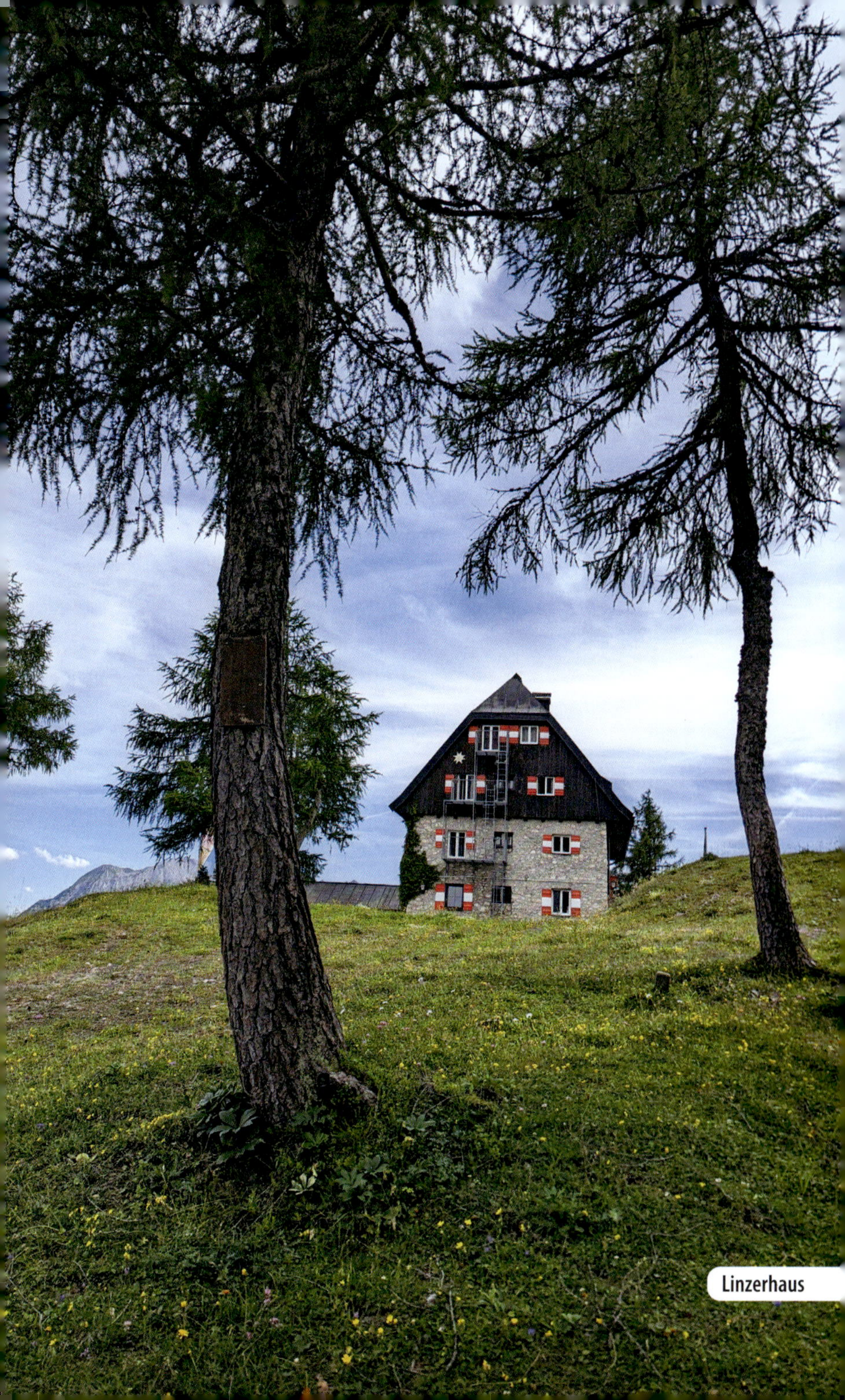

Linzerhaus

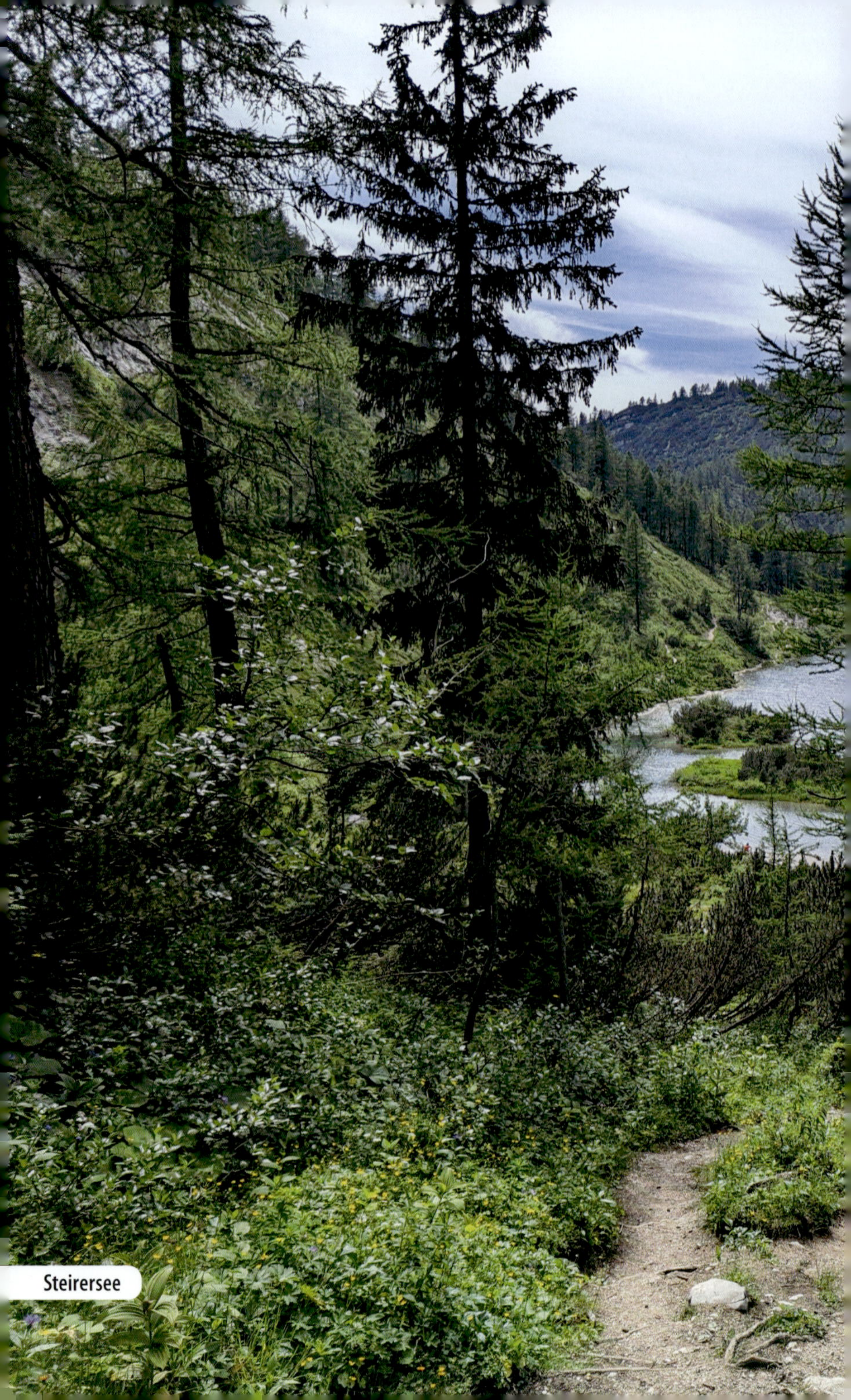

Steirersee

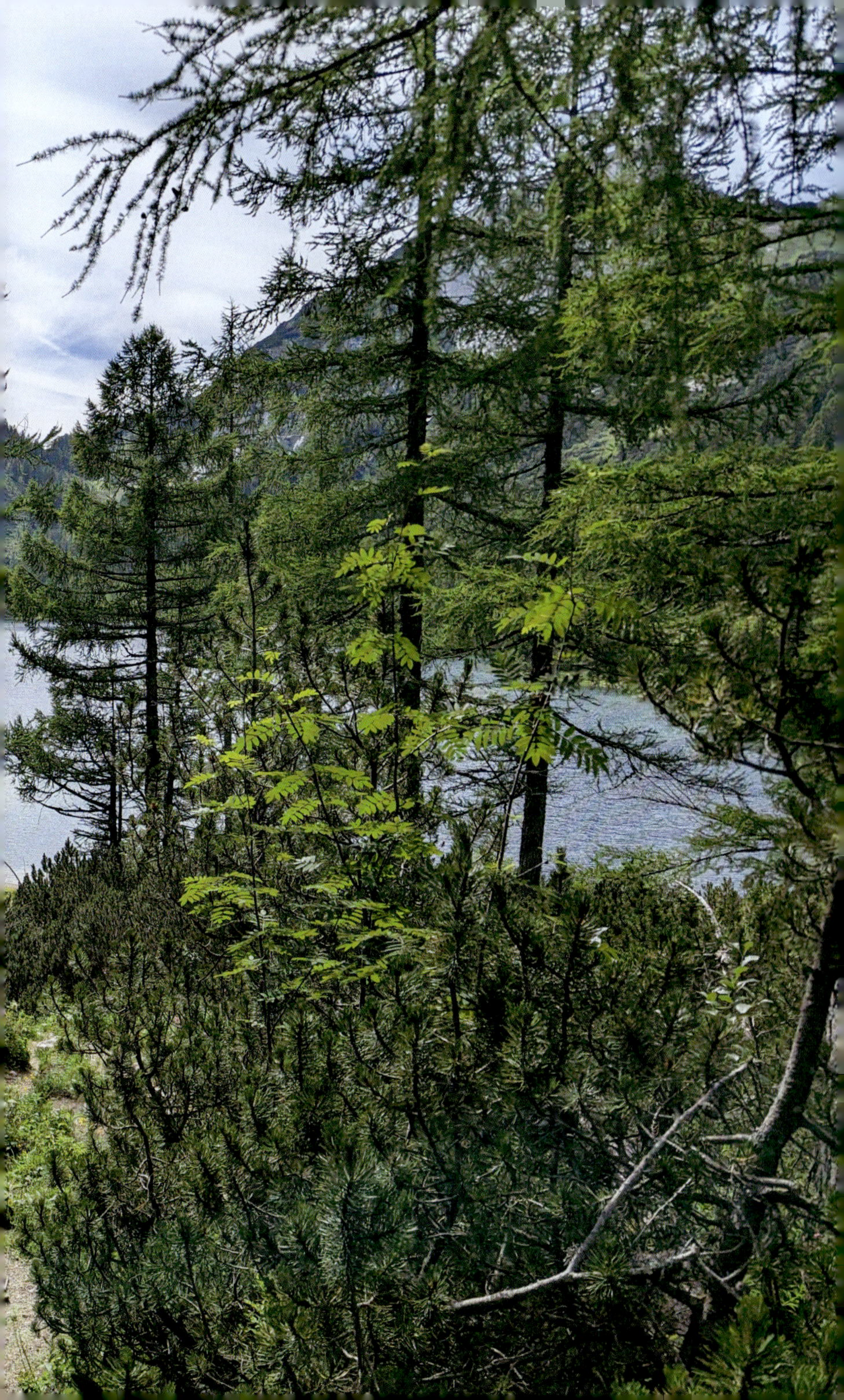

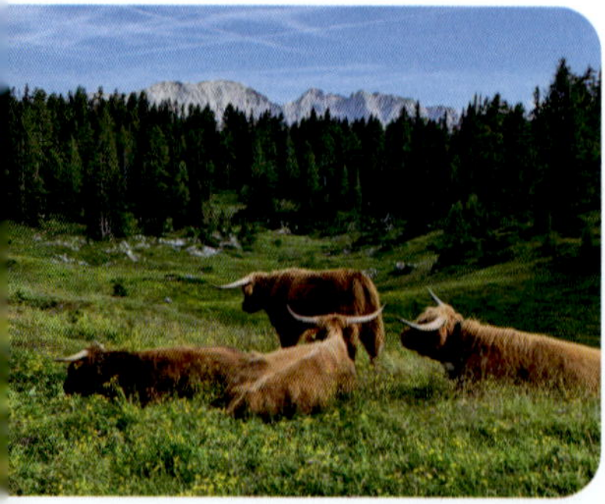

gemütlich daliegenden Kühen. Beim nächsten Abzweig folgen wir dem Wegweiser „Parkplatz über Waldweg". Dann am umgekippten Schild mit Steinwegweiser nach rechts, zwischen den Almhütten hindurch, bis ein Wegweiser („Zum Parkplatz") nach rechts über die Wiesen und unter dem Sessellift hindurchführt. Wir folgen dem ausgetrampelten Pfad und halten uns an der nächsten Weggabelung rechts (Schild „Parkplatz" hinter dem Baum). Nun ist es nicht mehr weit und wir sinken müde, aber glücklich für ein letztes Getränk auf die Stühle des kioskartigen **14 s'ALMBUFFet** am Parkplatz. Geschafft!

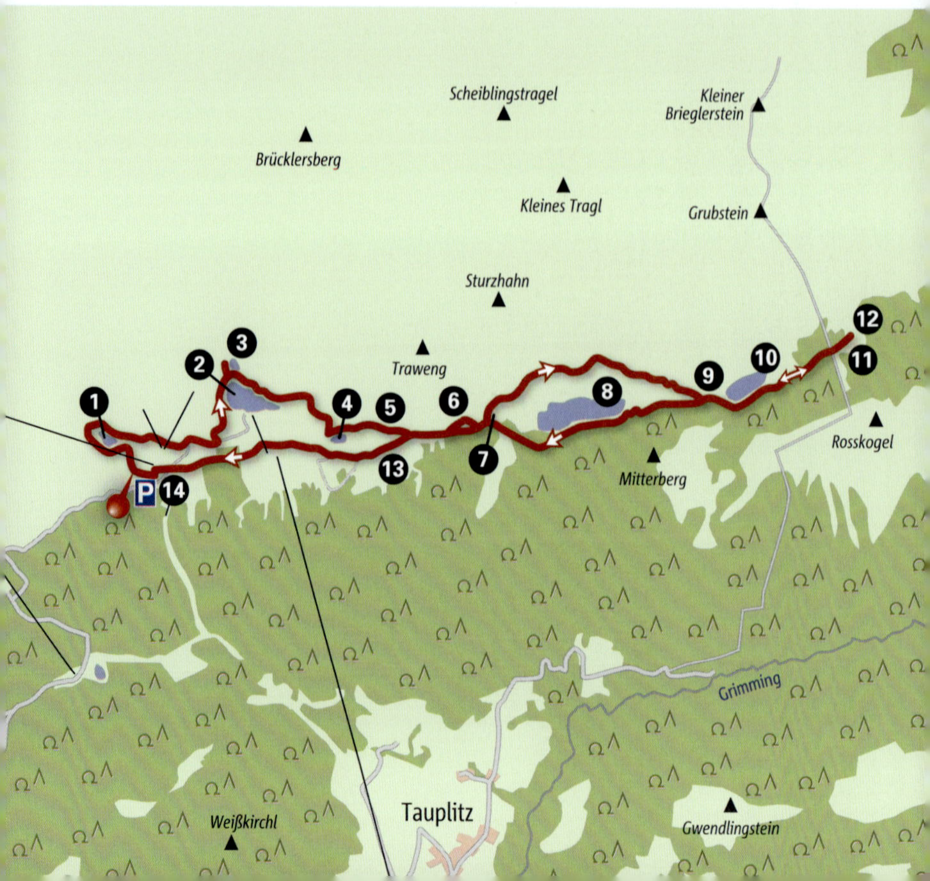

ALLES AUF EINEN BLICK

Entspannung
Abenteuer
Vielfalt

WIE & WANN

Bis auf wenige schattige Rastplätze fast durchgehend sonnig. Teilweise bequeme, gut ausgebaute Wanderwege, teilweise steinige Waldpfade, Alm- und Trampelpfade. Gesamttour von Frühling bis Herbst geeignet. Einige ausgezeichnete Winterwanderwege.

HIN & WEG

Auto: Kostenloser Parkplatz am Ende der mautpflichtigen Alpenstraße von Bad Mitterndorf, Tauplitzalmstraße, 8982 Tauplitz
ÖPNV: „Kraftfahrlinie" 8610 von Bad Mitterdorf zum Parkplatz Hollhaus (viermal täglich, nicht sonntags)

ESSEN & ENTSPANNEN

5 **Grazerhütte,** Tauplitzalm 34, 8982 Bad Mitterndorf, Tel. +43 (6 64) 3 57 95 46, www.grazerhuette.at
7 **Trawenghütte,** Tauplitzalm 39, 8982 Tauplitz, Tel. +43 (6 76) 3 40 16 49
12 **Wia dahoam Hittn,** Zlem 90a, 8950 Steinach, Tel. +43 (6 64) 9 20 77 30
13 **Linzerhaus,** Tauplitzalm 36, 8982 Bad Mitterndorf, Tel. +43 (6 64) 99 70 79 50, www.alpenverein.at/linzertauplitzhaus
14 **s'ALMBUFFet,** Alpenpanorama Straße, Tauplitzalm 69, Parkplatz Tauplitzalm, 8982 Tauplitz, s-almbuffet.business.site

ENTDECKEN & ERLEBEN

1 **Krallersee**
2 **Großsee**
3 **Märchensee**
4 **Tauplitzsee**
6 **Steirerseebankerl**
8 **Steirersee**
9 **Rastplatz mit Ausblick**
10 **Schwarzensee**
11 **Leistalm**

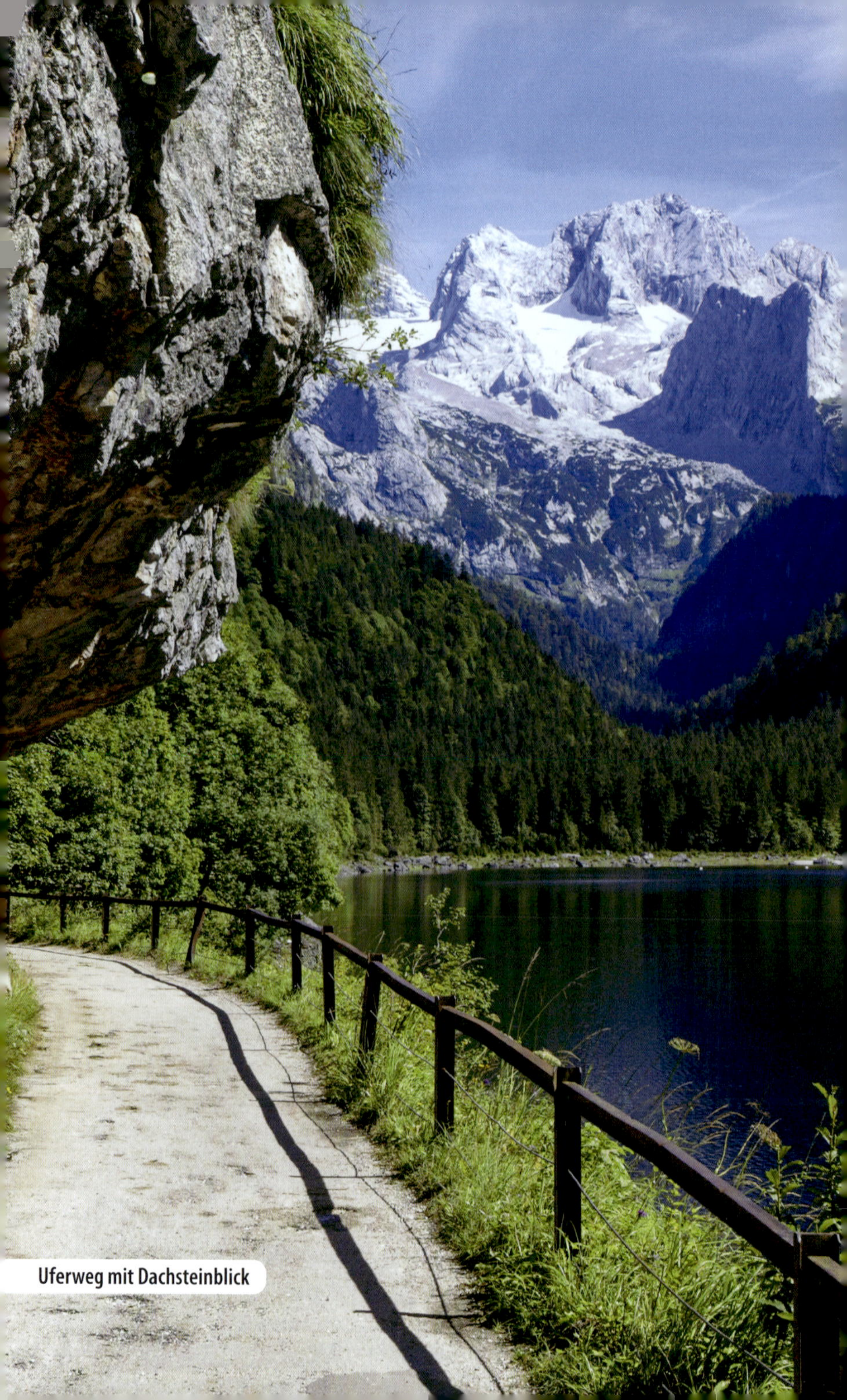

Uferweg mit Dachsteinblick

Wie gemalt

Die Gosauseen am Dachstein

Unsere Tour beginnt an einem der Parkplätze an der Gosauseestraße. Wer morgens früh startet, hat gute Chancen, auf Parkplatz 1 direkt an der Talstation der ❶ **Gosaukammbahn** zu parken. Wer später ankommt, startet auf einem der zahlreichen Parkplätze weiter unten an der steilen Serpentinenzufahrt und läuft auf dem Fußgängerweg einige Minuten bergan bis zur **Talstation.**

Hier am südlichen Ufer des Vorderen Gosausees befindet sich der große ❷ **Gasthof Gosau,** Tummelplatz für Bustouristen aus aller Welt und Wanderer gleichermaßen. Kein Wunder: Jeder möchte den faszinierenden ❸ **Blick auf den Gosausee und das Dachsteinmassiv** mit dem von Schnee bedeckten **Hohen Dachstein** (2995 Meter) genießen. Denn der präsentiert sich schon am Startpunkt unserer Wanderung in Selfie-geeigneter Bestform – der Hashtag #gosausee hat Zehntausende Follower.

Dennoch empfiehlt sich ein zügiges Weitergehen nach links. Denn auf den nächsten Kilometern wird uns diese Bilderbuchkulisse, die auch Schriftsteller und Maler der Romantik in ihren Bann gezogen hat, nicht verlassen. Wir biegen auf der linken Seeseite auf den Wanderweg ein und folgen dem Wanderwegweiser „Hinterer Gosausee“. Mit jedem Meter wird es nun etwas ruhiger. Die Schönheit des sich auf der Seeoberfläche spiegelnden Bergmassivs des **Gosaukamms** können wir nun entspannt genießen. Wir wandern unter schattigen Felsüberhängen und bestaunen Sportkletterer,

Alte Fotos zeugen davon, dass noch im letzten Jahrhundert wesentlich größere Teile des ***Dachsteingebirges*** *ganzjährig mit Eis bedeckt waren. Am Gasthof Gosau informieren Schaukästen über das stetige Schmelzen des Gletschers.*

Kilometer: 15,3
Höhenmeter: 340
Stunden: 4
RUNDWEG

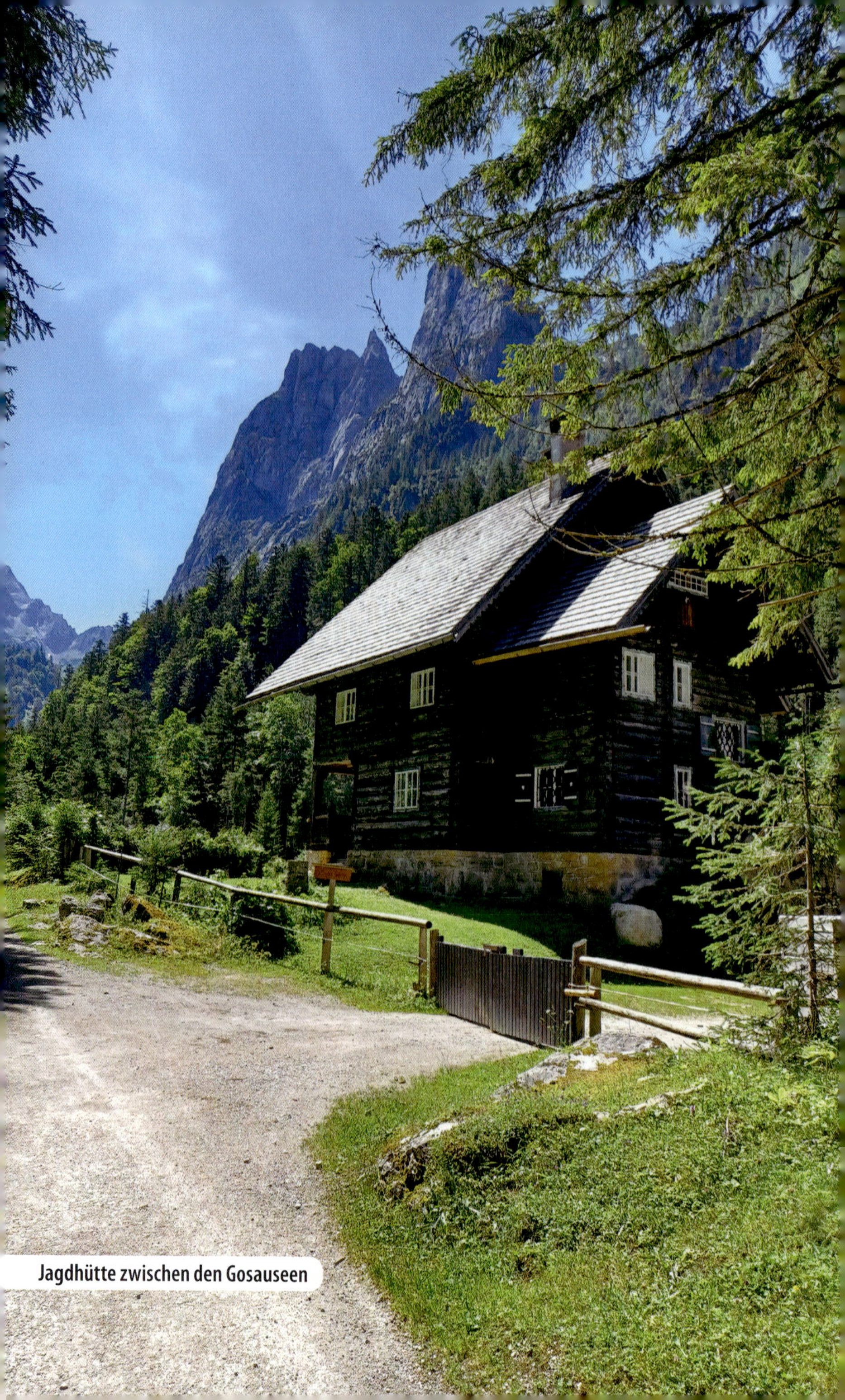

Jagdhütte zwischen den Gosauseen

die die ❹ **Hängeleiter** hinab zum See oder auf die Felswand bezwingen. Dann ein Schaudern: An diesen Felsen entdecken wir mehrere **Gedenktafeln,** die an verunglückte Alpinisten erinnern. Doch keine Sorge: Wir bleiben auf dem sicheren Hauptwanderweg, der gefahrlos begehbar ist.

Nach rund 2 Kilometern entlang des flachen Seeufers erreichen wir das Ende des vorderen Gosausees. Die Landschaft ändert sich. Wir wandern leicht bergan durch ein schattiges Waldstück, vorbei an einer **Jagdhütte.** Wir horchen auf: Glockenläuten! Mitten im Wald, versteckt im dichten und saftigen Bewuchs der Hänge, weiden Kühe, die Muttertiere tragen Kuhglocken.

Für die Seele

Eine Landschaft wie gemalt! Die romantische Bergwelt rund um die beiden Gosauseen verzaubert uns.

Wir nähern uns einem Bach zur Linken, sein Rauschen kündigt ihn von Weitem an. Wir queren diese wundersam glitzernde, feucht-kühle Stelle. Der Bach neben uns mündet nun in einen kleinen, flachen, sich in der Sonne magisch spiegelnden See. Wir haben sie gefunden, die ❺ **Gosaulacke!** Sie ist je nach Jahreszeit mehr oder weniger gefüllt und gilt traditionell als besonderer Glücksort des Salzkammerguts. Hier, an diesem Kraftplatz genau in der Mitte zwischen dem Vorderen und dem Hinteren Gosausee, verweilen wir gerne und tanken frische Energie.

Wer an der Jagdhütte nach rechts abbiegt, würde den ***vorderen See*** *umrunden und nach einer weiteren halben Stunde wieder am Ausgangspunkt ankommen.*

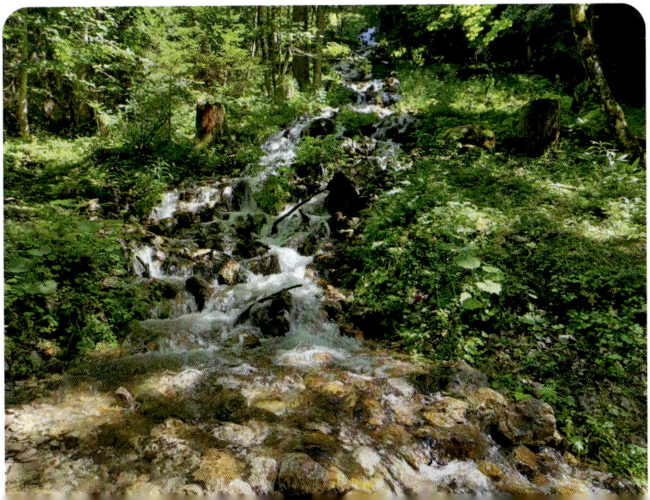

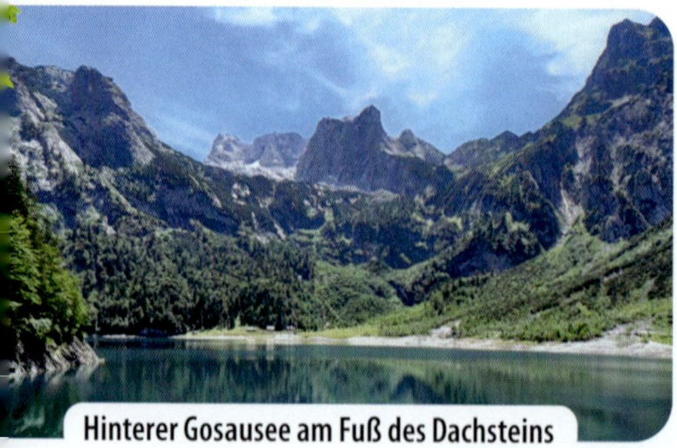
Hinterer Gosausee am Fuß des Dachsteins

Danach geht es weiter geradeaus, der Wanderweg steigt nun stärker an. Nach insgesamt rund 4 Kilometern wird der Weg wieder eben. Dann taucht er plötzlich auf: der **Hintere Gosausee** (1154 Meter). Er ist deutlich kleiner als sein vorderer Namensgefährte, besticht aber durch seine unmittelbare Lage direkt am Nordfuß des **Dachsteinmassivs.** An der linken Seite des Wanderwegs steigen wir am Seeanfang hinab in eine kleine Bucht. Von hier aus hat man einen wunderschönen Rundumblick über den gesamten See und die schroff wirkenden, nur vereinzelt mit hohen Tannen besiedelten Felsen der nördlichen Kalkalpen.

Von unserem Aussichtspunkt aus entdecken wir an der gegenüberliegenden, nördlichen Seeseite eine Hütte, und entscheiden uns, zu ihr weiterzuwandern. Der Wanderweg führt am rechten Seeufer entlang, wir folgen den Schildern **6 Zur Holzmeisteralm.** Die Hütte erreichen wir mühelos nach weiteren 20 Minuten.

Nachdem wir uns in der Hütte gestärkt haben, beginnen wir den Rückweg. Zurück geht es zunächst stets bergab, den schon bekannten Weg am Ufer des Hinteren Gosausees entlang, durch den Wald und an der **Gosaulacke** vorbei. Rund eine Stunde nach unserer Pause haben wir das Südufer des Vorderen Gosausees wieder erreicht. Nun wählen wir die dem Gosaukamm zugewandte Seite, biegen also an der Abzweigung am Seeende nach links ab. Auf diesem Wegstück warten einige besondere Erfrischungen auf uns. Noch am Seeende erreichen wir eine **7 Quelle.** Das Bergwasser plätschert in einen ausgehöhlten Baumstamm – eine ideale Gelegenheit, Gesicht und Arme abzukühlen. Das Wasser ist auch im Hochsommer eiskalt, unsere Gefäße ziehen sich wohlig zusammen. Ist das erfrischend!

*Klein, aber ganz schön zackig: Der **Gosaukamm** thront eindrucksvoll über dem gesamten Gosautal. Seine vielen unregelmäßig gezackten Gipfel erreichen eine Höhe von bis zu 2000 Metern. Die Bischofsmütze ragt mit 2458 Metern deutlich aus dem Kamm hervor.*

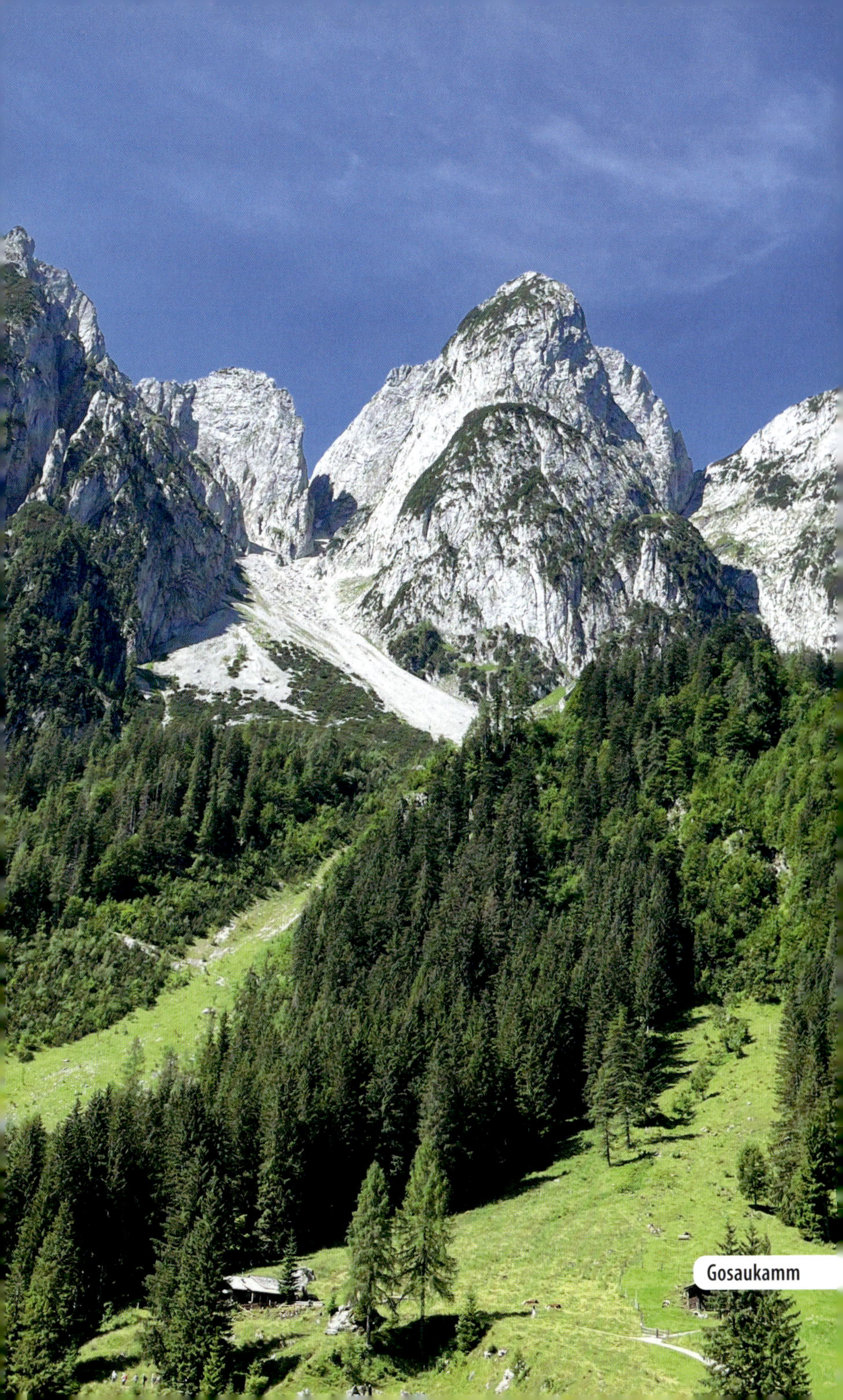

Gosaukamm

Die Region Hallstatt/ Dachstein ist seit 1997 als ***UNESCO-Weltkulturerbe*** *ausgezeichnet. Das Dachsteinmassiv ist mit seinen berühmten mächtigen Eishöhlen Teil des Kulturerbes. Topologisch gehört es zu den Nördlichen Kalkalpen.*

Ein paar Minuten später entdecken wir am linken Wegesrand einen auffälligen Metalltrichter. Er wurde vor einer Felswand montiert, an der Wassertropfen herunterrinnen. Eine Stelle zum **8 Wasserlauschen** – durch das Metallrohr werden die Tropfgeräusche wunderbar verstärkt. Nach diesem besonderen akustischen Erlebnis legen wir die letzten Meter entlang des Seeufers bis zum Ausgangspunkt unserer Wanderung an der **Talstation der Gosaukamm-Seilbahn** zurück. Hier ist es wieder recht trubelig, doch wir ahnen, dass wir an diesen einzigartigen Ort im oberösterreichischen Salzkammergut noch einmal zurückkehren werden.

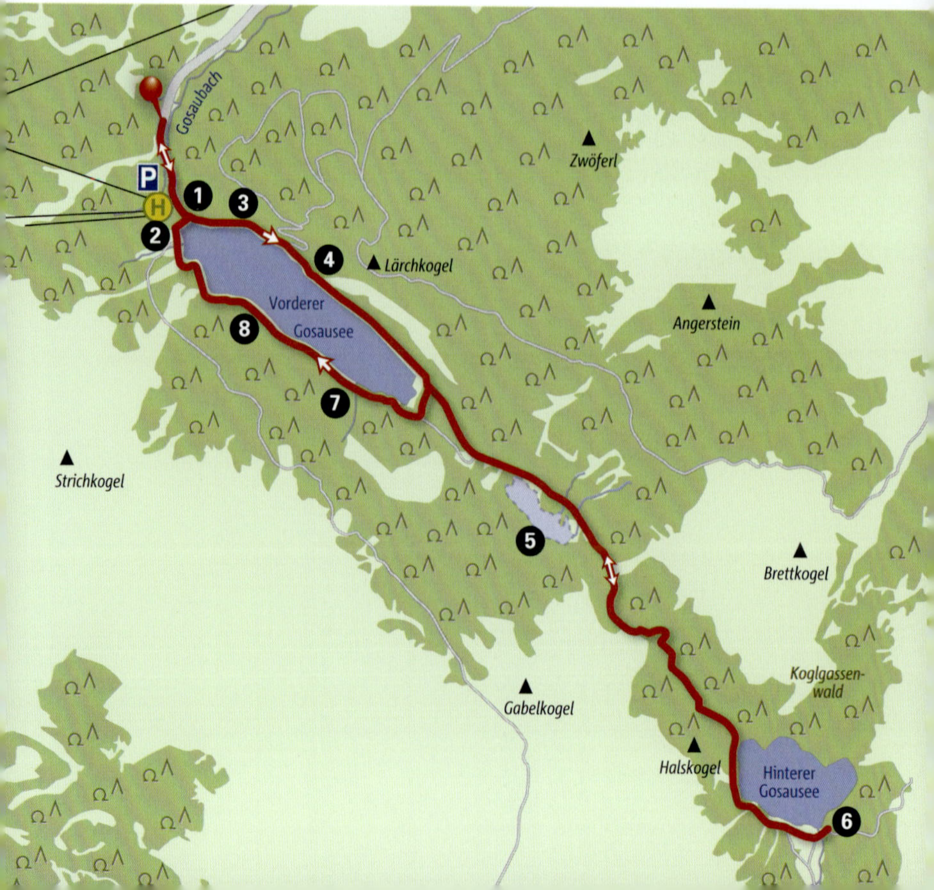

ALLES AUF EINEN BLICK

Entspannung 4/5
Abenteuer 2/5
Vielfalt 5/5

WIE & WANN

Durchgehend breite, geschotterte Wege. Wegen des Panoramas vor allem bei klarem Wetter empfehlenswert. Im Winter teilweise begehbar, je nach Schneefall.

HIN & WEG

Auto: Parkplatz Vorderer Gosausee, Gosau 148, 4824 Gosau
ÖPNV: Regionalbus 542, Haltestelle Gosausee

ESSEN & ENTSPANNEN

2. **Gasthof Gosausee,** Gosauseestraße 152, 4824 Gosau, Tel. +43 (61 36) 85 14, www.gasthof-gosausee.at
6. **Holzmeisteralm,** am Ende des Hinteren Gosausees, Gosau 235, 4825 Gosau, Tel. +43 (6 64) 1 14 51 13

ENTDECKEN & ERLEBEN

1. **Gosaukammbahn,** Gosauseestraße 148, 4824 Gosau, Tel. +43 (50) 1 40, www.dachstein.at
3. **Blick auf den Gosausee und das Dachsteinmassiv**
4. **Hängeleiter**
5. **Gosaulacke**
7. **Quelle**
8. **Wasserlauschen**

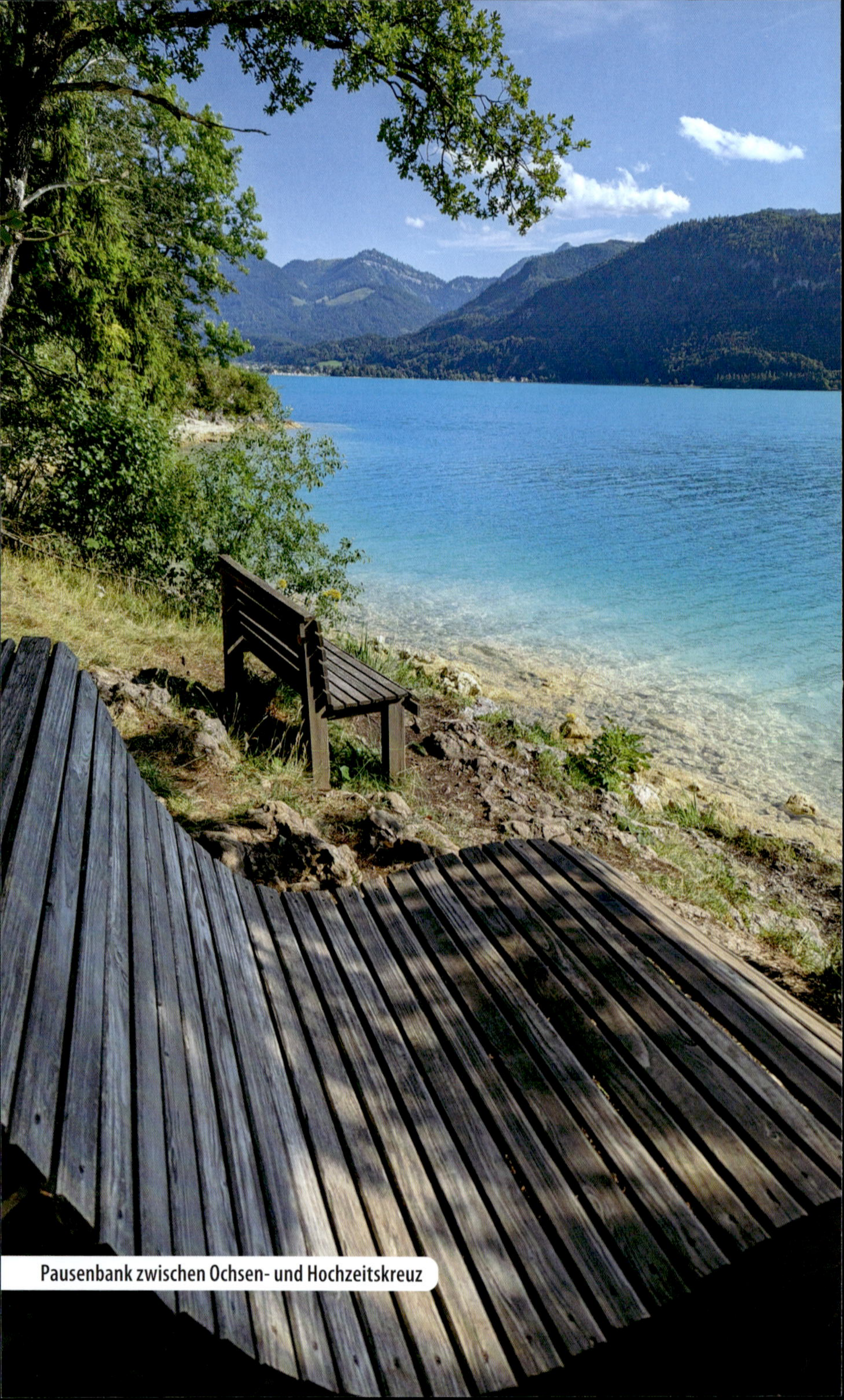

Pausenbank zwischen Ochsen- und Hochzeitskreuz

Dem Himmel so nah

Kraftorte am Wolfgangsee

Wir starten früh mit einem Verlängerten, dem österreichischen Kaffee-Klassiker, im ❶ **Brunnwind-Pavillon** in St. Gilgen direkt am See. Das ehemalige Hallenbad ist zu einem großzügig-hellen Café umgebaut worden, das Strandbad mit Liegewiese und dem fantastischen Blick über dem See ist frei zugänglich. Wir können uns nicht sattsehen und sind kurz versucht, den Tag einfach lesend auf dem Steg zu verbringen. Doch der Ruf des Abenteuers ist lauter als die Trägheit unseres Körpers. Also, los geht es!

Wir folgen der **Mondseestraße** und den Wegweisern Richtung St. Wolfgang. Rechter Hand, zum Ufer hin, liegt das damalige Sommerdomizil des ehemaligen Bundeskanzlers Helmut Kohl. In den schönen Häusern links der Straße waren seine Leibwächter einquartiert. Die Straße gabelt sich, wir orientieren uns Richtung Fürberg und nehmen den Weg rechts am Ufer entlang nach ❷ **Brunnwinkl,** einer versteckten, idyllischen Perle mit fünf denkmalgeschützten Häusern, die sich in die kleine Bucht am nordöstlichen Ende des Sees schmiegen. Eine kleine heile Welt. Doch es wird noch schöner: Wir folgen dem schmalen Pfad zwischen Hecken weiter Richtung See. Der schmale Weg führt direkt am unverbauten Ufer entlang und wir staunen über diese unglaubliche Farbe und die Klarheit des Wassers im Uferbereich. Diese karibikblaugrüne Naturschönheit schmeichelt dem Auge und der Seele.

Der angenehme und flache Spazierweg mit seinen informativen Thementafeln ist Teil

Kilometer: 9
Höhenmeter: 370
Stunden: 4
STRECKE

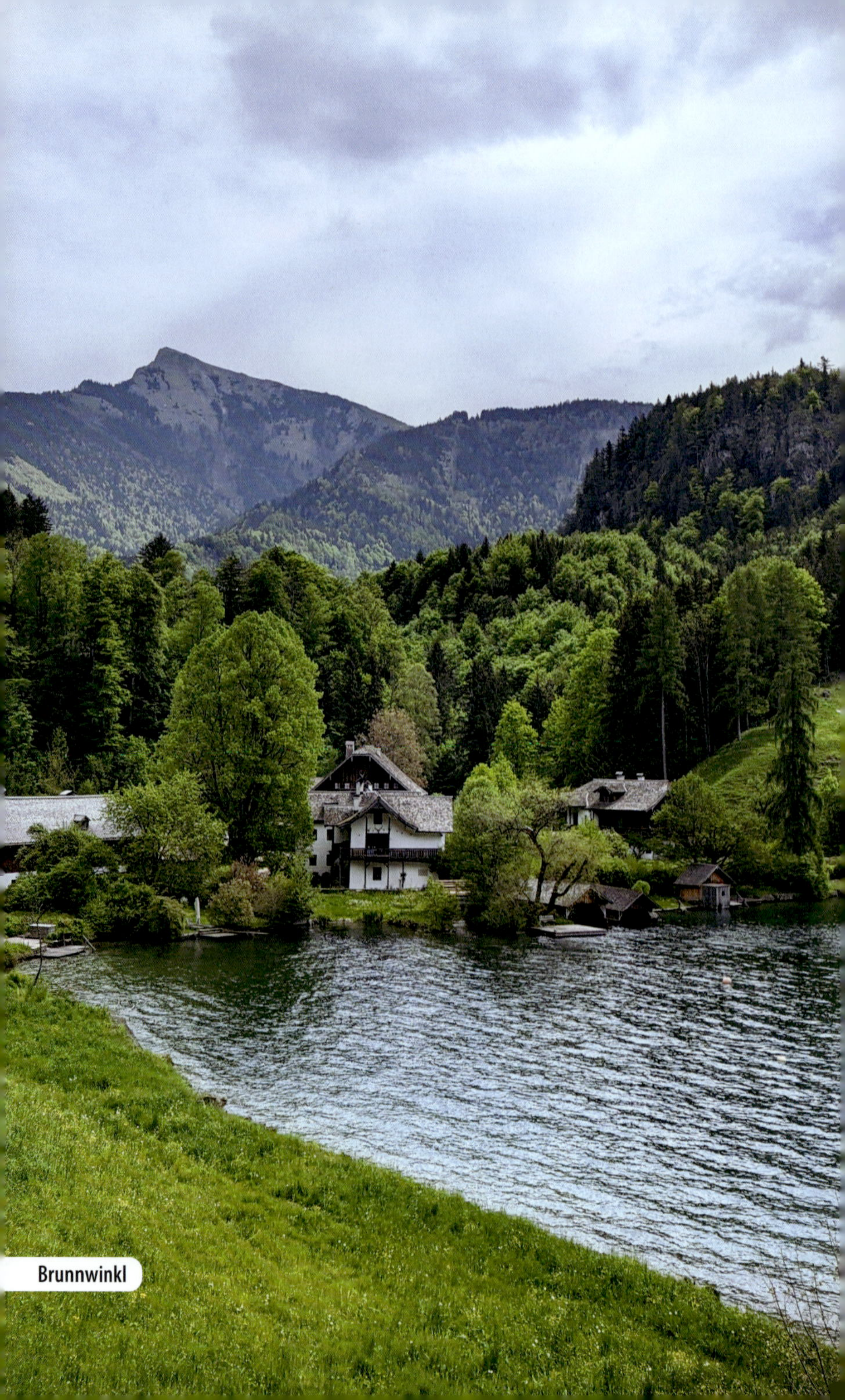

Brunnwinkl

der **Fürbergrunde.** Gut 2 Kilometer geht es immer am Ufer entlang, bis wir in einer weitläufigen Bucht auf den ❸ **Gasthof Fürberg** sowie die gleichnamige **Schiffsanlegestelle** treffen. Im Restaurant mit seinem schönen Biergarten kann man hervorragend fangfrischen Fisch und andere regionale Spezialitäten konsumieren.

Für die Seele

Ein herrlicher Uferweg, Panoramablicke und eine Bootstour: Wir erleben das Schönste vom Wolfgangsee.

Vielleicht noch einen erfrischenden Sprung in den See im wunderschön gelegenen ❹ **Waldbad?** Wer es nun eilig hat, nimmt den Weg gleich hinter dem Waldbad-Kiosk links hoch zum Falkenstein. Für alle Genusswanderinnen gibt es noch einen kleinen, feinen Schlenker zu den „seltsamen Naturdenkmälern" Ochsen- und Hochzeitskreuz (etwa plus 1 Stunde).

Über Stock und Stein, über viele Wurzeln, leicht bergauf, bergab, über Treppen und einsame Badebuchten führt uns der Weg (gut ausgeschildert) zunächst zum ❺ **Ochsenkreuz.** Von den Panoramabänken schauen wir auf das kleine, pittoreske Inselchen mit dem Bildstock. Dies hat der Sage nach ein Metzger errichten lassen, dessen Ochse auf dem Weg zur Schlachtbank am Westufer in den See stürzte und seinen Herrn, der nicht schwimmen konnte, wieder ans gegenüberliegende Ufer zog, auf ebenjene winzige Felseninsel.

In und um Brunnwinkl erforschte ***Professor Karl von Frisch*** *den Geruchs- und Geschmackssinn sowie das Orientierungsvermögen der Bienen. Für diese Entschlüsselung der „Sprache der Bienen" erhielt er 1973 den Nobelpreis.*

Der Weg führt an einigen wunderschön gelegenen Bänken mit Blick auf das gegenüberliegende Zwölferhorn vorbei, bis wir nach weiteren 10 Minuten das ❻ **Hochzeitskreuz** erreichen. Hier soll – ebenfalls im 16. Jahrhundert – eine Hochzeitsgesellschaft ins Eis eingebrochen und ertrunken sein. Nur das Brautpaar konnte sich retten. Von den Steilwänden rund um das Denkmal springen im Sommer oft Kinder in das türkise Wasser. Ein zauberhafter Platz.

Zurück geht es durch den Wald bis zum Forstweg, der wieder zum Waldbad (Wegweiser „St. Gilgen/Fürberg") führt. Direkt vor dem Kiosk biegen wir rechts

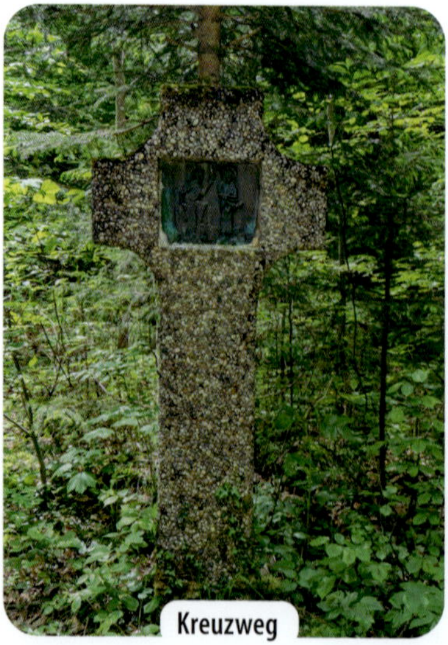
Kreuzweg

ab Richtung „Falkenstein/Scheffelblick". Ab jetzt wollen wir steil bergauf den **7 Kreuzweg** erklimmen. Der Kreuzweg ist die letzte Etappe eines historischen Wallfahrerwegs, den im Mittelalter jährlich Zigtausende Pilger von Regensburg bis nach St. Wolfgang gingen. Damals war es die viertgrößte Wallfahrtsstätte Europas.

Auf dem nächsten Kilometer ist Konzentration angesagt, auf kurzer Strecke gilt es rund 200 Höhenmeter zu überwinden, immer begleitet von den steinernen Tafeln mit den Stationen des Leidenswegs Christi. Nach kurzer Zeit verlassen wir den Forstweg und biegen bei einem gelben Hinweisschild „Scheffelseeblick" nach rechts in den kleinen, verschlungenen Pfad ein. Wir verlassen hier den ursprünglichen Pilgerweg und klettern durch einen wildromantischen Wald über Stock und Stein weiter hinauf, bis sich uns eine atemberaubende Kulisse eröffnet. Hier, hoch oben auf der **Falkensteinwand,** gibt es zwei wahre Kraftplätze. Auf dem ersten befinden sich zwei sogenannte **8 Himmelsliegen.** Schöner kann man sich kaum ausruhen: mit Blick über den wie gemalt daliegenden See, die Berge im Hintergrund und dem Himmel ganz nah. Alleine für dieses Gschmå-Platzl hat sich der Anstieg mehr als gelohnt.

*Der perfekte Ort zum Entspannen, das ist ein **„Gschmå-Platzl".** „Gschmå" bedeutet gemütlich, wunderschön. Wenn alles passt, dann ist es eben „gschmå" – so wie hier und am Scheffelblick.*

Ein gutes Stück und einen kleinen Aufstieg weiter befindet sich der **9 Scheffelblick,** benannt nach dem seinerzeit viel gelesenen romantischen Dichter Victor von Scheffel (1826–1886), der hier oben zu mehreren Liebeserklärungen an die Region inspiriert wurde. Wir gönnen uns eine ausgiebige Pause. Der schweißtreibende Aufstieg in Verbindung mit der Schönheit der Natur und der herrlich klaren Luft führen dazu, dass wir uns wohlig erschöpft und gleichzeitig im Einklang mit der ganzen Welt befinden. Ein seltenes Gefühl, das wir auskosten wollen.

Kurze Zeit später, die Sonne sticht bereits, machen wir uns wieder auf den Weg zurück zum **Pilgerweg.** Durch einen alten Laubwald geht es hinunter und mit leichten Anstiegen auch wieder hinauf. Immer wieder blitzt der See durch die Bäume hindurch. Über befestigte Treppen erreichen wir schließlich die sogenannte **10 Hackelwurf-Kapelle.** Der Legende nach floh Bischof Wolfgang um das Jahr 976 an den Abersee im Salzkammergut. Auf dem Falkenstein kämpfte er mit dem Teufel und warf ein Beil ins Tal. An dessen Fundstelle errichtete er eine Kirche, die bis heute zahlreiche Pilger anzieht.

Ab jetzt geht es auf einem breiten Forstweg bergab, bis sich der Wald öffnet und man durch Almwiesen hinab zur Ortschaft **Falkenstein** und weiter bis zur **11 Schiffsstation Ried/Falkenstein** wandert. Bei Lust und Laune kann man in einer weiteren halben Stunde bis zum weltbekannten St. Wolfgang laufen und dort entweder an der Haltestelle Schafbergbahn oder St. Wolfgang Markt die Rückreise antreten.

*Die **Schafbergbahn** ist die steilste Dampf-Zahnradbahn Österreichs. 1893 eröffnet, überwindet sie in 35 Minuten rund 1190 Höhenmeter und 5,85 Kilometer bis zur Schafbergspitze (1783 Meter).*

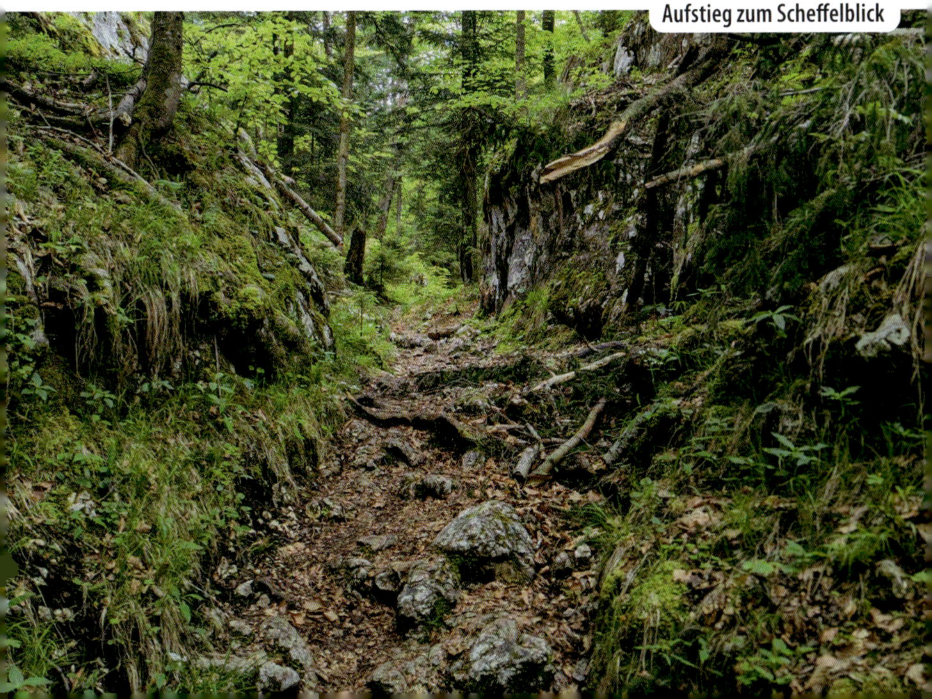
Aufstieg zum Scheffelblick

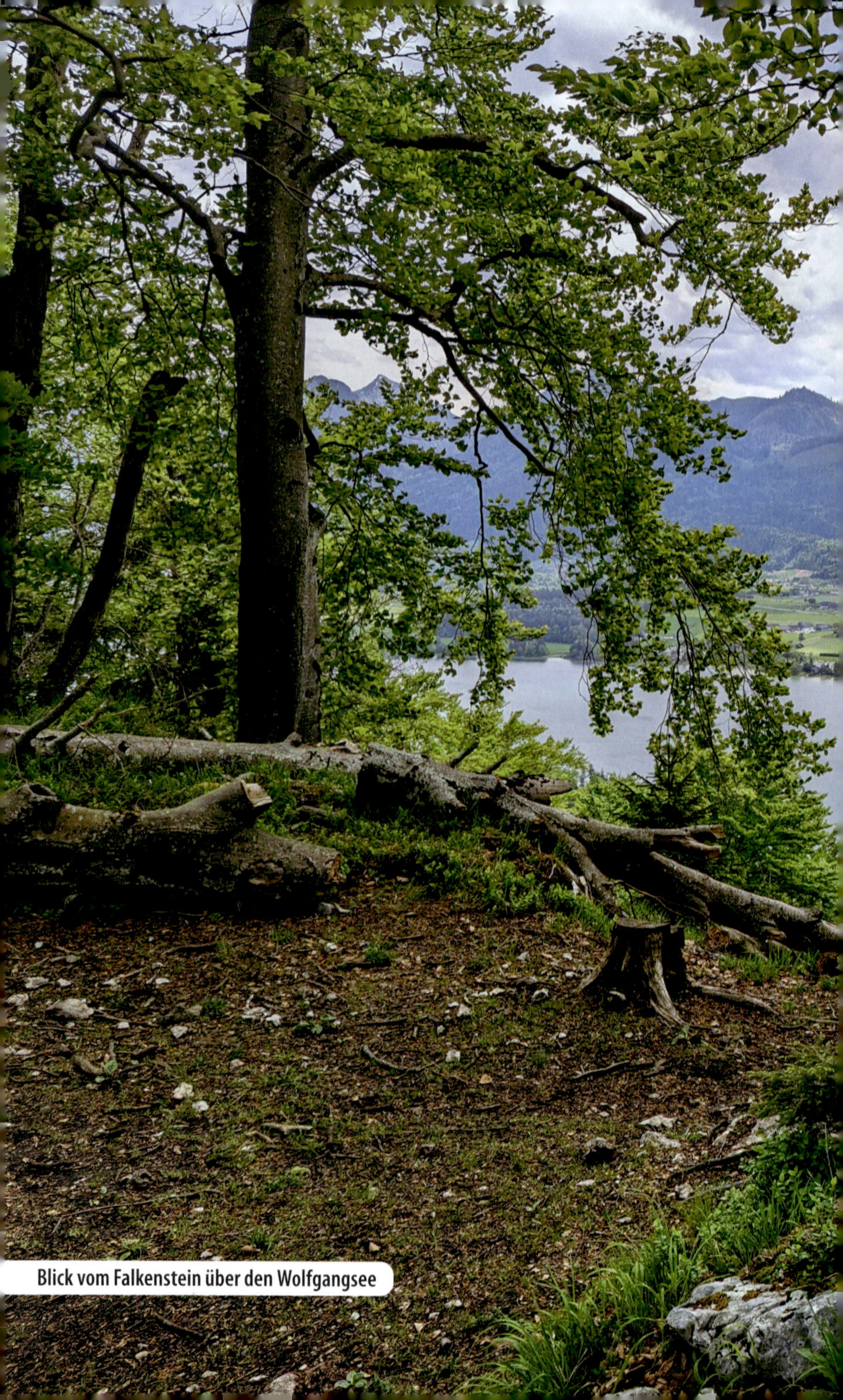

Blick vom Falkenstein über den Wolfgangsee

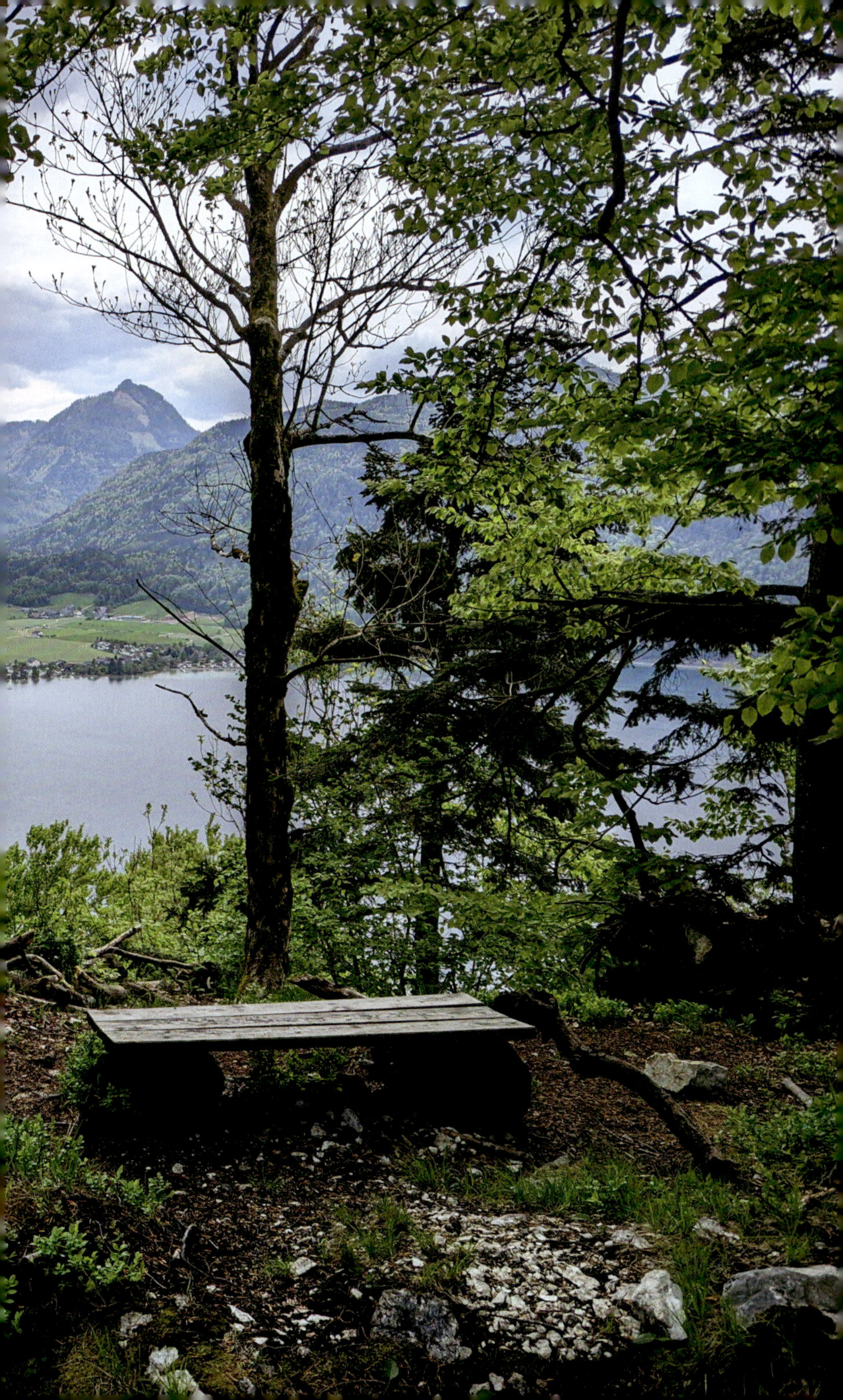

WEITBLICKE 6

*Der 1052 heiliggesprochene **Wolfgang** ist Namensgeber der Ortschaft St. Wolfgang und so wurde aus dem ehemaligen Abersee (seit 788 als Abriani lacus bezeichnet) der Wolfgangsee. Nach dem Zweiten Weltkrieg sprach man ausschließlich vom Wolfgangsee.*

Jetzt kommt der entspannte und bequeme Teil der Tour: Wir nutzen den Service der **Wolfgangsee-Schifffahrt** und lassen uns an Deck einer Fähre Richtung St. Gilgen in die Sitze sinken und schauen stolz den Falkenstein hinauf. Dort oben haben wir vor kurzer Zeit noch gelegen und waren dem blau-weißen Himmel ganz nah. Und da ist ja schon die Haltestelle Fürberg. Vom Wasser aus sehen wir das Inselchen mit dem denkmalgeschützten **Ochsenkreuz-Bildstock.** Wir schippern weiter bis zur **Anlegestelle St. Gilgen** und freuen uns auf den Ausklang unserer Tour im so gemütlich wie kulinarisch hervorragenden Restaurant ⓬ **Wirt am Gries,** unserem Lieblingswirt in der Region.

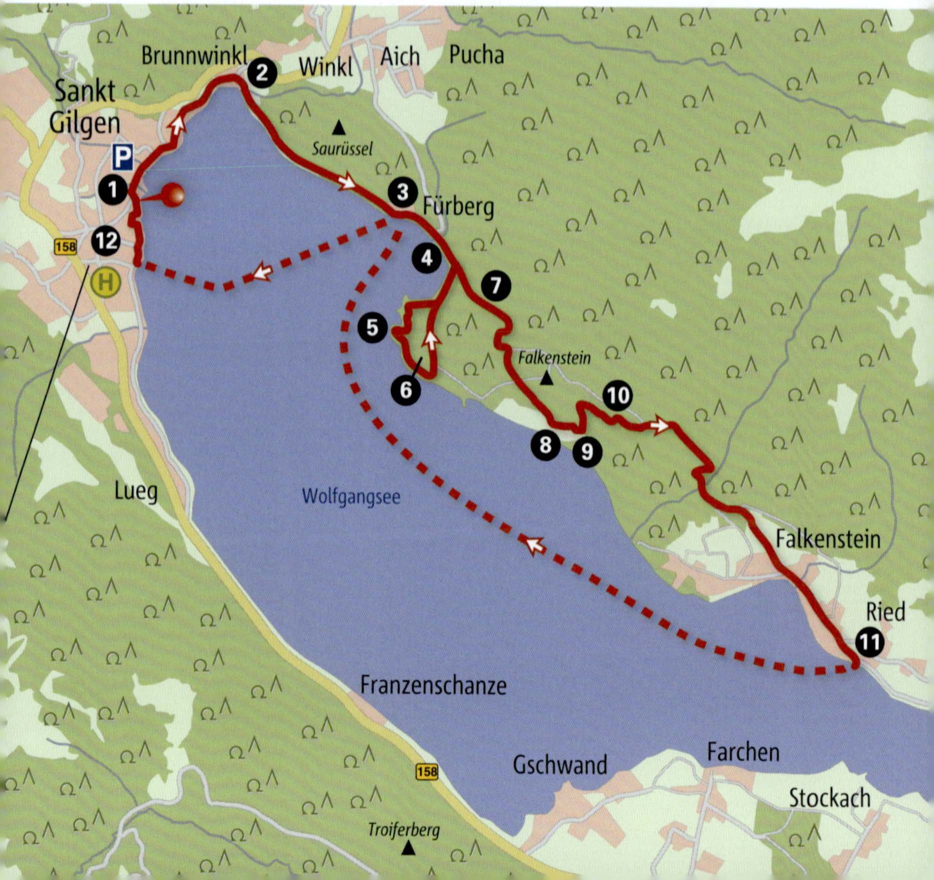

ALLES AUF EINEN BLICK

Entspannung
Abenteuer
Vielfalt

WIE & WANN

Gut ausgebauter Spazierweg direkt am Ufer (Fürbergrunde), breiter, streckenweise steiler Forstweg (Pilgerweg), schmaler Waldpfad (Scheffelblick). Fürbergrunde und Pilgerweg ganzjährig möglich, Abzweig über den Scheffelblick bei gutem Wetter von April bis Oktober.

HIN & WEG

Auto: Parkplatz Mondseestraße 19, 5340 St. Gilgen
ÖPNV: Bus 150 oder 156, Haltestelle St. Gilgen Busbahnhof; Rückkehr zum Ausgangspunkt mit der Wolfgangsee-Schifffahrt von der Station Ried/Falkenstein nach St. Gilgen (Es ist ratsam, vorab den Fahrplan zu checken, um längere Wartezeiten zu vermeiden.)

ESSEN & ENTSPANNEN

1. **Brunnwind,** Mondseestraße 12, 5340 St. Gilgen, Tel. +43 (62 27) 71 47, www.brunnwind.at
3. **Gasthof Fürberg,** Fürbergstraße 30, 5340 St. Gilgen, Tel. +43 (62 27) 2 38 50, www.fuerberg.com
12. **Wirt am Gries,** Steinklüftstraße 6, 5340 St. Gilgen, Tel. +43 (62 27) 23 86, www.wirtamgries.at

ENTDECKEN & ERLEBEN

2. **Brunnwinkl**
4. **Waldbad**
5. **Ochsenkreuz**
6. **Hochzeitskreuz**
7. **Kreuzweg**
8. **Himmelsliegen**
9. **Scheffelblick**
10. **Hackelwurf-Kapelle**
11. **Schiffsstation Ried/Falkenstein,** Infos zu Fahrzeiten zum Beispiel unter www.5schaetze.at/de/wolfgangseeschifffahrt

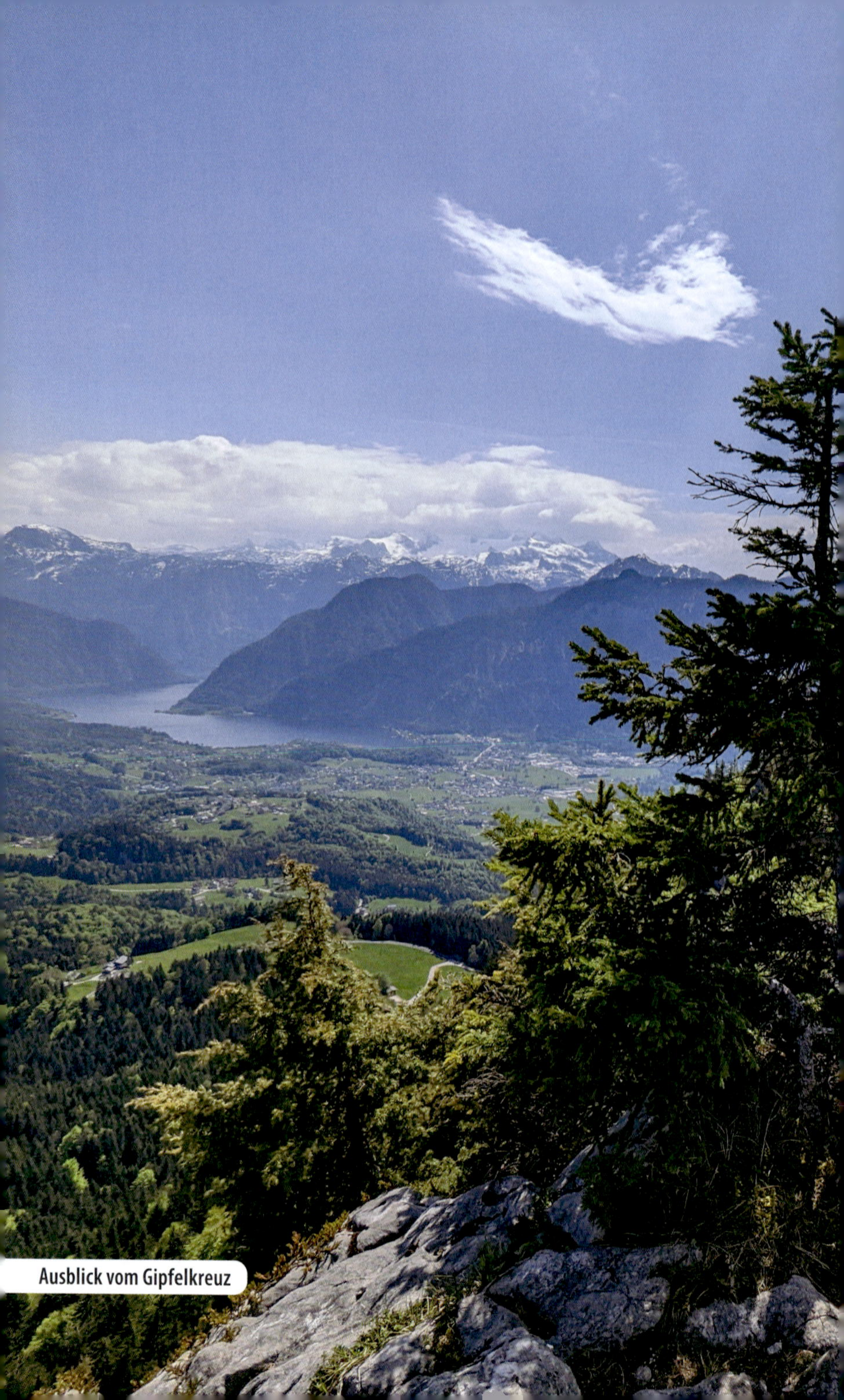
Ausblick vom Gipfelkreuz

Gipfelglück

Der Himmel über Bad Goisern

Schon die Anfahrt von Bad Goisern durch das Dörfchen **Lasern** hinauf zum Wanderparkplatz am Predigstuhl (tatsächlich ohne „t") führt durch eine romantische Bilderbuchlandschaft, durch bunte Wiesen und wunderschön erhaltene alte Höfe und Häuser. Ein kleines Paradies.

Startpunkt unserer Rundtour ist der Parkplatz am ehemaligen Berghotel Predigstuhl (heute ein zumindest von außen etwas charakterloses Mountain-Hideaway-Lesehotel). Mit genügend Wasser und kleinen Snacks im Rucksack (es gibt zwischendurch keine Einkehrmöglichkeit) geht es los. Direkt am Parkplatz führt ein kleiner **Wald-Trampelpfad** hinter dem Schild „Alpengasthof Hütteneckalm" den Berg etwa 100 Meter hinauf bis zu einem breiten Kiesweg. Nach links wandern wir oberhalb des Lesehotels zunächst bequem geradeaus.

Kurz darauf biegt wiederum links ein Waldweg bergab Richtung **Rathlucken Hütte** (hier ist ein bisschen Vorfreude erlaubt, am Ende unserer Tour werden wir dort fantastisch essen). Gut 15 Minuten lang geht es durch einen schattigen Wald immer bergab, bis wir plötzlich an einer scharfen Linksbiegung des Weges rechts die hell emporragende **1 Steilwand** sehen. Ein echter Wow-Moment. Berge haben immer etwas Erhebendes und Majestätisches, aber im Angesicht dieser überwältigenden Präsenz fühlen sich alle unsere Sorgen und Probleme plötzlich ganz klein an. Zeit zum Genießen.

Hier verlassen wir den Weg und schlängeln uns immer an der Steilwand entlang. Wir

Die alpine Tour liegt innerhalb der 1997 von UNESCO ausgezeichneten ***Kultur- und Naturerberegion Dachstein-Hallstatt.*** *Eine größtenteils wilde Gebirgslandschaft verbindet sich hier seit über 2500 Jahren mit einer intensiven menschlichen Nutzung.*

Kilometer: 5,5
Höhenmeter: 490
Stunden: 4,5
RUNDWEG

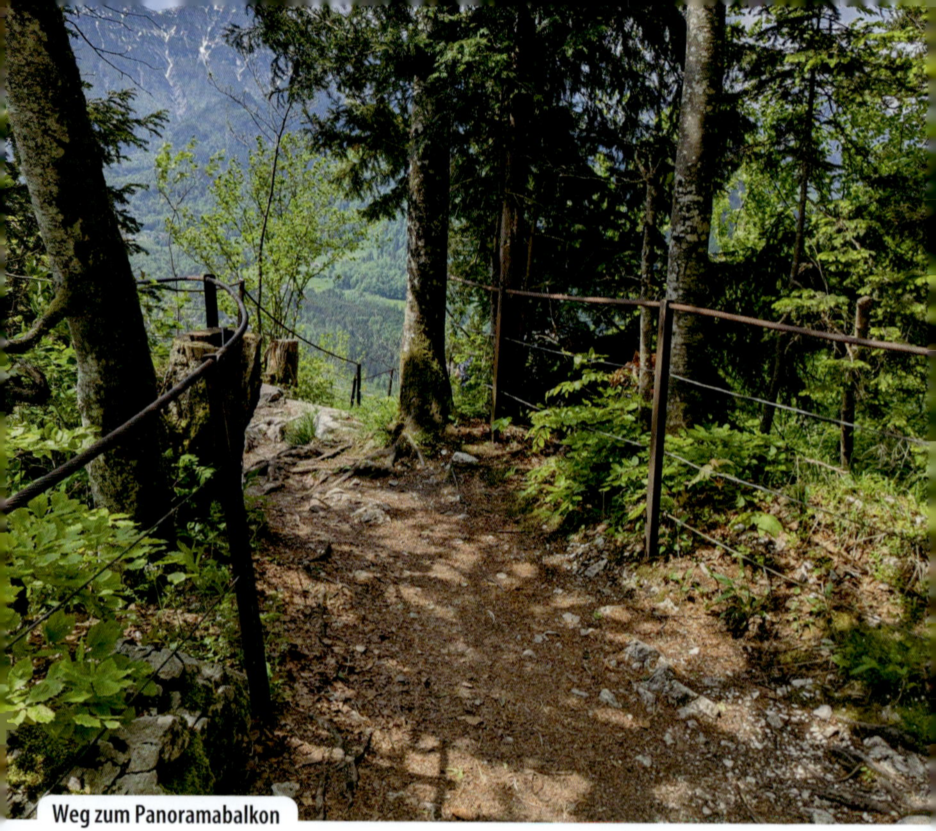

Weg zum Panoramabalkon

*Die **Ewige Wand** ist die steilste Felsformation des Toten Gebirges. Durch den Westteil wurde Mitte der 50er-Jahre ein spektakulärer Aussichtsweg mit zwei Tunneln gesprengt. Ursprünglich hieß es „Ewingerwand". Druckfehler machten daraus die Ewige Wand.*

passieren schöne Pausenbänke und so einige Sportkletterer, die hier ihren unglaublichen Aufstieg die Steilwand hoch beginnen. Wir werden sie oben noch einmal wiedertreffen. Nach kurzer Zeit stoßen wir auf den breiteren ❷ **Goiserer Höhenweg,** der eben und gut gesichert entlang der Felsabbrüche der Ewigen Wand verläuft.

Der Goiserer Höhenweg, auch „der Wanderweg zwischen Himmel und Erde" genannt, gilt vielen als der schönste Wanderweg im Salzkammergut. Immer wieder hat man Ausblicke auf den der Felswand abgetrotzten Weg, der vor uns liegt. Er wirkt spektakulär und gefährlich, ist aber in diesem Abschnitt selbst für kleine Kinder gut zu meistern. Also keine Sorge, wir werden reichlich mit Ausblicken in das Goiserner Tal, den Hallstätter See bis hin zum Dachstein belohnt.

Kurz vor den beiden Tunneln hängt rechts im Berg eine hölzerne Tafel mit der Aufschrift: „Öffne deine

Seele und werde eine Brücke zum Licht.“ Derart inspiriert durchqueren wir die **Tunnel** und genießen die die Seele erweiternden Ausblicke weit hinein ins Salzkammergut. Kurz bevor es rechts eine geschnitzte Holzbalkentreppe steil hinauf in den Wald geht, sammeln wir noch einmal Kraft auf dem kleinen ❸ **Panoramabalkon,** der etwas links vom Weg liegt. Bislang war unser Weg recht gut besucht, ab jetzt wird es einsamer. Am hölzernen Schild **„Ewinger Weg – Zum Predigstuhl“** wandern wir nun knapp zwei Stunden einen wunderschönen, schattigen Waldpfad rund 500 Höhenmeter immer bergauf. Über Stock und Stein, Wurzeln und Moose, wilde Blaubeeren und weichen Waldboden orientieren wir uns immer an den rot-weiß-roten Markierungen.

Für die Seele

Bergfeeling vom Feinsten: Uns erwarten fantastische Ausblicke, grandiose Felswände und Gipfelglück!

Nach einer halben Stunde erreichen wir die ❹ **Blaschekwarte,** einen wundervollen Ort für eine stärkende Pause. Der schönste Platz dafür ist auf dem Bänklein hinter der Warte. Der schneebedeckte Dachstein ist immer besser zu erkennen, je höher man steigt. Das

*Seit 2007 führt hier auch der **Höhen- und Sagenweg** mit seinen liebevoll geschnitzten Holzfiguren und den spannenden Mythen aus dem Inneren Salzkammergut entlang. Tafeln mit Sagen aus der Umgebung erzählen von Ereignissen aus längst vergangenen Tagen.*

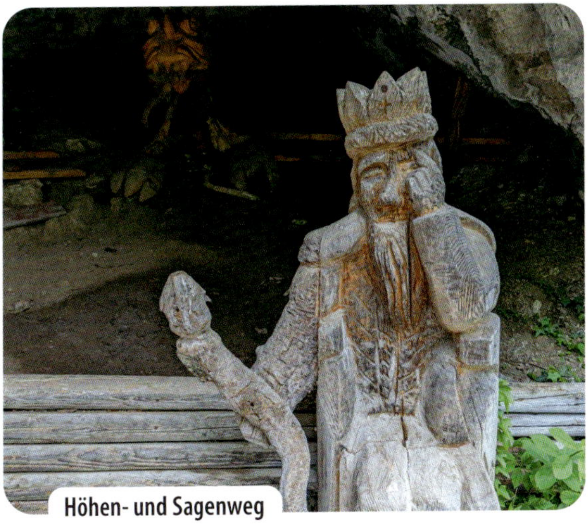

Höhen- und Sagenweg

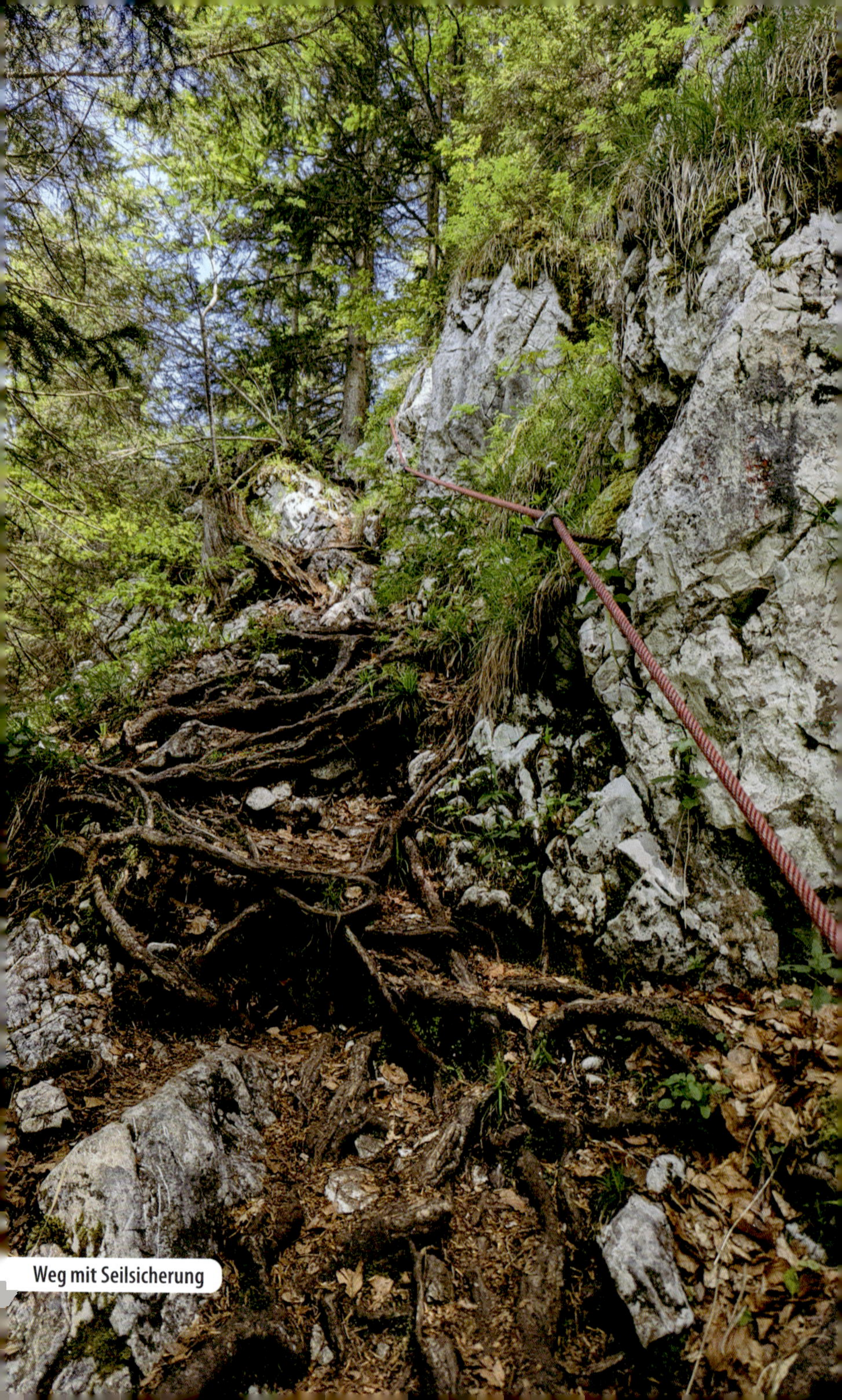

Weg mit Seilsicherung

Goiserntal liegt uns wie eine Kripperl-Landschaft zu Füßen. Durchatmen. Genießen. Träumen.

Wir wandern durch lichten Laub- und Mischwald bergauf Richtung „Predigstuhl“ und „Radsteig“. Einige steile Stellen sind jetzt mit Seil gesichert, der Aufstieg ist aber jederzeit problemlos zu bewältigen. Immer wieder führt der Weg auch in sicherem Abstand an der oberen Steilkante der Ewigen Wand entlang und wir staunen nicht schlecht, als plötzlich die Köpfe der Sportkletterer vor uns auftauchen. Wir sind jetzt oberhalb unseres Startpunktes und froh, dass wir „nur“ den normal steilen Weg gewählt haben.

Weiter geht's. Nach einem kurzen mit Drahtseil gesicherten Stück bergab gelangen wir auf ein Plateau, wo rechts der **Radsteig** einmündet. Wir gehen weiter bergauf und orientieren uns, wie schon zuvor, hauptsächlich an den rot-weiß-roten Markierungen. Wer jetzt denkt, nun müssten wir aber langsam mal oben sein, sei beruhigt: Nach einem letzten knackigen Anstieg über sehr wurzeligen Waldboden stehen wir vor einer in den Stein eingelassenen Holztreppe. Mit Seilsicherung klettern wir die letzten Meter auf den **Predigstuhl** und voilà: Das **5 Gipfelkreuz** auf 1278 Meter ist erreicht.

Im gesamten österreichischen Alpenraum weisen ***rot-weiß-rot markierte*** *Bäume, Steine, Felsen oder Holzpfähle den Weg. Vor allem in höher gelegenen Regionen oder wenn die Geländesituation ein eindeutiges Erkennen des richtigen Weges erschwert.*

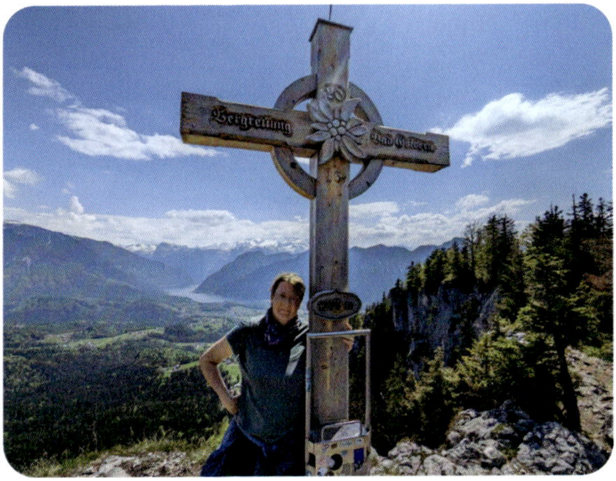

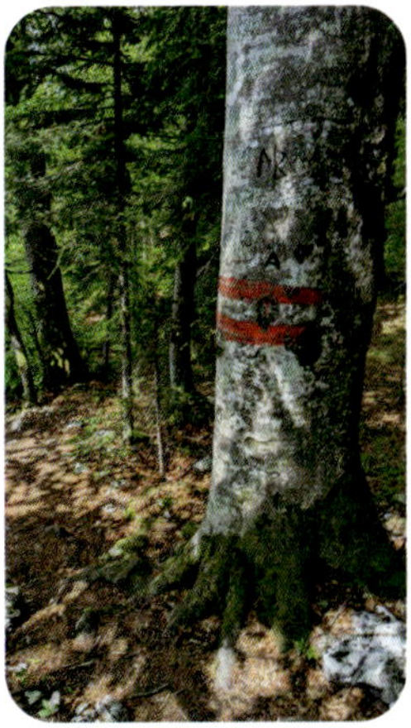

Der obere Gipfel liegt relativ exponiert. Rundum geht es steil bergab, die Bänke und Holzbalken stehen jedoch im sicheren Abstand zum Abgrund. Also keine Sorge, man kann von hier wunderbar den wirklich fabelhaften Rundumblick genießen und stolz auf sich sein, diesen Aufstieg geschafft zu haben. Ein erhebendes Gefühl: dem Himmel ganz nah und mit den umliegenden Bergen – dem Dachsteinmassiv, dem Hohen Sarstein, dem Ramsaugebirge – quasi auf Augenhöhe. Eine gewisse Erschöpfung des Körpers ermöglicht es nun unseren Gedanken, ja unserer Seele, freier zu fliegen.

Ab jetzt wandern wir nur noch bergab. Versprochen. Nach dem kurzen Abstieg vom Gipfel überqueren wir die kleine **Holzbrücke** Richtung Rossmoos – Bad Goisern. Der Pfad führt rund 50 Minuten oder 1,76 Kilometer und 270 Höhenmeter immer relativ steil bergab. Es geht über wurzelige „Treppenstufen", bildlich über Stock und Stein, steil, aber jederzeit

Unter dem Gipfel

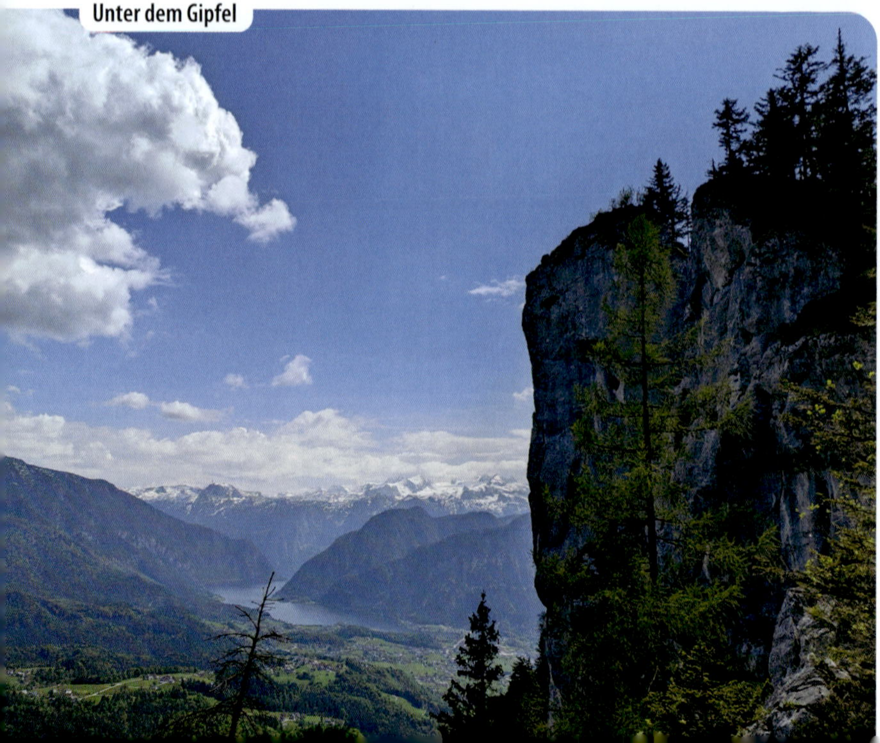

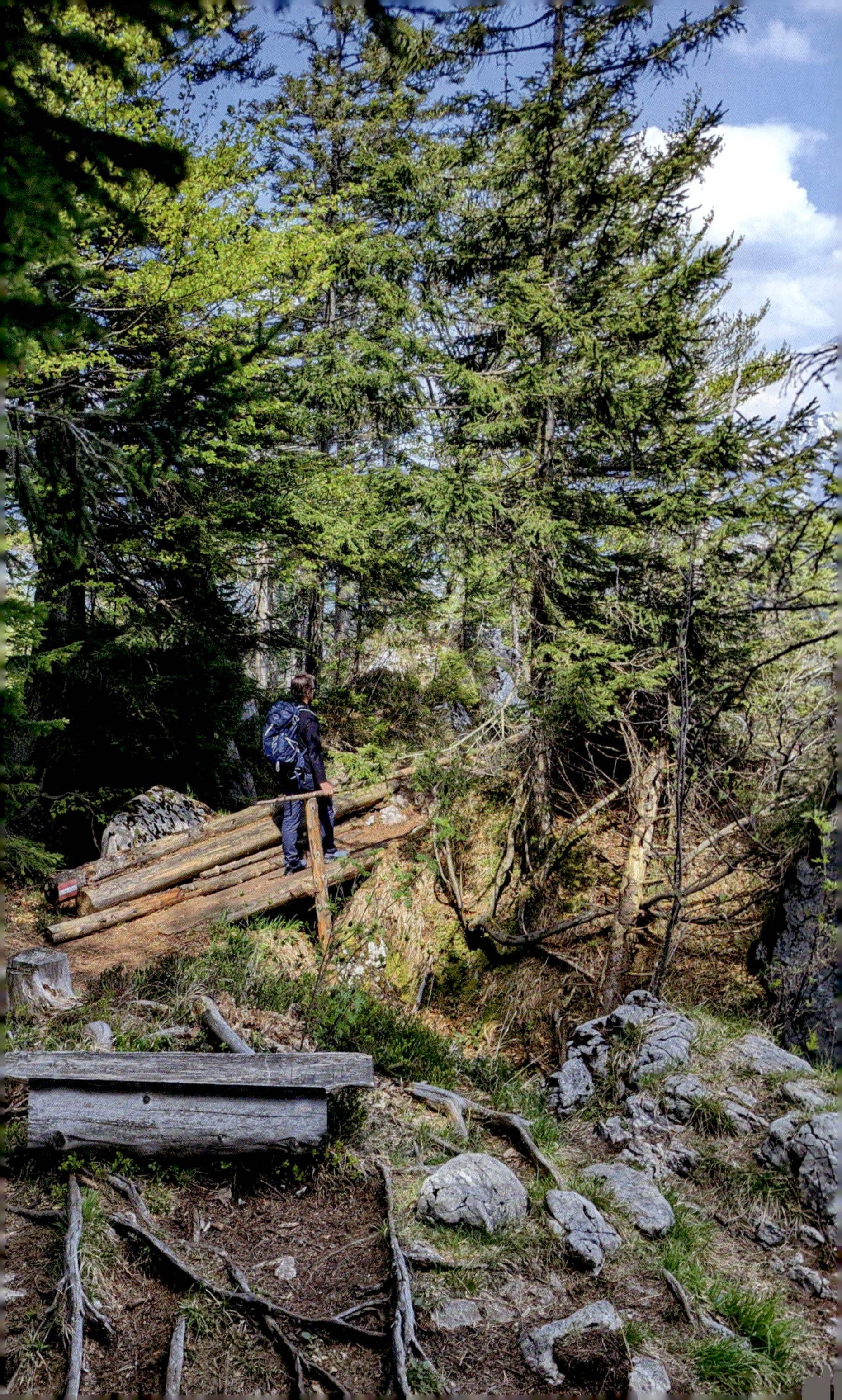

gefahrlos. An dieser Stelle sind wir froh, dass wir den Weg nicht andersherum gelaufen sind. Unten stoßen wir wieder auf eine geschotterte Forststraße. Unser Parkplatz Predigstuhl (nach rechts) ist schon ausgeschildert. Nach einer knappen Viertelstunde liegt er 50 Meter unterhalb unseres Weges. Wanderschuhe aus, Füße kurz massieren und auf zur kulinarischen Stärkung.

Drei Autominuten bergab biegen wir scharf rechts ab zur fantastisch gelegenen **Rathlucken Hütte.** Von der Sonnenterrasse der urigen Hütte blickt man hinauf zur Ewigen Wand und erkennt sogar den in den Berg gesprengten Weg, den wir noch vor Kurzem gelaufen sind.

*Die **Rathlucken Hütte** bietet hervorragende regionale und saisonale Küche. Zum Nachtisch nicht verpassen: die berühmten hausgemachten Heidelbeer- oder Schoko-Pofesen. Die Qualität der Weine und Speisen ist sogar der Feinschmecker-zeitschrift Falstaff eine Erwähnung wert.*

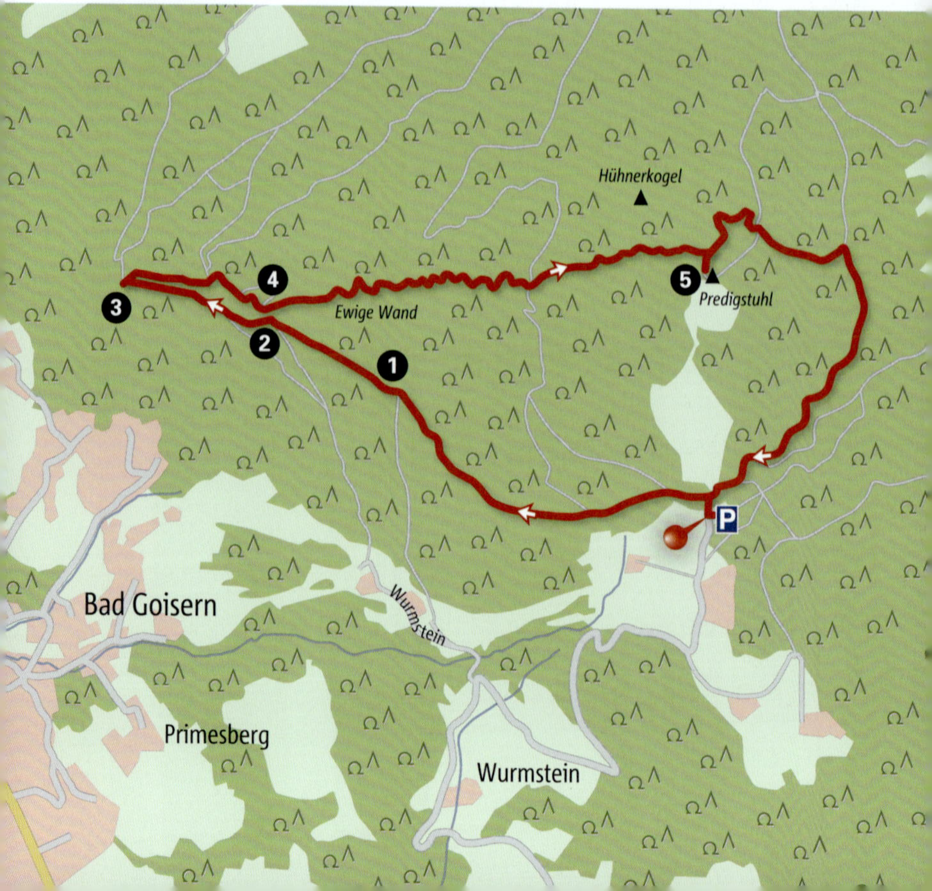

ALLES AUF EINEN BLICK

Entspannung

Abenteuer

Vielfalt

WIE & WANN

Forstwege, ebene, in die Felsen gehauene Steinwege, steile Waldpfade (teilweise mit Seil gesichert), Holzstiegen, am Gipfel kurze einfache Kletterpartien. Bei gutem Wetter von April bis Oktober/November möglich. Der Teil Goiserer Höhenweg ist ganzjährig begehbar, nur im Winter bei viel Schnee geschlossen.

HIN & WEG

Auto: Parkplatz Predigstuhl, Wurmstein 26, 4822 Bad Goisern
ÖPNV: Goiserer-Taxi zum Parkplatz Predigstuhl (Tel. +43 (61 35) 42 42)

ESSEN & ENTSPANNEN

Bitte an Wegzehrung und genügend Wasser denken.

Abseits der Route empfehlenswert:
Rathlucken Hütte, Wurmstein 2, 4822 Bad Goisern,
Tel. +43 (61 35) 62 93, www.rathlucka-huette.at

ENTDECKEN & ERLEBEN

1. **Steilwand (Sportkletterbereich Ewige Wand)**
2. **Goiserer Höhenweg**
3. **Panoramabalkon**
4. **Blaschekwarte**
5. **Gipfelkreuz Predigstuhl**

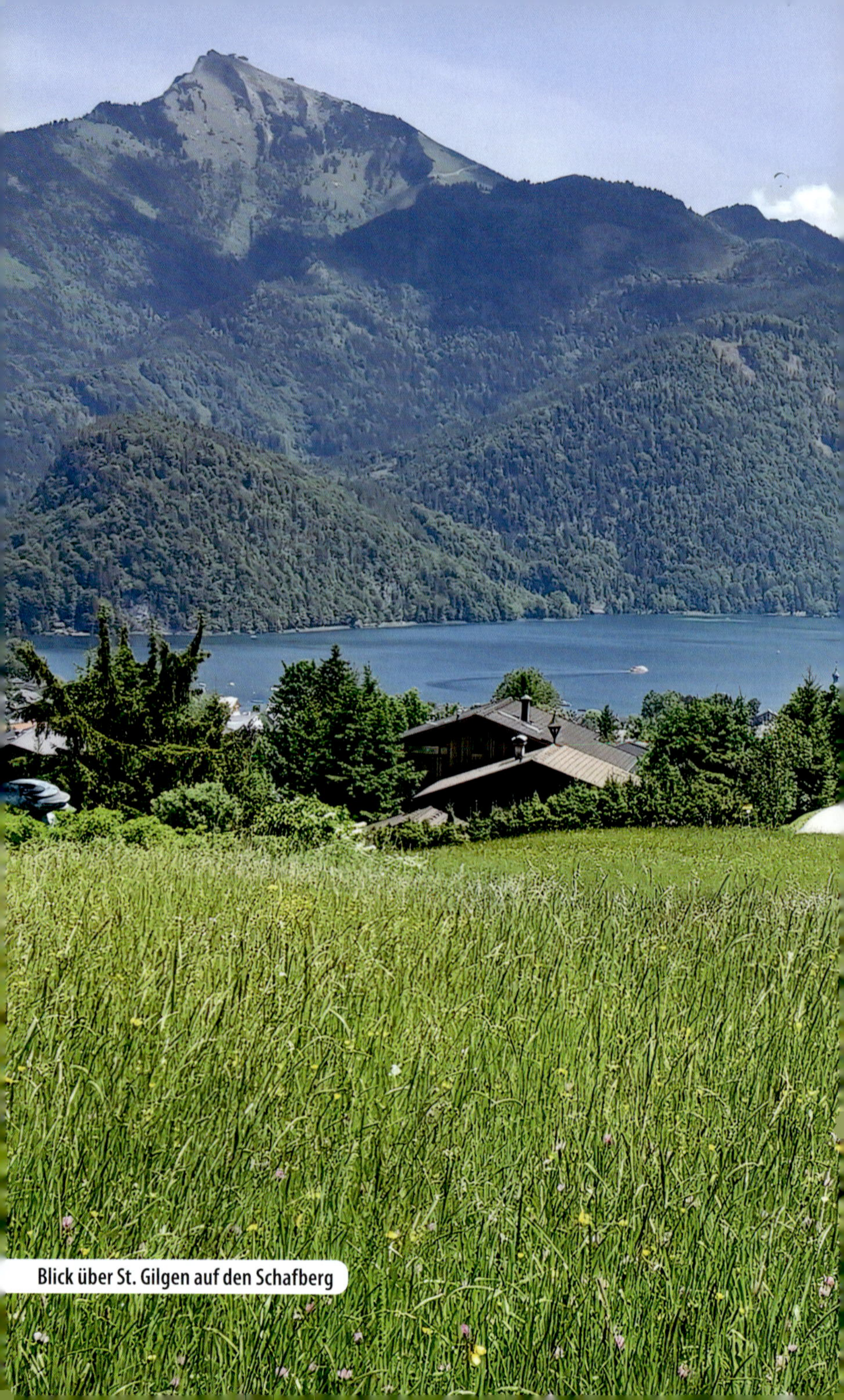

Blick über St. Gilgen auf den Schafberg

Das Wolfgangsee-Wow

Über den Mozartsteig ins Ellmautal

Eigentlich können wir uns nicht losreißen von den hübschen roten und gelben Gondeln, die an der Talstation der ❶ **Zwölferhornbahn** in St. Gilgen am Wolfgangsee starten. Doch hier beginnt unsere Wanderung und wir sollten jetzt aufbrechen. Gegenüber des Seilbahn-Parkplatzes biegen wir nach links in die Hochreithstraße ein. Hier finden wir bereits die ersten gelben Wanderschilder für den Wanderweg 7 „Mozartsteig/blick“, die nach links hinauf weisen.

*Ob Mozart oder seine Familie jemals am **Mozartsteig** gewandert sind, bleibt wohl ein Geheimnis. Der Name ist in Anlehnung an die Bezeichnung von St. Gilgen als „Mozartdorf“ entstanden.*

Wir wandern die ruhige Anwohnerstraße vorbei an gediegenen Häusern und Villen bergan. Nach einigen Minuten halten wir uns an einem T-Stück rechts und gehen weiter leicht bergan auf der Laimstraße. Vorbei am **Bio-Archehof Eislbauer** führt uns der Weg zwischen der Wiese des Skiliftes und der ❷ **Landewiese für die Paraglider** geradeaus. An diesem kraftvollen Platz lohnt sich ein erster Stopp: Die Paraglider landen mit ihren bunten Schirmen direkt vor der malerischen Orts- und Seekulisse, ihre Freude und Leichtigkeit sind ansteckend.

Am Ende der Wiese halten wir uns links und gehen den Pinkereithweg bergan. Er führt uns zwischen einigen modernen Holzhäusern den Hang hinauf. Der Wanderweg 7 mündet hier in den **Kochgütlweg,** dem wir erst nach rechts, dann in einem Linksbogen weiter bergauf folgen. Hinter der Hausnummer 17 verlassen wir die Siedlung endgültig und biegen hinter einer Schranke nach links in den Wald ab.

Kilometer: 8,2
Höhenmeter: 330
Stunden: 2,5
STRECKE

Im Wald wartet direkt eine kühle Erfrischung auf uns: Auf der linken Seite des

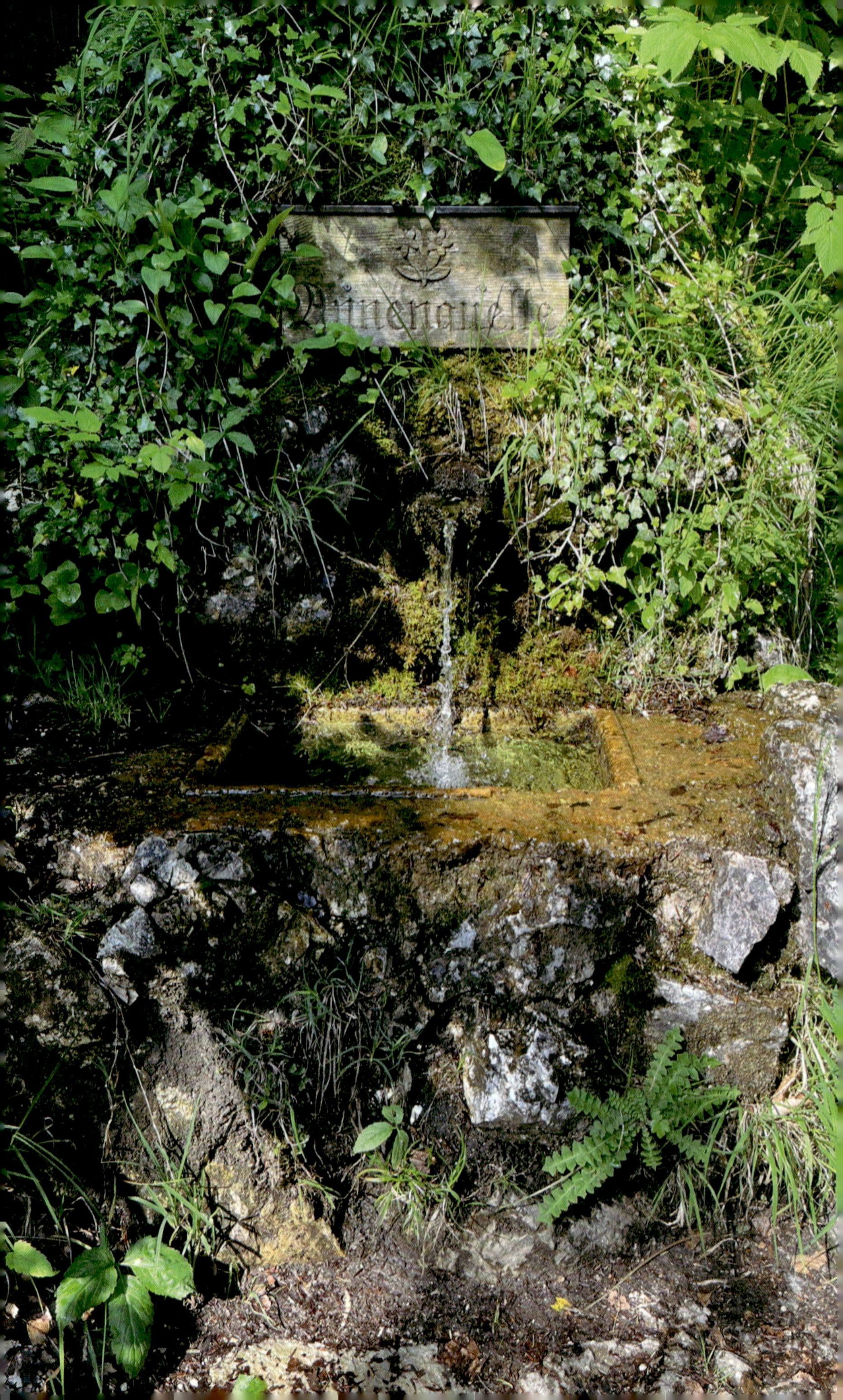

Weges sprudelt die ❸ **Annenquelle** aus einem bemoosten Felsen. Es ist eine gute Idee, mit diesem köstlichen, klaren Bergwasser die Trinkflaschen aufzufüllen, denn gleich wird es anstrengend. Noch einmal innehalten und lauschen: Der dichte Wald pfeift ein Liedchen! Der Weg durch den Wald wird nun schmal und steigt in mehreren Kurven bergan. Nach weiteren 10 Minuten führt uns der Pfad über Stufen weiter bergan. Der darauffolgende, zwar kurze, aber recht steile Abschnitt bildet die anspruchsvollste Stelle unserer Tour. Wer nicht schwindelfrei ist, sollte hier nicht alleine hergehen. Steine verschiedener Größe fordern einige Geschicklichkeit, ein Geländer gibt es nicht.

Für die Seele

Der einmalige Blick auf den wunderschönen See und das liebliche Ellmautal schenken uns neue Energie.

Sind die steilsten Stellen geschafft, wartet an zwei Aussichtspunkten jeweils eine Bank zum Verschnaufen. Das kommt uns nach dem Anstieg gerade recht! Schon hier werden wir mit einem weiten Blick über den gesamten Wolfgangsee und den gegenüberliegenden Schafberg reich belohnt. Unser Blick schweift über das Dorf St. Gilgen, das Seeufer, den selbst von hier oben noch riesig wirkenden See bis nach Strobl und St. Wolfgang am anderen Seeende. Kann das wirklich von ganz oben noch schöner aussehen? Wir sind gespannt.

__St. Gilgen__ am nördlichen Ufer des Wolfgangsees hat viel zu bieten: Kulturdenkmäler, hervorragende Wirtshäuser und Cafés sowie eine internationale Privatschule tragen zum unvergleichlichen Flair des „Mozartdorfs" bei.

Der letzte Teil des Aufstiegs ist weniger steil. Nach insgesamt einer guten Stunde bergan haben wir den Höhepunkt unserer Wanderung erreicht: den ❹ **Mozartblick** auf 772 Metern Höhe. Mehrere Bänke sowie die Wanderpass-Stempelstelle 1 laden im Schatten des dichten Waldes zu einer ausgiebigen Pause ein. Unsere Augen erfahren wohltuende Weite: Der Ausblick toppt den der Pausenplätze tatsächlich. Er reicht von dem jetzt wie ein Miniaturdorf wirkenden Ort St. Gilgen über den gesamten, prächtigen Wolfgangsee. Seine Schiffe erscheinen von hier oben wie bunte Stecknadelköpfe. Ein perfekter Platz, um sich innerlich zu sammeln und den Vögeln beim Schwadronieren zuzuhören. Was für ein Glück!

*Der **Wolfgangsee** liegt auf einer Höhe von 538 Metern und umfasst eine Fläche von 13 Quadratkilometern mit einer Tiefe von bis zu 113 Metern. In seinem glasklaren Wasser sind viele Fischarten heimisch, unter anderem Seesaibling, Regenbogenforelle und Perlfisch.*

Nach der Pause geht es weiter durch das idyllische **Ellmautal** nach Fuschl am See. Dazu wandern wir nach dem Mozartblick ein Stück weiter des Weges und biegen nach einer Lichtung nach links ab. Hier gibt es zwei Schilder, die nach Fuschl weisen. Wir folgen dem Wegweiser 27 mit dem blauen Punkt, denn dieser führt über einen wunderschönen, ruhigen Waldpfad. Auch der andere, unnummerierte Weg wäre möglich, er führt über den Hochlackenhof über eine wenig befahrene asphaltierte Straße ebenfalls in die Ortschaft Fuschl.

Der Wanderweg 27 hinab ins **5 Ellmautal** verzaubert mit seiner Anmut. Dichte Laubwaldabschnitte und helle Lichtungen wechseln sich ab. Wir folgen dem Wanderweg 27 bergab und passieren die **Hochlackenkapelle,** die weiß im Sonnenlicht glänzt. Am Ende des Abstiegs erreichen wir eine kleine Holzbrücke, die wir geradeaus überqueren. Nun ändert sich die Landschaft: Kein Schatten weit und breit, wir wandern auf einer ruhigen Straße durch das Tal. Auf der linken Seite passieren wir den **6 Mathiashof.** Hier betreibt die Caritas Salzburg ein landwirtschaftliches Projekt für Menschen mit Behinderung. Die rund 20 Bewohnerinnen und Bewohner bewirtschaften auch einen Verkaufsraum, dessen Besuch lohnt.

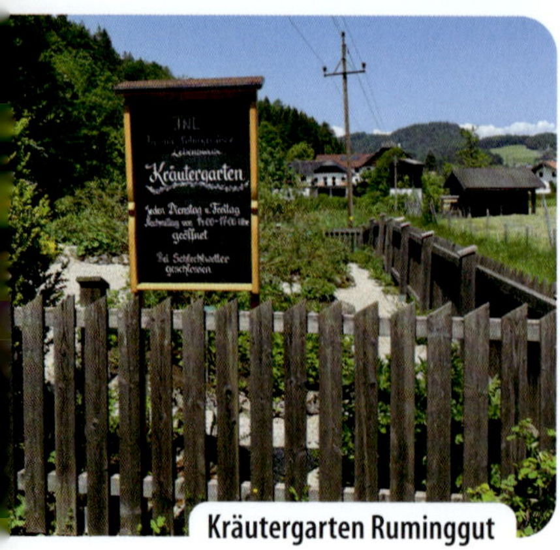

Kräutergarten Ruminggut

Wir folgen der Straße durch das Ellmautal noch ein Stück bis zum Ortsendeschild „Ellmau". Hier biegen wir nach links ab Richtung **7 Rumingmühle.** Der Wanderweg 27 führt direkt an der Mühle an dem genau wie im Kinderlied tatsächlich laut rauschenden Bach vorbei. Die 1872 erbaute Mühle ist an einigen Tagen der Woche bewirtschaftet, dienstags wird hier frisches Brot gebacken. Hinter der

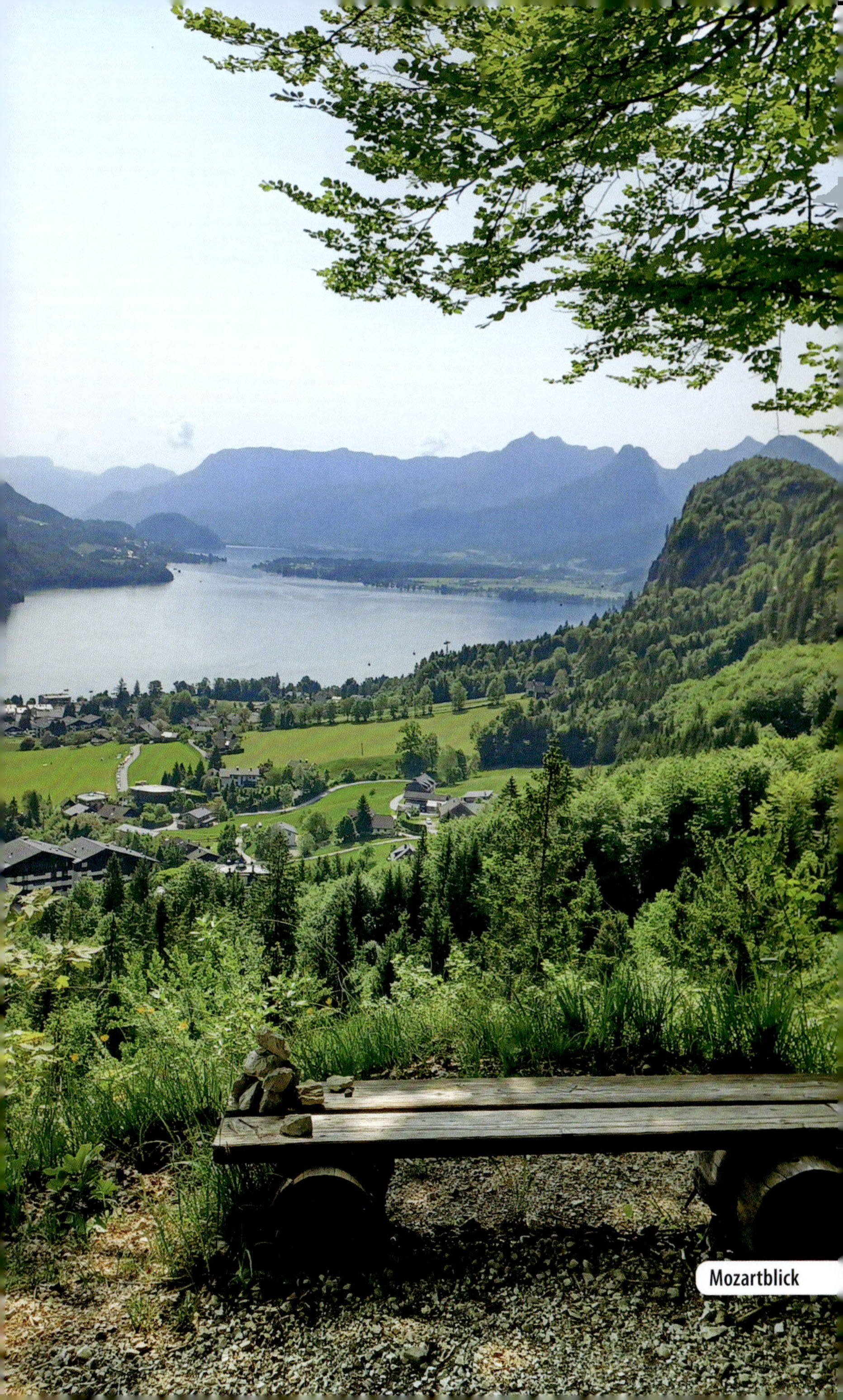

Mozartblick

Wer zurück ebenfalls wandern möchte, geht am besten denselben Weg zurück. In Höhe des Mozartblicks gibt es neben dem von der Hintour bekannten Weg eine ***alternative Abzweigung*** *„St. Gilgen über Pöllach", sie endet ebenfalls in der Ortschaft St. Gilgen.*

Mühle passieren wir einen großen Kräutergarten, der ebenfalls zum Ruminggut gehört.

Jetzt ist es nicht mehr weit bis zur Ortschaft **Fuschl**. Wir folgen dem asphaltierten Weg weiter bergab bis zu einer **8 Kneippanlage** auf der rechten Seite. Wer möchte, zieht die Schuhe aus und vergnügt sich beim Wassertreten. Kurz danach erreichen wir durch eine Unterführung das Ortszentrum von Fuschl. Rechts befindet sich das **Busterminal.** Zurück an unseren Ausgangspunkt am Wolfgangsee geht es mit dem Bus 150 ab Fuschl am See in Richtung St. Gilgen/Bad Ischl. Mit der Rückfahrt lassen wir uns jedoch noch etwas Zeit, denn Fuschl am See lädt zu einem Bummel an der gemütlichen **Promenade** ein.

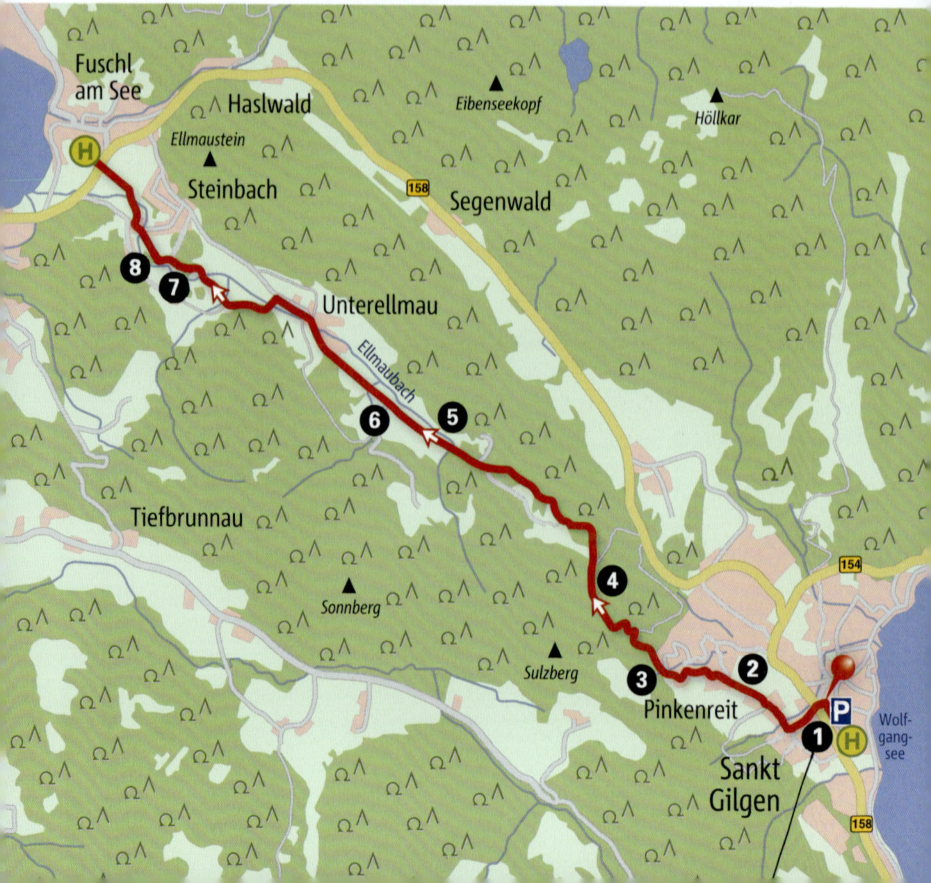

ALLES AUF EINEN BLICK

Entspannung

Abenteuer

Vielfalt

WIE & WANN

Teilweise geschotterte, teilweise unbefestigte, in den Ortschaften asphaltierte Wege. Der Aufstieg zum Mozartsteig ist stellenweise steinig und steil. Ein kurzes Stück des Aufstiegs erfordert Schwindelfreiheit. Empfehlenswert nur bei trockenem Wetter. Nicht als Wintertour wanderbar.

HIN & WEG

Auto: Parkplatz oder Parkhaus an der Zwölferhorn-Talstation, Konrad-Lesiak-Platz 3, 5340 St. Gilgen
ÖPNV: Bus 150, Haltestelle Busbahnhof St. Gilgen; Rückkehr zum Ausgangspunkt: Bus 150 ab Busterminal Fuschl am See

ESSEN & ENTSPANNEN

Brotzeit für unterwegs bitte nicht vergessen!

Nach der Wanderung sind in St. Gilgen empfehlenswert:
Wirt am Gries, Steinklüftstraße 6, 5340 St. Gilgen, Tel. +43 (62 27) 23 86, www.wirtamgries.at
Bio-Bäckerei Obauer, Steinklüftstraße 3, 5340 St. Gilgen, Tel. +43 (62 27) 22 25, www.obauer-brot.at
Brunnwind Lokal am See, Mondseestraße 12, 5340 St. Gilgen, Tel. +43 (62 27) 71 47, www.brunnwind.at

ENTDECKEN & ERLEBEN

1 **Zwölferhornbahn,** Konrad-Lesiak-Platz 3, 5340 St. Gilgen, Tel. +43 (62 27) 23 50, www.zwoelferhorn.at
2 **Landewiese für die Paraglider,** Flüge sind buchbar über: FlyTandem, Konrad-Lesiak-Platz 3, 5340 St. Gilgen, de.paragliding-zwoelferhorn.com
3 **Annenquelle** 4 **Mozartblick** 5 **Ellmautal**
6 **Mathiashof,** Ellmaustraße 68, 5330 Fuschl am See, www.caritas-salzburg.at
7 **Rumingmühle,** Mühlenweg, 5330 Fuschl am See, Tel. +43 (62 26) 83 84 18
8 **Kneippanlage**

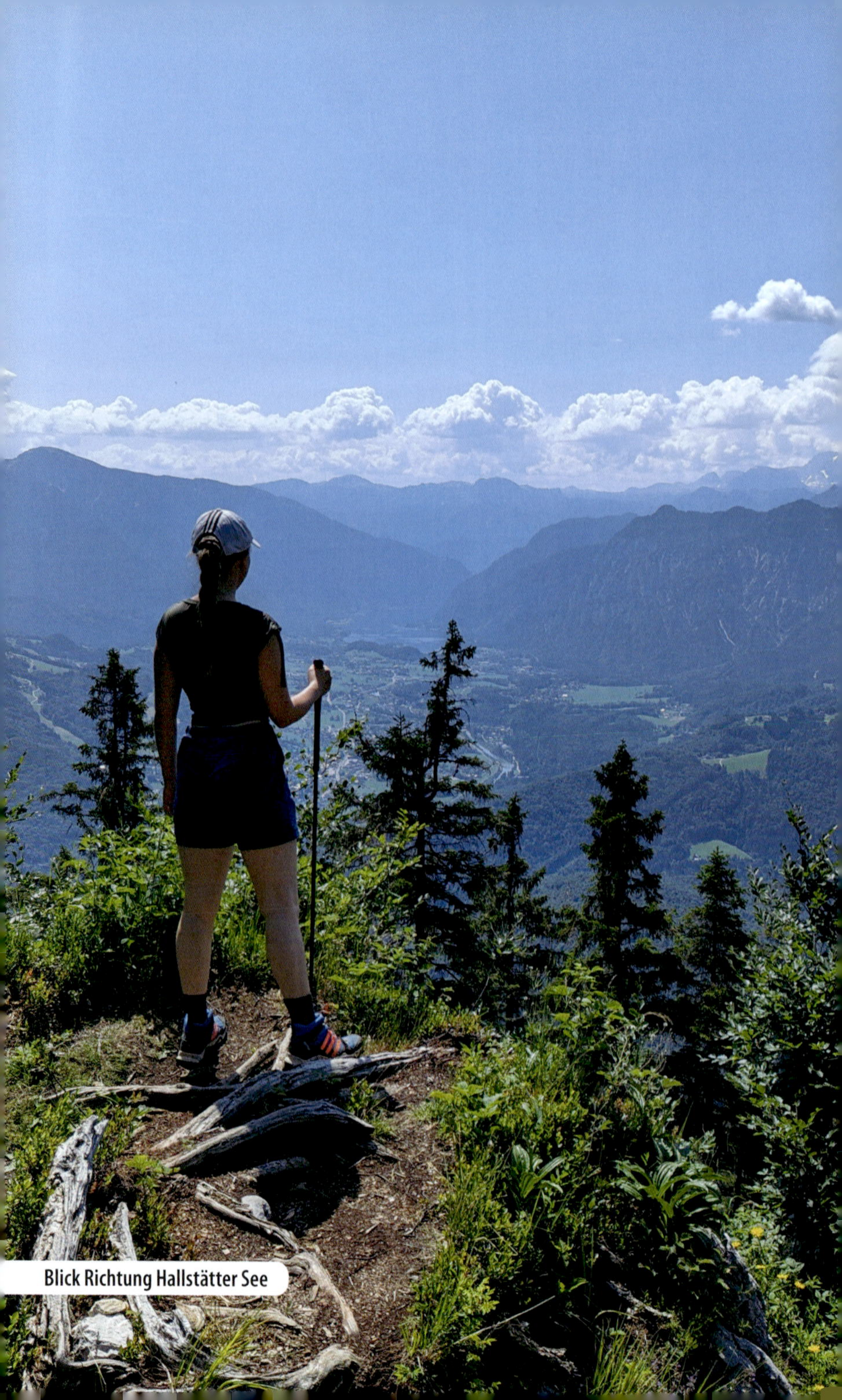

Blick Richtung Hallstätter See

Über den Wolken

3 Gipfel, 7 Seen und die Katrin

Heute haben wir was vor: Bei Traumwetter wollen wir auf sieben Seen und drei Bundesländer blicken und dazu drei Gipfelkreuze umarmen. Wir werden weit blicken, durch duftende Bergkräuterhänge kraxeln und uns anschließend in Bad Ischl mit der berühmten Zaunerschnitte belohnen. Also auf geht's.

Start ist in **Bad Ischl** – das ehemalige kaiserliche Sommerresidenzstädtchen und die Kulturhauptstadt Europas 2024. Wir laufen am stadtfernen Ufer der Traun (Traunkai) flussaufwärts und folgen immer den großen Wegweisern „Katrin Seilbahn". Gegenüber liegt die Hauptflaniermeile, die Esplanade mit der Konditorei Zauner, die wir uns schon mal für das Ende unserer Wanderung vormerken.

Der Traunkai führt am alten Frachtbahnhof vorbei und nach etwa 10 Minuten überqueren wir die **Traunbrücke.** Danach geht es links in die Engleitenstraße durch eine schattige Kastanien- und Ahornallee, die Traun liegt nun zu unserer Linken. Nach 500 Metern gibt es die Möglichkeit, an einem kleinen Kiesstrand in die moos- bis hellgrün changierende, glasklare Traun zu springen. Eine tolle Erfrischung, die wir uns auf dem Rückweg gönnen werden.

Kurz nach der Badestelle kürzen wir ab und biegen scharf rechts in einen kleinen Trampelpfad ab. Am Ende über ein Brücklein und wieder scharf links an den Häusern vorbei. Ein Schild **„Katrin-Seilbahn"** weist den kurzen Weg durch einen kleinen Wald und an Sportanlagen vorbei und schon liegt die

Kilometer: 14
Höhenmeter: 280
Stunden: 5
RUNDWEG

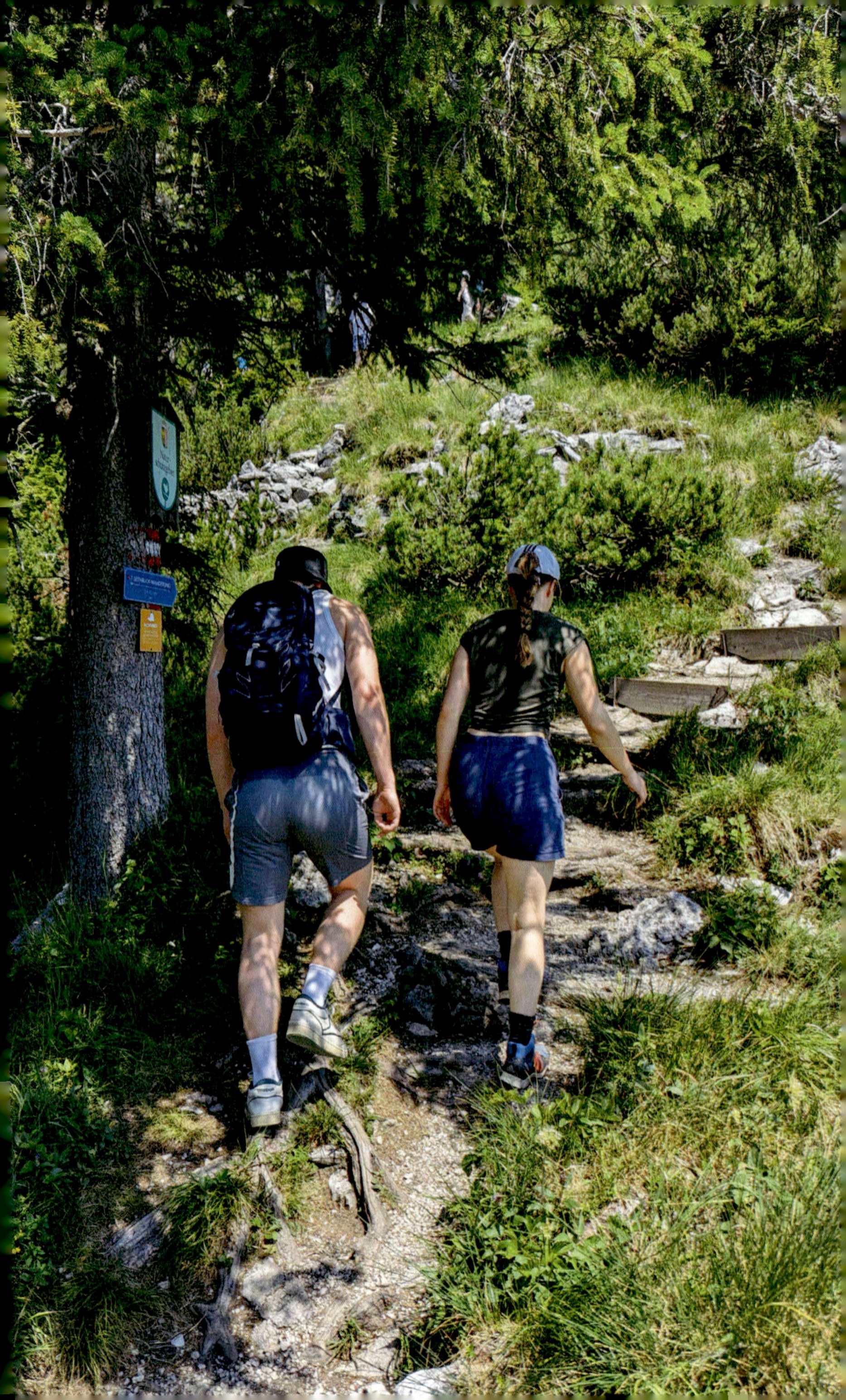

Talstation der ❶ **Seilbahn** vor uns. Oben angekommen der erste Wow-Moment: Schon von den Plattformen um den ❷ **Katrin Berggasthof** herum hat man einen fantastischen Ausblick auf die umliegenden Berge. Dachstein, Loser, Schafberg, Gosaukamm, Totes Gebirge, Höllengebirge, die schier unendlichen Weiten bringen uns zum Staunen. Aber es kommt noch viel besser.

Für die Seele

Bunte Bergkräuter und duftende Latschenkiefern säumen den Weg, der Gipfelglück und Seeblicke verspricht.

Wir lassen den Katrin Berggasthof zu unserer Rechten liegen und folgen dem jederzeit gut ausgeschilderten Weg **7-Seenblick-Wanderung.** Verlaufen kann man sich auf dieser Runde definitiv nicht. Es stellt sich lediglich die Frage: mit oder gegen den Uhrzeigersinn. Wir empfehlen aufgrund des schöneren Aufstiegs mit dem Uhrzeigersinn zu laufen und wählen an der nächsten Kreuzung deshalb den linken Weg. Aber bevor es bergauf geht, machen wir schnell noch ein Erinnerungsfoto mit dem ❸ **hölzernen Herz** auf der kleinen Kuppe.

Auf den Ischler Hausberg, die 1542 Meter hohe Katrin, kommt man seit 1959 bequem mit der ***Katrin-Seilbahn.*** *In charmanten Vierer-Gondeln geht es über Kaiser Franz Josephs ehemaliges Jagdgebiet in rund 15 Minuten zur Bergstation auf 1416 Metern Höhe.*

Nach etwa 15 Minuten erreichen wir die ❹ **3-Länder-Blick-Plattform,** die 2018 eröffnet wurde, um die atemberaubende Schönheit der Berg- und Seenwelt des Salzkammergutes in den drei Bundesländern Oberösterreich, Salzburg und Steiermark besser bewundern zu können. In der Ferne glänzt der Hallstätter See vor dem weißen Dachsteinmassiv. Mit dem fest installierten Fernglas kann man in Ruhe jede Einzelheit betrachten.

Ab jetzt geht es buchstäblich über Stock und Stein. Ein abwechslungsreicher und anspruchsvoller Weg (bitte nur mit Bergschuhen gehen) mit vielen Kraxelpartien führt etwa eine halbe Stunde streckenweise steil bergauf. Es ist die wunderbare Flora, die diesen Weg einmalig macht. Vielfältige Bergkräuter und bunte Bergblumen duften überall am Wegrand, unzählige kleine, stämmige Latschenkiefern säumen den Pfad. Immer wieder rasten wir im Schatten der größeren

Über der Waldgrenze ist die Vegetationsperiode begrenzt und die Winde sind stark. Diese Zone wird auch ***Krummholzzone oder Kampfwald*** *genannt. Charakteristische Gehölzart ist die Latsche, auch Legföhre genannt.*

Bäume, schließen die Augen und inhalieren dieses Dufterlebnis. Herrlich!

So geht es immer weiter den blauen Wegweisern („7-Seenblick") folgend Richtung Hainzen, bis wir ein wunderschönes Plateau mit Steinmännchen erreichen. Wenn man es nicht besser wüsste, könnte man meinen, hier tanzten nachts allerlei Feen- und Elfenwesen. Einfach ein zauberhafter Platz. Von hier aus sind es nur noch wenige Minuten bis zum **5 Gipfelkreuz Hainzen** auf 1639 Höhenmetern.

Nachdem uns der Südblick mit dem **Hallstätter See** und dem Dachsteinmassiv den ganzen Aufstieg begleitet hat, staunen wir jetzt auf der gegenüberliegenden Seite über den türkis glitzernden, majestätisch daliegenden **Wolfgangsee**. Wir sinken auf eine der vielen **„Keine Sorgen Bankerln"** und saugen das Landschaftspanorama, das zu unseren Füßen liegt, auf. Wann hat man schon einmal einen derartigen Überblick? Und da hinten (in ungefähr 26 Kilometern Entfernung) lugt ja sogar der **Fuschlsee** hervor! Und schließlich entdecken wir auch noch den kleinen, nahe gelegenen **Schwarzensee**. Alleine vom Hainzen aus kann man also vier beziehungsweise fünf Seen sehen. Den fünften, den **Tachinger See,** östlich des Chiemsees in Bayern gelegen, kann man tatsächlich nur mit geübtem Auge und bei sehr klarem Wetter entdecken.

Von hier kehren wir um, zurück über das Plateau bis zur nächsten Kreuzung mit den blauen Wegweisern. Unser nächstes Ziel ist der **6 Elferkogel** auf 1601 Metern. Immer wieder bewundern wir auch hier die üppige, bunte Pflanzenvielfalt. Da summt und brummt es allenthalben. Wildbiene müsste man sein.

Nach der **7 Herrgottsbank,** auf der wir ein kurzes Stoßgebet Richtung Himmel schicken und einfach dankbar sind, dass wir diese Touren gehen dürfen (und können), erreichen wir unseren zweiten Gipfel, den Elferkogel. Wir sollten uns unbedingt im Gipfelbuch verewigen. Jetzt ist es nicht mehr weit bis zum

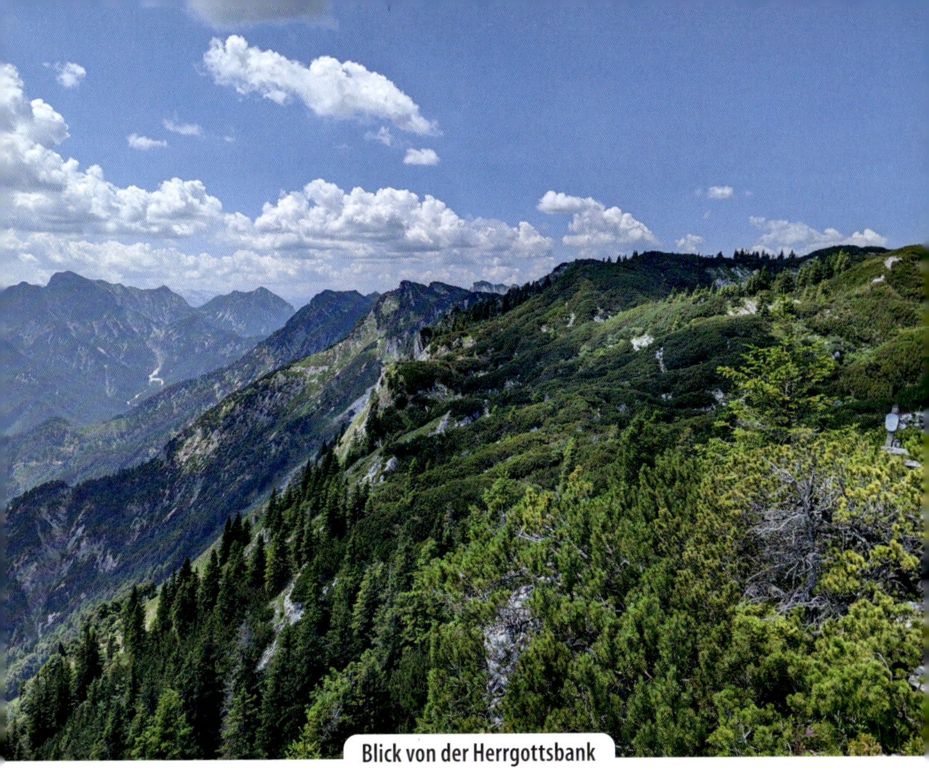

Blick von der Herrgottsbank

Katrinkreuz, unserem dritten Gipfel auf 1542 Metern. Hier ist meist etwas mehr los, da viele nur von der Bergstation bis hierhin wandern und nicht die große 7-Seenblick-Runde gehen. Bänke, Himmelsliegen und das pompöse, nachts beleuchtete 8 **Kaiser-Franz-Joseph-Kreuz:** Hier hat man einen herrlichen Rundblick über das Ischler und Trauner Tal, auf Schwarzensee und Nussensee sowie ein kleines Stück des Traunsees. Damit haben wir nun wirklich in alle Himmelsrichtungen geblickt.

Von hier geht es entweder ein Stück des Weges, den wir gekommen sind, zurück, oder – was wir empfehlen – weiter über die hölzerne 9 **Plattform Ischlblick** (dem Wegweiser links am Sendemast vorbei folgen). Eine kleine, aber anspruchsvolle Abkürzung folgt. Nicht von dem Schild „nur für geübte Wanderer" irritieren lassen, wer es bis hierhin geschafft hat, der schafft auch den kurzen, waldbodigen Anstieg, der nach wenigen Hundert Metern wieder auf den Haupt-

*Das **Kaiser-Franz-Joseph-Gipfelkreuz,** auch Jubiläumskreuz genannt, wurde 1910 zu Ehren des Kaisers 80. Geburtstag feierlich errichtet. Leider dominiert heute der 1967 errichtete Sendemast die gesamte Bergspitze.*

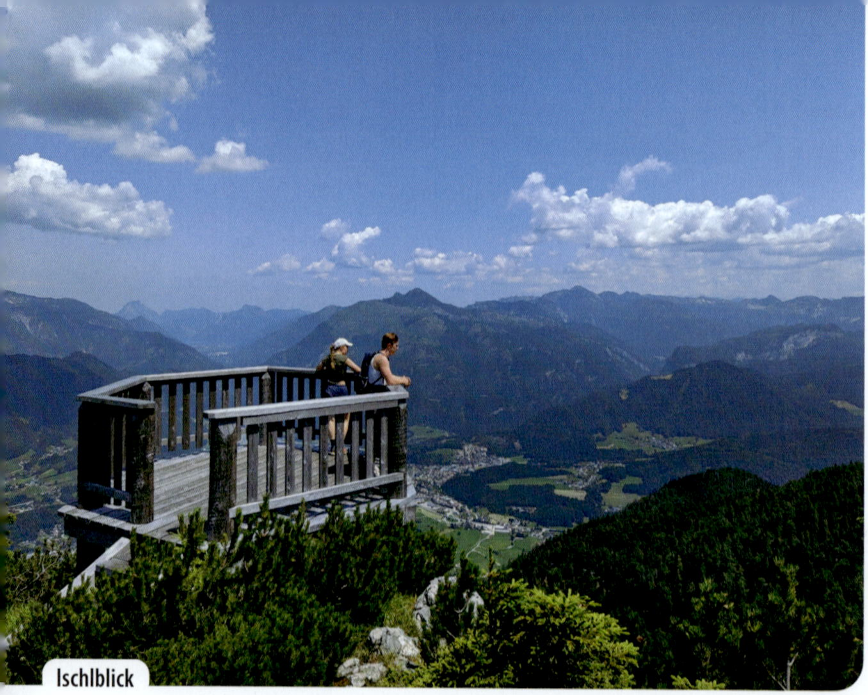

Ischlblick

weg stößt. Wir biegen nach links und steigen in Serpentinen mit gut gesicherten Stufen den Berg hinab, den Berggasthof an der Seilbahn fest im Blick. Et voilà, da ist auch schon das hölzerne Herz, wir sind wieder dort, wo wir vor gut 2,5 Stunden aufgebrochen sind.

Für eine kleine Stärkung stehen uns jetzt der größere Gasthof sowie die etwas unterhalb gelegene kleinere **⑩ Katrin Almhütte** zur Auswahl. Bevor es mit der Seilbahn wieder bergab geht, gönnen wir uns noch den kleinen, zweiminütigen Umweg über des **⑪ Kaisers Ansitz** und stellen uns vor, wie der Franz wohl von hier aus seine Beute erlegt hat.

Unten angekommen gehen wir zunächst denselben Weg zurück, den wir gekommen sind, und springen zur lang ersehnten Abkühlung in die herrlich frische Traun. Was für ein Tag! Jetzt noch eine Mehl- oder Zuckerspeise und der Tag ist perfekt.

Der Weg zurück nach Bad Ischl führt uns nun nicht wieder über die Traunbrücke. Stattdessen bleiben wir auf der Engleithenstraße und laufen flussabwärts auf der linken Seite, den Wegweisern Richtung

Die urige ***Katrin Almhütte*** *wurde bereits 1888 komplett aus Holz gebaut und über die Jahre liebevoll renoviert. Bis zum Bau der Seilbahn 1959 diente sie als Schutzhütte für Mensch und Tier. Die Hütte ist in fünfter Generation in Familienbesitz.*

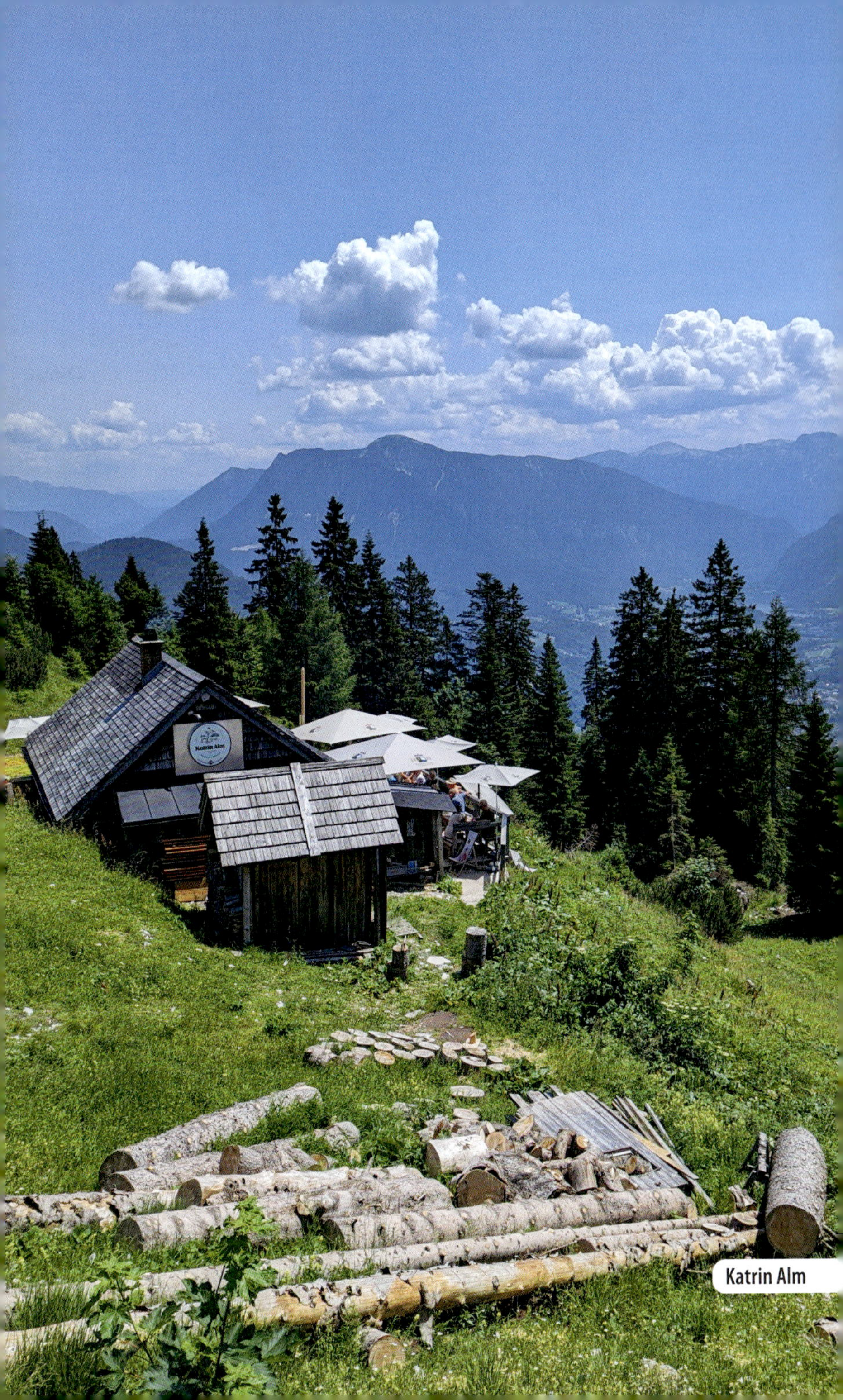

Katrin Alm

Bad Ischl folgend. Durch den **Sisipark** erreichen wir die **Esplanade** und endlich das ⓬ **Grand-Café Zauner** mit seiner großen, schattigen Außengastronomie. Die Zaunerschnitte (ein Stück aus dem Zaunerstollen) schmeckt mit Blick die Traun entlang auf die Katrin noch einmal so gut.

Wer mag, hängt noch ein Stündchen Flanieren durch Ischl an, es gibt viel zu entdecken in dieser kulturell lebhaften Kleinstadt: den Kaiserpark und die Kaiservilla, den Kurpark und das Kongresshaus und vieles mehr. Im Kulturhauptstadtjahr 2024 erwartet alle Gäste ein herausragendes und vielfältiges Programm.

Die ehemalige ***k.-u.-k.-Hofzuckerbäckerei Zauner*** *hat seit 1832 ihr Stammhaus in der Pfarrgasse. 1927 kam das Grand-Café & Restaurant Esplanade direkt an der Traun dazu. Gönnen wir uns ein Stück Zauner-Luxus: den berühmten (1905 entwickelten) Zaunerstollen.*

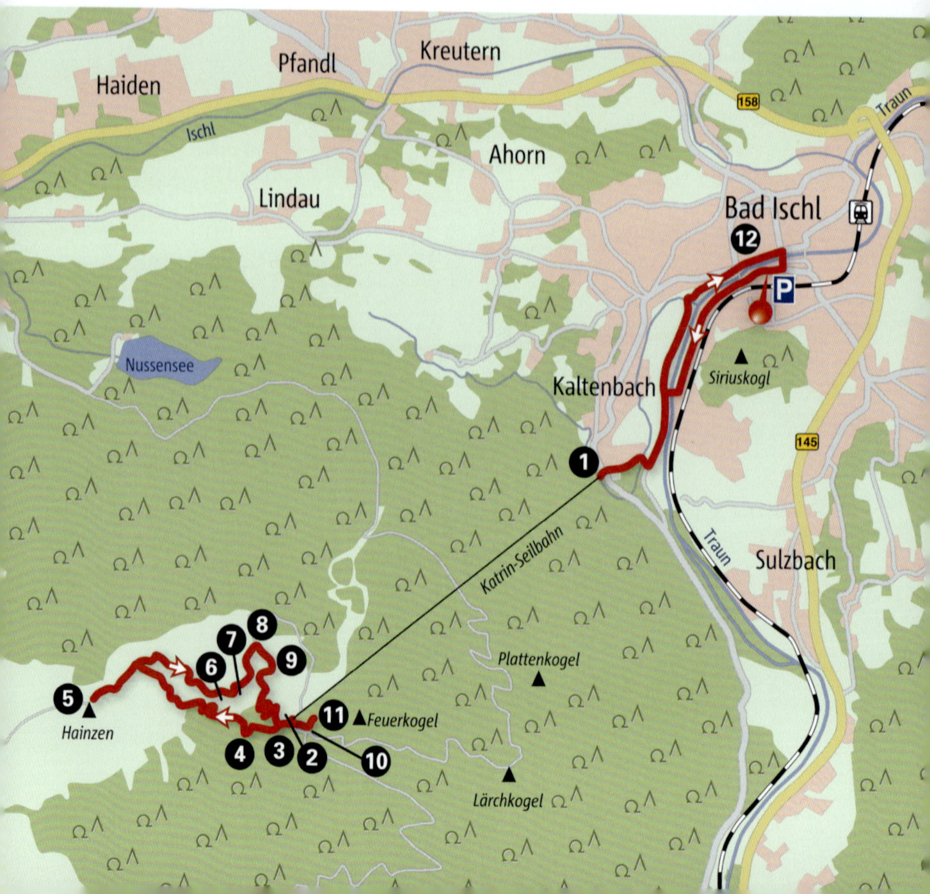

ALLES AUF EINEN BLICK

Entspannung 👟👟👟👟👟
Abenteuer 👟👟👟👟👟
Vielfalt 👟👟👟👟👟

WIE & WANN

Viele gesicherte Kletterpartien im Anstieg. Steinige Bergpfade, Waldpfade und gut ausgebaute Wanderwege. Diese Tour lohnt sich nur bei guten Wetterbedingungen. Bitte genügend Wasser mitnehmen, der Aufstieg ist bei gutem Wetter schweißtreibend, nicht überall gibt es Schatten.

HIN & WEG

Auto: Parkplatz P3, Grazer Straße 8, 4820 Bad Ischl
ÖPNV: Bad Ischl Bahnhof/Busbahnhof

ESSEN & ENTSPANNEN

2 **Katrin Berggasthof,** direkt an der Bergstation der Seilbahn, Tel. +43 (61 32) 3 13 00, www.katrin-berggasthof.at
10 **Katrin Almhütte,** unterhalb vom Berggasthof Katrin, Tel. +43 (61 35) 2 10 21, www.katrin-almhuette.at
12 **Grand-Café & Restaurant Zauner Esplanade,** Hasnerallee 2, 4820 Bad Ischl, Tel. +43 (61 32) 2 37 22, www.zauner.at

ENTDECKEN & ERLEBEN

1 **Katrin-Seilbahn,** Kaltenbachstraße 62, 4820 Bad Ischl, Tel. +43 (61 32) 2 37 88, www.katrinseilbahn.com
3 **Hölzernes Herz**
4 **3-Länder-Blick-Plattform**
5 **Gipfelkreuz Hainzen**
6 **Elferkogel**
7 **Herrgottsbank**
8 **Kaiser-Franz-Joseph-Kreuz**
9 **Plattform Ischlblick**
11 **Kaisers Ansitz**

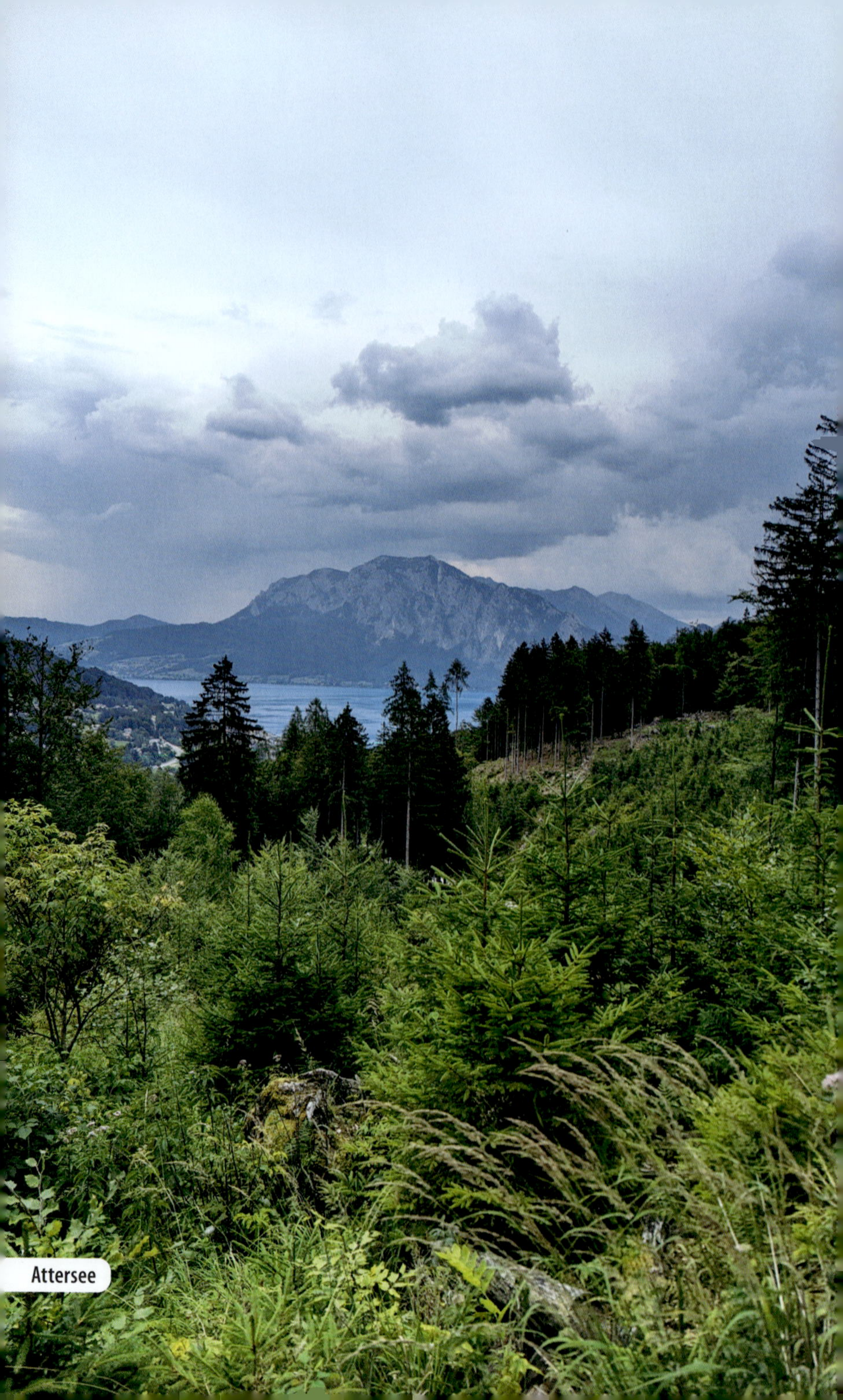
Attersee

Abwechslung

Zwischen Mondsee und Attersee

Heute wollen wir dem imposanten **Schafberg** ganz nahe kommen und gleichzeitig einen Blick auf den Attersee und den Mondsee werfen. Startort ist Unterach am südlichen Ende des Attersees. Direkt vor dem Einstieg zur Burggrabenklamm gibt es einen kleinen Parkplatz, der aber meist schon früh belegt ist. Deshalb parken wir in **Unterach** und gehen die ersten 2 Kilometer entlang der Straße. Bereits am Parkplatz zeigt ein gelber Wegweiser **„Burggrabenklamm"** den Weg an einem Turbinendenkmal vorbei, über einen Steg und unter der Straße hindurch. Hier biegen wir direkt links ab, um auf der rechten Straßenseite für gute 20 Minuten dem Straßenverlauf zu folgen.

Mitte des 19. Jahrhunderts begann der Aufstieg ***Unterachs*** *als Sommerfrischeort, um die Jahrhundertwende entstanden viele imposante Villen. Wegen der auf Pfählen errichteten Uferbebauung und der zahlreichen Boote wurde es früher Klein-Venedig genannt.*

Man könnte der Straße bis zum Eingang zur Burggrabenklamm folgen oder die kleinen Alternativwege rechts in den Wald und dann parallel zur Straße nehmen. Die kleinen Umwege führen immer wieder auf die Straße zurück. So zum Beispiel am ❶ **Kaiserbrunnen,** der zu Ehren der Silberhochzeit von Kaiser Franz Joseph und Kaiserin Elisabeth errichtet wurde.

Immer wieder gibt es schöne Blicke auf den **Attersee** mit seinen smaragdgrünen Uferbereichen. Wegen seiner hervorragenden Sichttiefe und den unterseeischen Steilabstürzen am Ostufer ist der Attersee ein beliebtes Tauchrevier und wir passieren einige den Tauchern vorbehaltene Parkplätze, auf denen wir den Sportlern bei ihren Vorbereitungen zuschauen können.

Kilometer: 11,2
Höhenmeter: 590
Stunden: 5
RUNDWEG

So erreichen wir schließlich den Einstieg zum ❷ **Naturdenkmal Burggrabenklamm,** die

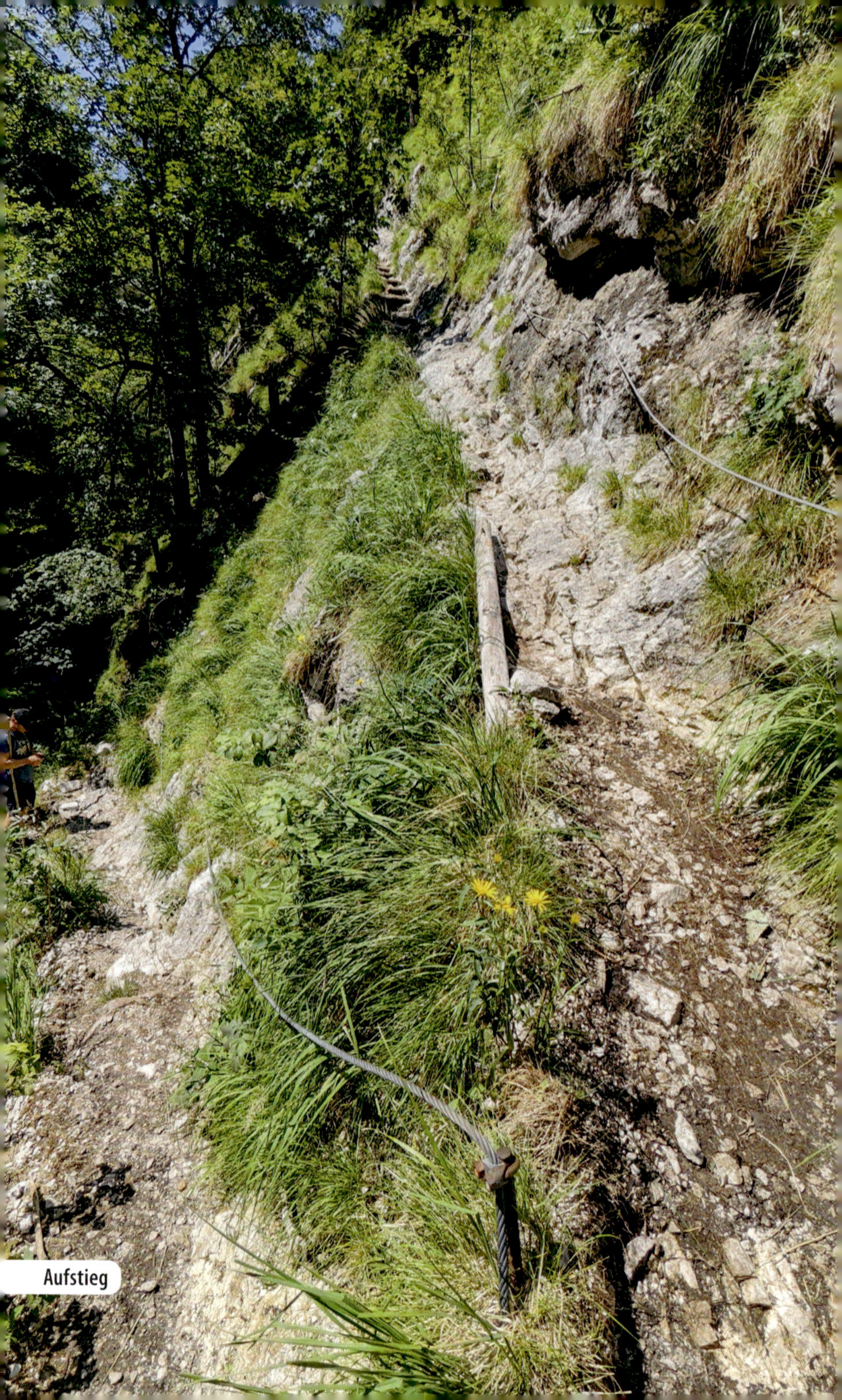
Aufstieg

mit ihrem 18 Meter hohen Wasserfall als eine der schönsten Schluchten des Salzkammerguts gilt. Der Weg in die Klamm ist gesperrt, wir werden dafür gleich die Klamm bergwärts entlanglaufen. Zuvor zollen wir der 1972 errichteten ❸ **Madonnenstatue Maria Klamm** unseren Respekt. Einige Holzbänke laden zur inneren Einkehr an diesem schönen Kraftplatz ein. Von hier sehen wir auch den Wegweiser „Eisenau", der links von der Madonna den Bergpfad hinaufweist.

Für die Seele

Nach spektakulären Wegen entlang der Klamm erholen wir uns in der Almidylle unter dem Schafberg.

Doch zuvor wollen wir noch einen Blick in die untere Klamm werfen und steigen die wenigen Meter zum Klammbach hinab. Wie herrlich kühl und erfrischend es hier ist! Noch einmal tief durchatmen, dann geht es die nächsten zwei Stunden einen eindrucksvollen Weg immer bergauf, meist moderat, gelegentlich mit steileren Passagen.

Gleich zu Beginn gibt es ein steileres Stück, wir wollen ja Höhe gewinnen. In mehreren Serpentinen

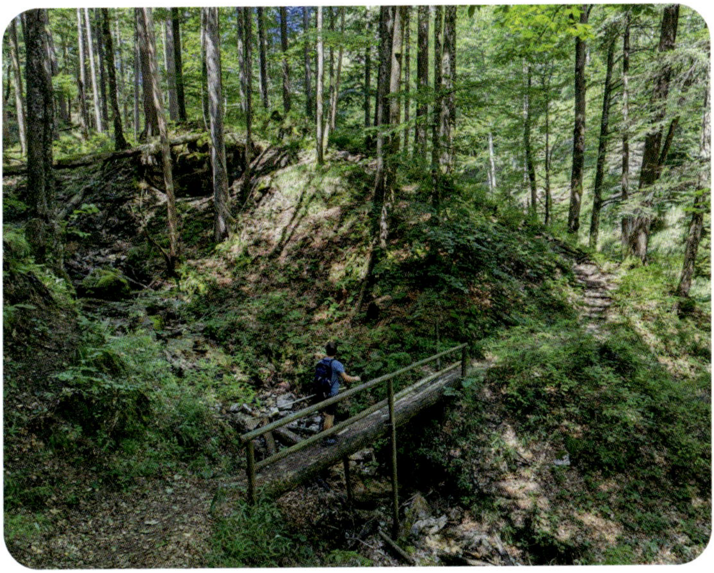

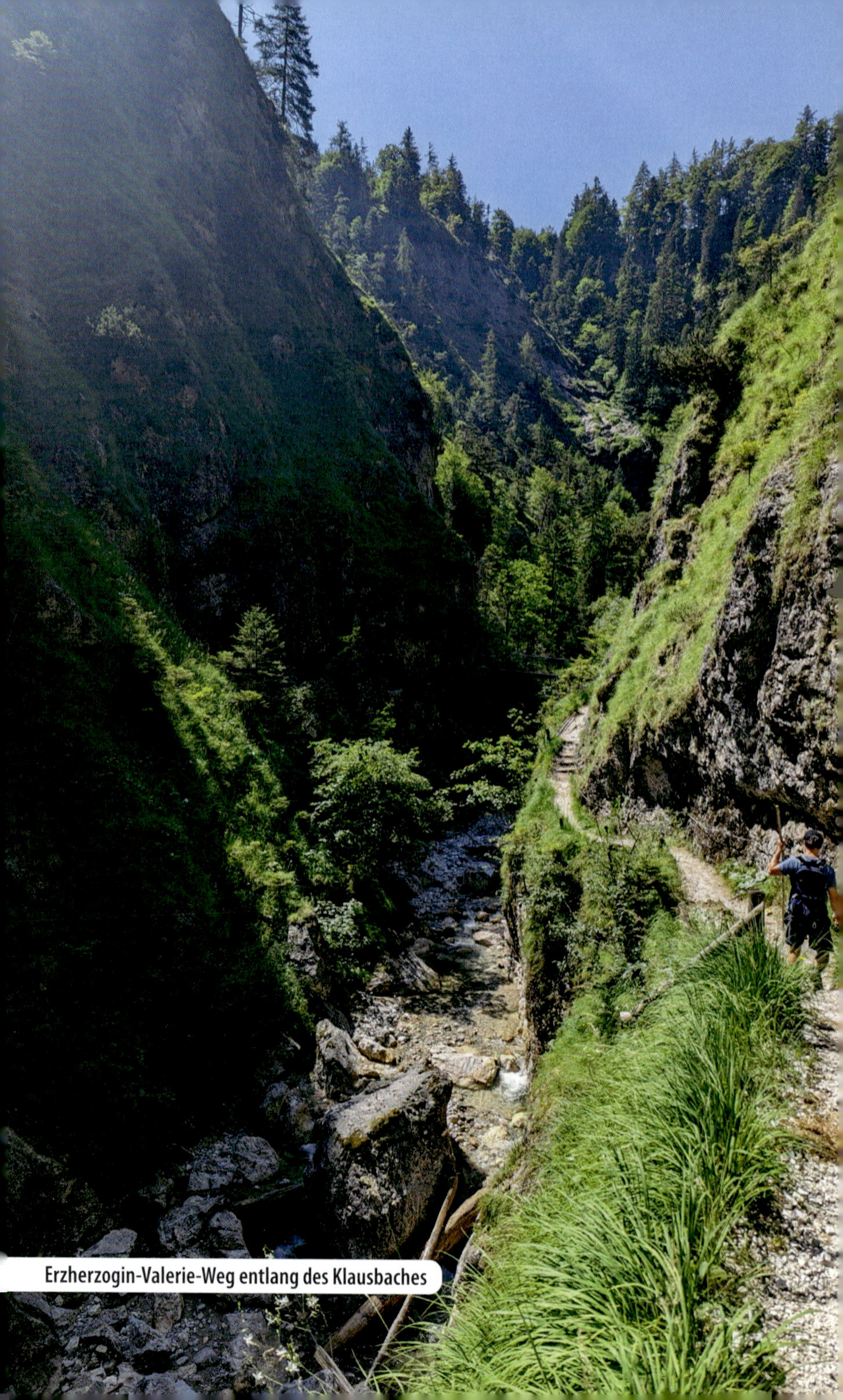
Erzherzogin-Valerie-Weg entlang des Klausbaches

steigen wir den kleinen, streckenweise mit Seil gut gesicherten Bergpfad durch den Wald hinauf. Hier beginnt der sogenannte 4 **Valerie-Weg,** der im Jahre 1890 angelegt wurde und der Erzherzogin Valerie, der Tochter von Sisi und Franz, gewidmet ist. Ob das Kaiserkind hier wohl auch entlangkraxelte? Bald ist man inmitten des eindrucksvollen Burggrabens und blickt hinunter in die tief unten liegende Schlucht. Das Rauschen des Klammbaches unter uns begleitet uns eine lange Zeit. Der Weg ist schmal, der Abhang links von uns steil. Ein wenig schwindelfrei sollte man schon sein. Aber keine Sorge, der Weg ist gut gesichert.

Nach einer Weile hat sich der Weg dem Niveau des Baches angenähert. Wir überqueren eine Brücke und erreichen am oberen Ende der Schlucht die 5 **Magdalenenquelle** und den kleinen Unterstand. Noch mal links bergauf bis zu einer Bank, dann folgen wir dem Wegweiser Richtung „Eisenau“ rechts herunter. Nun wandern wir durch den Wald und über einige Holzstammbrücken den Klausbach entlang, bis wir zu einer

Das oberösterreichische Sagenbuch erzählt, dass der Teufel einst ein Stück vom Untersberg abbiss und forttrug. Mit dem ersten Hahnenschrei war seine Zeit um, er musste das Bergstück fallen lassen. Daraus entstand der ***Schafberg,*** *auch Teufelsabbiss genannt.*

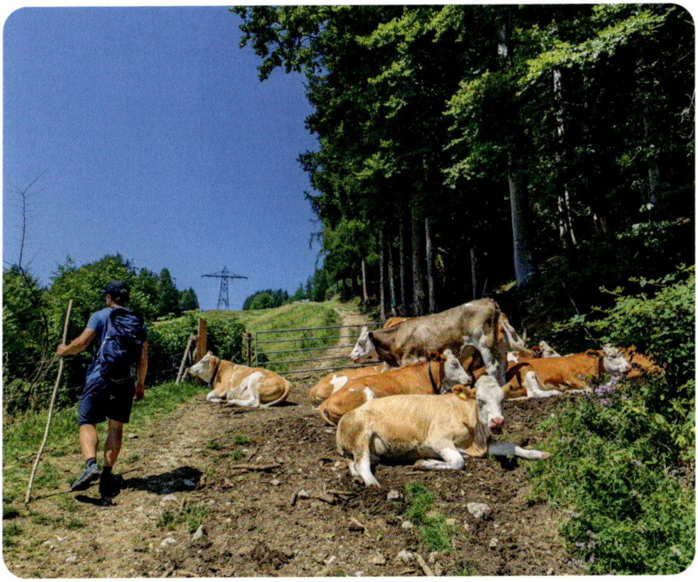

❻ **Steinmännchenebene** gelangen. Natürlich fügen wir diesem schönen Naturkunstwerk noch ein paar eigene Steinmanderl hinzu.

Durch den Wald wandern wir bergauf, immer den Wegweisern „Eisenau" folgend. Wir überqueren einen Forstweg und langsam öffnet sich das Tal zur Unterackeralm und über flacheres Gelände zur Oberackeralm. Über sonnige, duftende Almwiesen und Wald (Achtung: Wegweiser „Eisenau" in roter Farbe auf den Baum gemalt) erreicht man schließlich die weitläufige **Eisenaueralm.** Auf dem breiten Almweg geht es dann der rustikalen ❼ **Buchberghütte** entgegen. Vor den imposanten Nordabstürzen des Schafbergs lässt sich hier in Sonnenstühlen unter bunten Sonnenschirmen hervorragend speisen, ausruhen und das Panorama genießen. Der Aufstieg ist geschafft. Die Almidylle perfekt. Wir nehmen uns Zeit und verbringen den Nachmittag in dieser herrlich entspannten Atmosphäre. Ein wunderbarer Platz zum Aufatmen und Krafttanken.

*Wie der **Mondsee** zu seinem Namen kam: Das sich im See spiegelnde Mondlicht hat – der Sage nach – Herzog Odilo von Bayern im 8. Jahrhundert das Leben gerettet, als er nachts über die Drachenwand ritt und kurz vor einem Abgrund den Mond im See erblickte.*

Für den Rückweg wandern wir etwa 100 Meter den Almweg zurück und erreichen links über einen kleinen Sattel (Wegweiser „Unterach") die steilen Waldflanken bergab zur Seeache. Über Serpentinen und

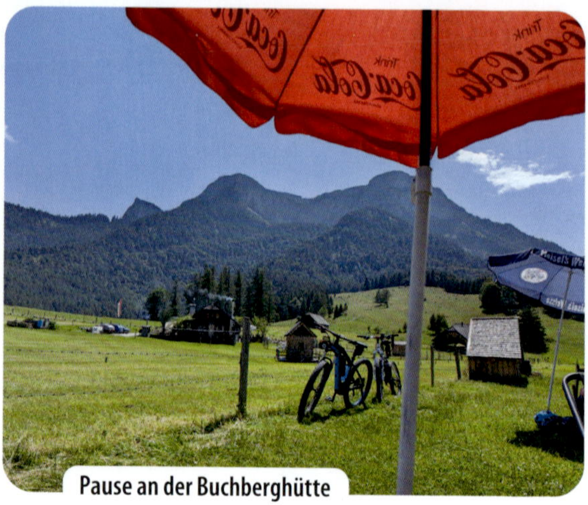

Pause an der Buchberghütte

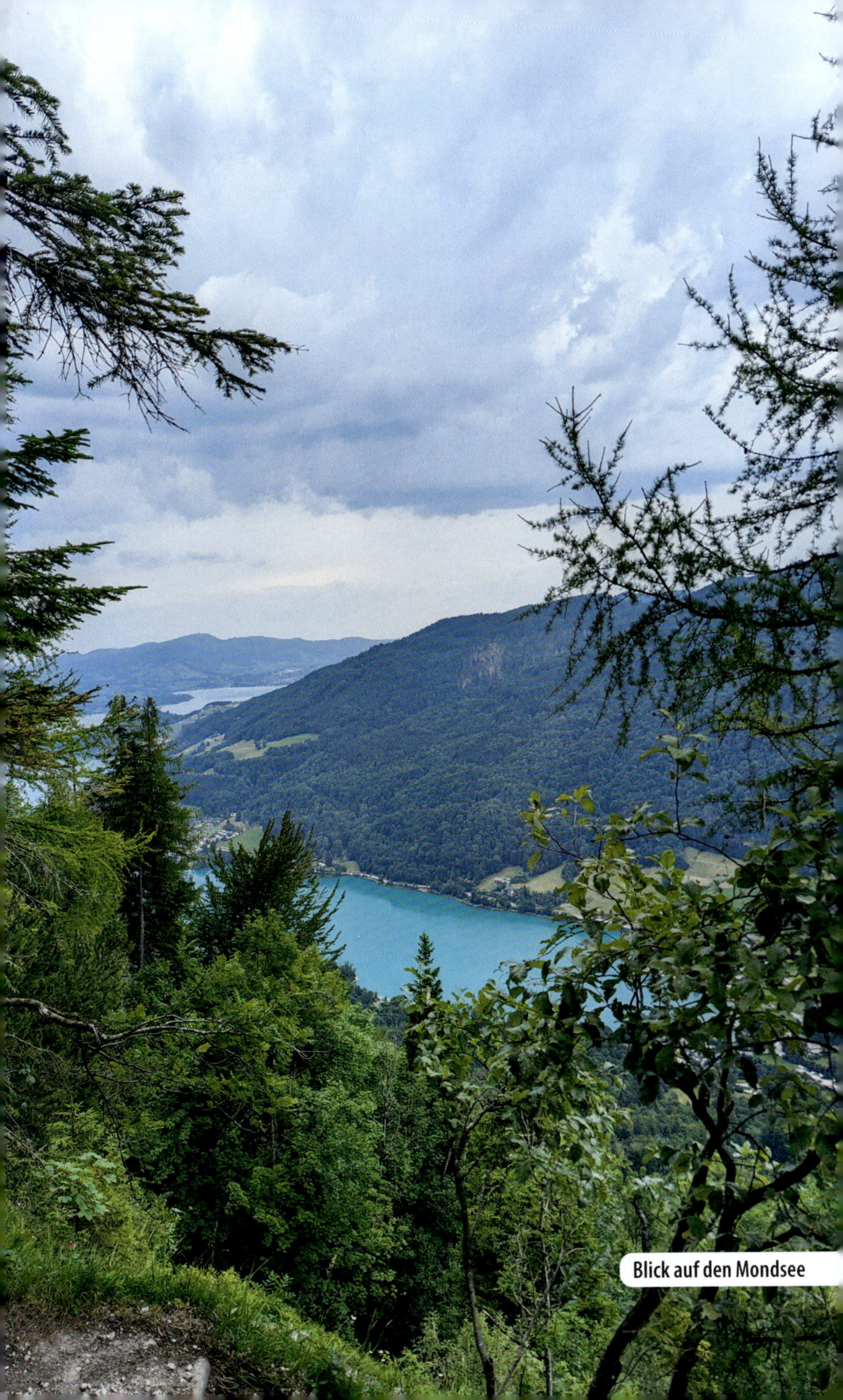
Blick auf den Mondsee

*Der **Holzingerbauer** ist bis weit hinter Salzburg berühmt für hausgemachten Most und traditionelle Brettljausen mit Kartoffelkäse, selbst gemachtem Schwarzbrot und vielem mehr. Drinnen urig-gemütlich, draußen unter Obstbäumen auf der Wiese.*

Stufen schlängelt sich der Weg steil abwärts. Immer wieder blitzen der dunkle Attersee und der türkise Mondsee durch die Bäume, bis man an einem kleinen, steil hervorragenden **8 Felsvorsprung** einen fantastischen Blick auf beide Seen gleichzeitig hat.

Immer weiter geht es bergab über Stock und Stein Richtung Unterach, bis wir schließlich das Tal erreichen. Am geschlossenen „Love House" und einem kleinen Park vorbei, laufen wir an der Seeache entlang bis zu unserem Parkplatz. Vielleicht noch ein kleines Eis in Unterach? Oder doch direkt zum Abendessen in die **Jausenstation Holzingerbauer** am Mondsee?

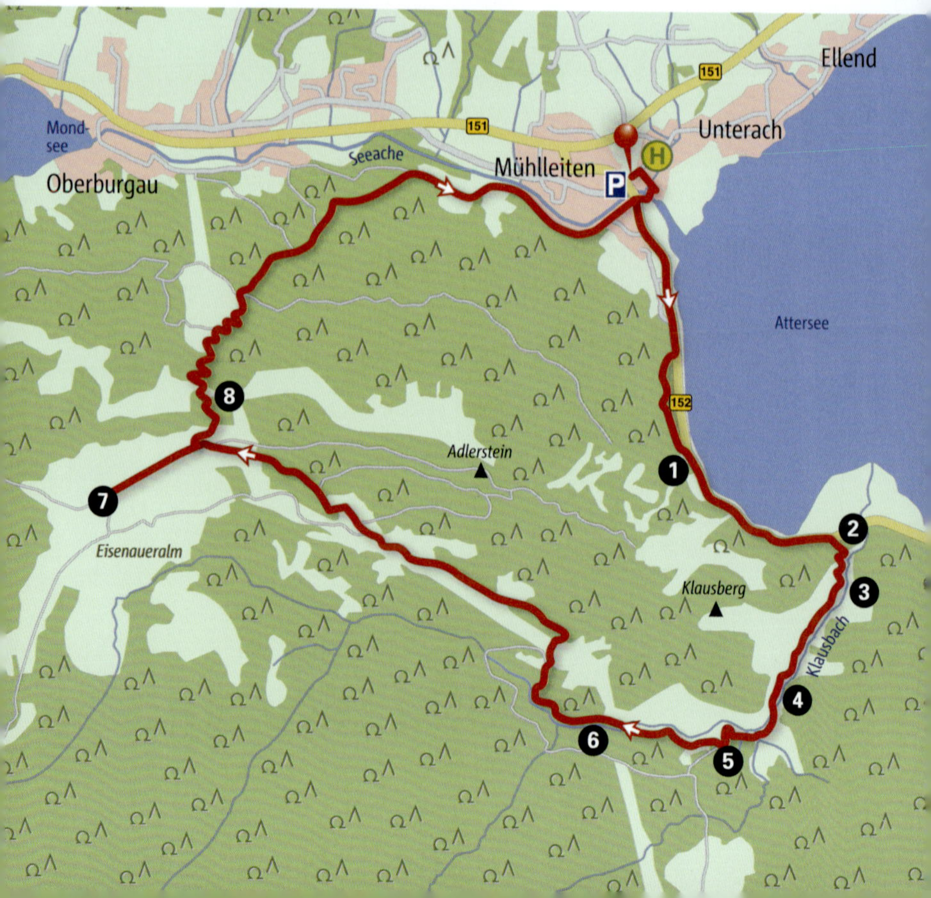

ALLES AUF EINEN BLICK

Entspannung 5/5
Abenteuer 5/5
Vielfalt 3/5

WIE & WANN

Zum Teil steile, mit Seil gesicherte Wald- und Bergpfade.
Für den Weg entlang der Klamm ist Schwindelfreiheit von Vorteil.
Von Frühling bis Herbst bei gutem Wetter.

HIN & WEG

Auto: Gebührenpflichtiger Parkplatz gegenüber der „Allgemeinmedizinischen Ordination", Elisabethallee 12, 4866 Unterach am Attersee
ÖPNV: Bus 561, Haltestelle Unterach/Attersee Elisabethhalle oder Bus 562, Haltestelle Burggrabenklamm/Bundesstraße

ESSEN & ENTSPANNEN

7 **Buchberghütte,** Eisenaueralm, Oberburgau 24, 5340 St. Gilgen, Tel. +43 (6 64) 2 10 53 33, www.buchberghuette.at

Abseits der Route empfehlenswert:
Jausenstation Holzingerbauer, Oberburgau 12, 5310 Scharfling am Mondsee, Tel. +43 (6 64) 3 45 97 98

ENTDECKEN & ERLEBEN

1 **Kaiserbrunnen**
2 **Naturdenkmal Burggrabenklamm**
3 **Madonnenstatue Maria Klamm**
4 **Valerie-Weg**
5 **Magdalenenquelle**
6 **Steinmännchenebene**
8 **Felsvorsprung**

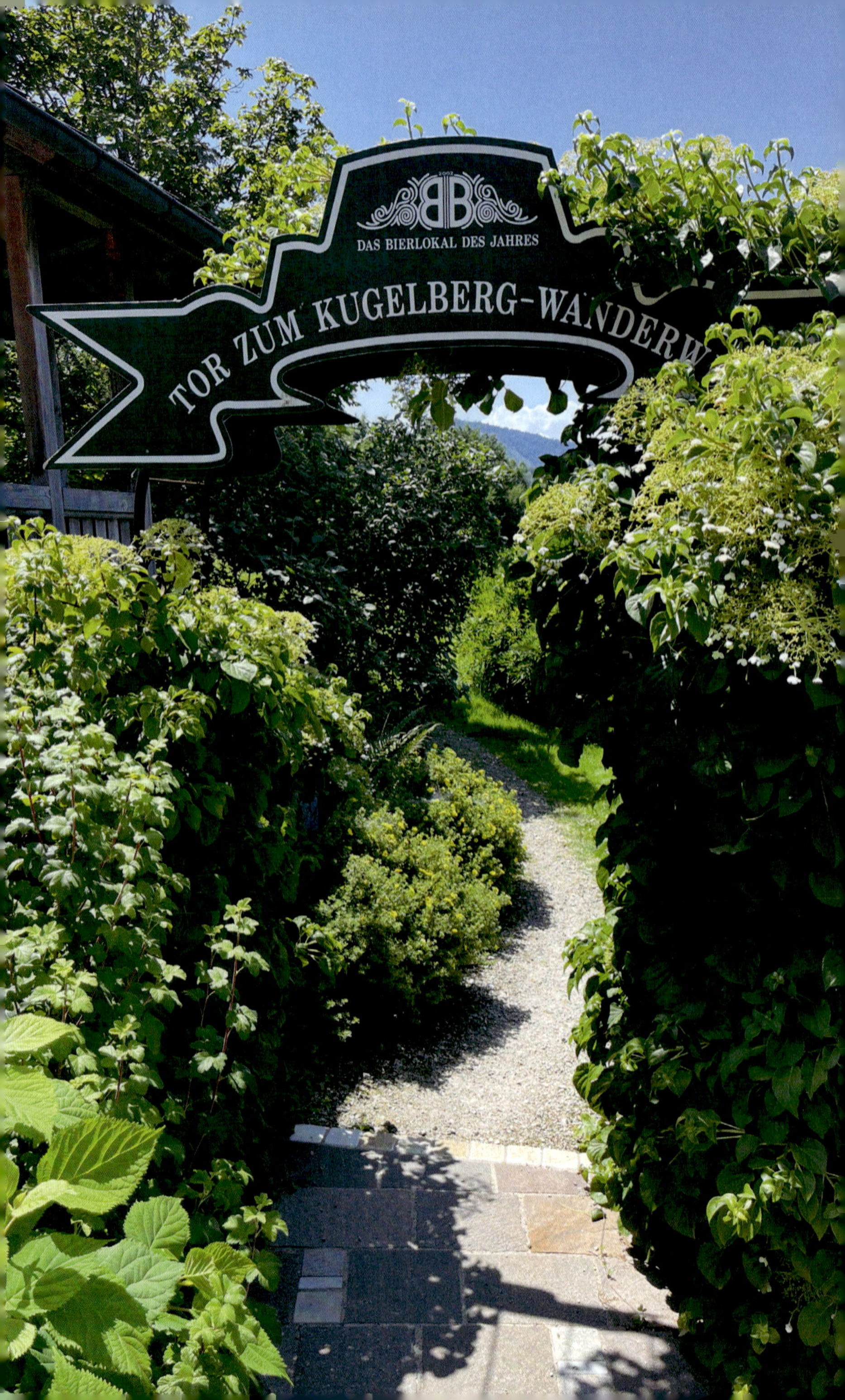

DAS BIERLOKAL DES JAHRES
TOR ZUM KUGELBERG-WANDERW

Faistenauer Glück

Vom Kugelberg zum Hintersee

Unsere Kombination von zwei reizvollen Wanderwegen startet im Zentrum der Ortschaft **Faistenau,** am öffentlichen Parkplatz neben der Volks- und Mittelschule. Wir gehen entlang der Bramsaustraße in die der Kirche entgegensetzte Richtung. Die Straße endet beim **Gasthaus Bramsau-Bräu,** in das wir jetzt jedoch noch nicht einkehren. Dennoch betreten wir durch ein grünes Tor den Gastgarten der Brauerei, denn hier beginnt der erste Teil unserer Wanderung. Wir durchqueren das wunderschöne, im Sommer üppig blühende **❶ Tor zum Kugelberg-Wanderweg** und ahnen schon jetzt, dass am Ende dieser Tour eine selbst gebraute Erfrischung auf uns wartet.

Nach wenigen Metern erreichen wir einen **Bilderstock.** Hier halten wir uns links und folgen dem gelben Wanderwegweiser 43 „Zum Hintersee". Der Wanderweg führt uns im Uhrzeigersinn auf der linken Seite des Kugelbergs am Waldrand entlang und verwöhnt unsere Augen von Anfang an mit Ausblicken auf das liebliche **Faistenauer Plateau.** Der Weg entlang des artenreichen Waldes ist abwechslungsreich für Körper und Geist: Nach rund einer Viertelstunde erreichen wir auf einer kleinen Lichtung einen **❷ Trainingspfad** mit mehreren Fitness-Stationen. Und: Entlang des gesamten Kugelbergwegs stoßen wir auf insgesamt 20 Quiztafeln mit Fragen zur Geografie. Die Lösung befindet sich auf der jeweils nächsten Tafel.

Kurz hinter dem **Bio-Bauernhof Ebner** erblicken wir den **Hintersee** zum ersten Mal. Noch

Kilometer: 13,7
Höhenmeter: 160
Stunden: 3,5
RUNDWEG

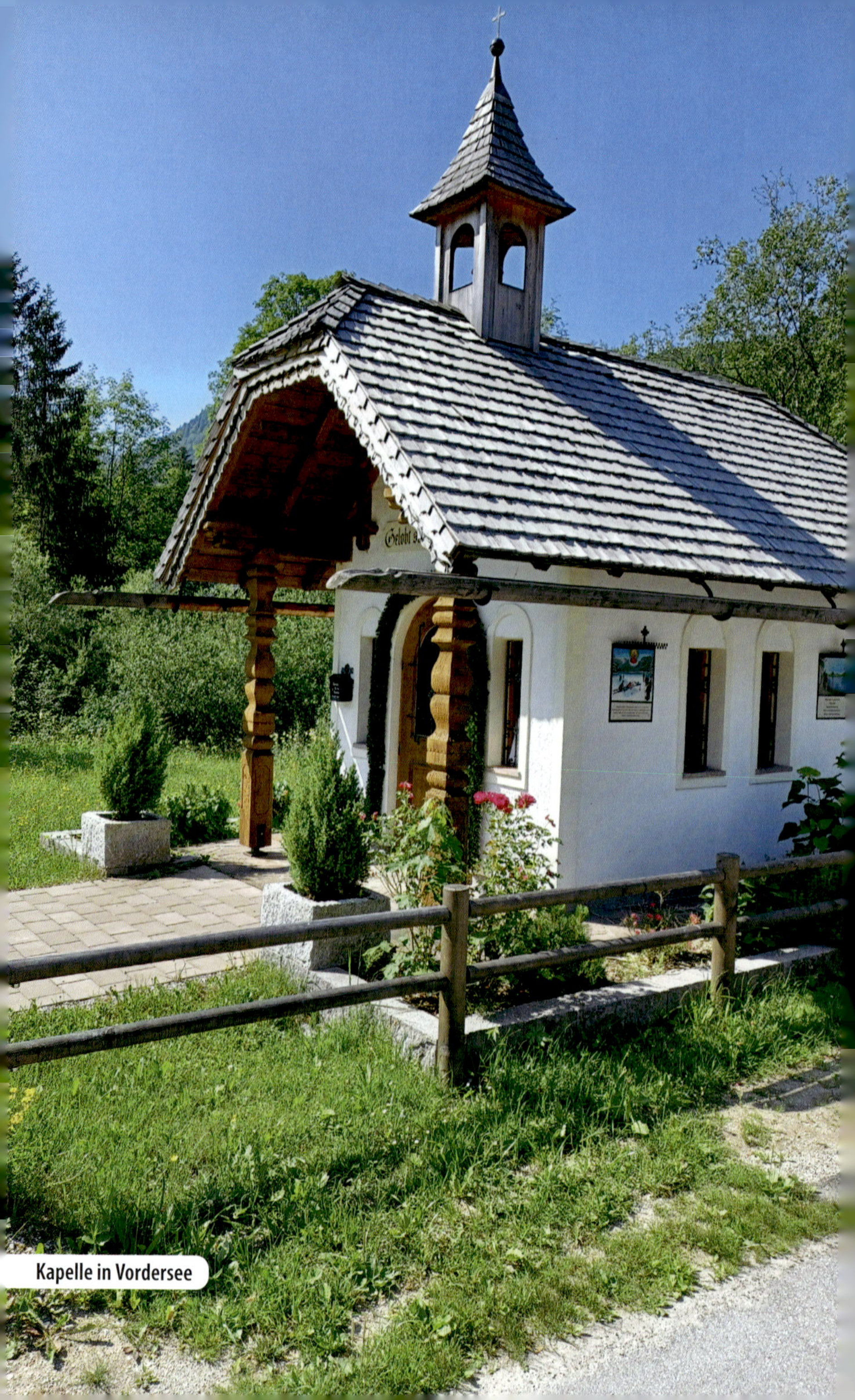

Kapelle in Vordersee

schimmert er schüchtern hinter einer großen Wiese und einigen Häuserdächern. Hinter der Wiese biegen wir nach links ab, folgen jetzt dem Wanderweg 46 „Zum Hintersee RW" und beginnen unseren Abstieg zum See. An dieser Stelle gibt es auch die Möglichkeit, dem Wanderweg 43, „Kugelberg RW", zu folgen; dann würden wir nach einer weiteren halben Stunde wieder am Ausgangspunkt ankommen.

Für die Seele
Wir erkunden die Hänge des Kugelbergs und fühlen uns am Hintersee von der Natur geborgen.

Der asphaltierte Weg führt uns in einer Serpentine hinab in die kleine Ortschaft **Vordersee.** Unten erreichen wir hinter einer Brücke eine ❸ **Kapelle,** kurz danach biegen wir rechts in die Seestraße ein. Der Weg zum Ufer ist mit zahlreichen Schildern „Hintersee" nicht zu verpassen. Wir erreichen einen großen Parkplatz, den wir an seiner rechten Seite wieder verlassen. Über eine neue, helle Holzbrücke geht es zum Uferweg. Er ist durchgehend als Wanderweg 46 ausgeschildert.

*Der Weg vom Kugelberg zum Hintersee wird auch als **Reitweg** genutzt. Die Reit- und Pferdezuchtvereinigung Faistenau bemüht sich um ein harmonisches Miteinander von Reitern und Wanderern. Tafeln entlang des Weges informieren über rücksichtsvolles Verhalten.*

Wir umrunden den See gegen den Uhrzeigersinn. In der nächsten Stunde genießen wir die malerischen Spiegelungen der Berge der **Osthorngruppe** auf der ruhigen Seeoberfläche. Wir verstehen sofort, warum dieses

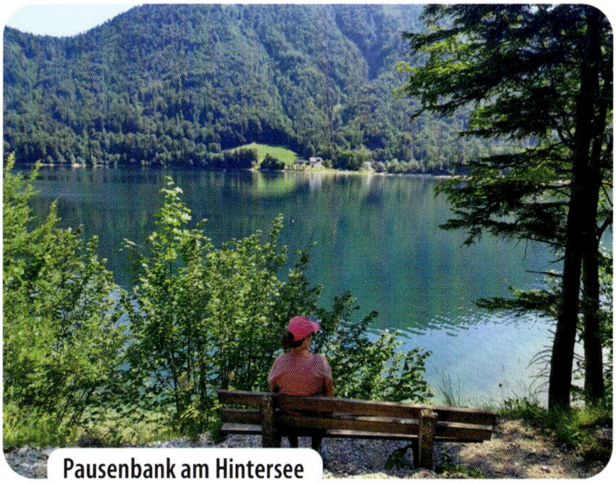

Pausenbank am Hintersee

smaragdgrüne Seejuwel bei Einheimischen so beliebt ist. Viele Bänke zwischen Uferweg und Wasser bieten abgeschiedene Ruheoasen. Dazu locken zahlreiche kleine Buchten zum Schwimmen. Am Scheitelpunkt unserer Seeumrundung befindet sich der bewirtschaftete ❹ **Badeplatz Hirschpoint.** Bunte Sonnenschirme spenden Schatten auf der Badewiese; gemütliche Wirtshausbänke laden zu einem Imbiss oder kühlen Getränk ein.

Nachdem wir uns erfrischt haben, umrunden wir das Wirtshaus auf dem kurzen Asphaltweg, um direkt danach wieder auf den Uferweg in den Wald einzubiegen. Die zweite Hälfte der Seerumrundung steht der ersten in Bezug auf ihre Anmut in nichts nach. Der Weg führt oberhalb des Ufers entlang, er ist breit und gemütlich und lädt an vielen Stellen zum Verweilen und Durchatmen ein. Hinter jeder Kurve schimmert die Seeoberfläche in immer neuen Farben und wechselnden Strukturen. An Ende der Seeumrundung überrascht uns eine voluminöse Bank mit einem Kasten darunter. Natürlich sind wir neugierig und öffnen die Kiste. Wir finden zahlreiche wetterfest verstaute Bücher, ein origineller Service der örtlichen Bücherei – Bücher auf Wanderschaft.

*Der **Hintersee** liegt auf 700 Metern Höhe ein wenig versteckt in einem ruhigen Seitental der hier rund 1700 Meter hohen Salzkammergut-Berge. Der liebliche Badesee ist 1,4 Kilometer lang und misst an seiner breitesten Stelle 700 Meter.*

Nach der Bücherbank ist es nicht mehr weit bis zum Ausgangspunkt unserer wohltuenden Seerunde. Vorbei an der ❺ **Lago Bar** wandern wir die letzten Meter des Uferwegs links an einer prächtigen Blühwiese entlang. Den Parkplatz, den wir schon als Startpunkt des Rundwegs um den See kennen, verlassen wir nach rechts. Bevor wir erneut die Ortschaft durchqueren, können wir unsere Beine beim Wassertreten in einer von hohen Bäumen umrandeten, etwas abseits liegenden Kneippanlage direkt neben dem Parkplatz erfrischen.

Die Ortschaft verlassen wir auf demselben Weg, auf dem wir gekommen sind. An der Hauptstraße biegen wir nach links in die Rosenlehenstraße ein; schon sehen wir die kleine Kapelle, die wir schon von unse-

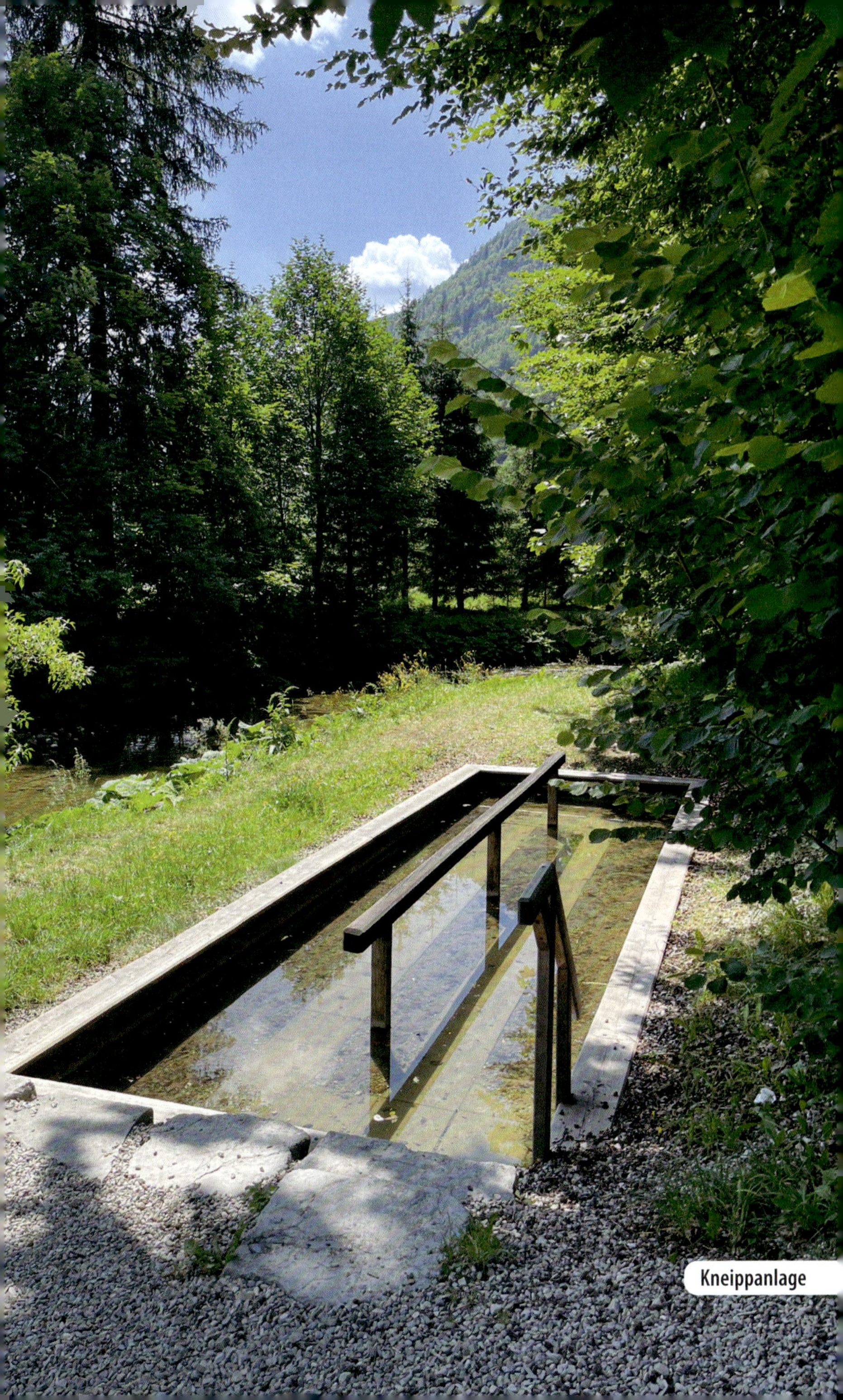
Kneippanlage

rem Hinweg kennen. Nun hat der gemütliche Teil der Wanderung ein Ende, ab hier geht es stetig bergan. Zunächst wandern wir die Serpentinenstraße hinauf. An ihrem Ende biegen wir nach links in den Wald des Kugelbergs ein. Während wir auf dem Hinweg von rechts gekommen sind, beenden wir unsere Kugelberg-Runde nun nach links. Der Wanderweg 43 schlängelt sich gut 30 Minuten lang als schmaler, aber gut befestigter und sicher zu gehender Pfad sanft bergan entlang des Hanges. Wir befinden uns nun oberhalb des auf der linken Seite des Weges liegenden **Felsenbads.** Im Sommer können wir es aufgrund des dichten Laubs der Bäume von unserem Waldpfad aus nicht sehen, aber wir hören die vergnügten Stimmen der Badenden.

Hier braut Elisabeth Weissenbacher ihr eigenes Bier, das ***Faistenauer Gerstl.*** *Das Bier wird ausschließlich in der Brauerei ausgeschenkt. Seine Zutaten: Faistenauer Quellwasser, Hopfen aus dem Mühlviertel und Malz aus Oberösterreich und Bayern.*

Oben angelangt, entdecken wir den bereits bekannten **Bildstock** und – noch viel besser – den Gastgarten von ❻ **Bramsau-Bräu.** Eine Einkehr empfiehlt sich unbedingt. Lohnend ist auch ein Besuch der

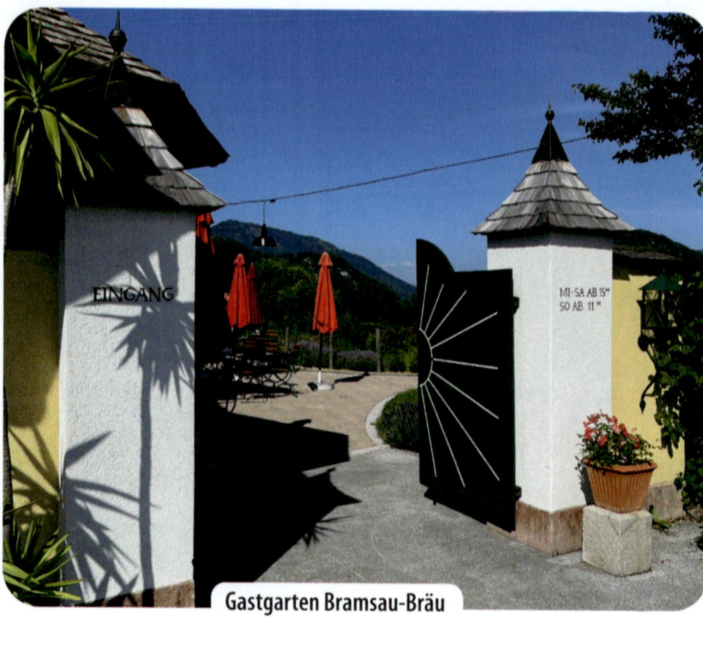

Gastgarten Bramsau-Bräu

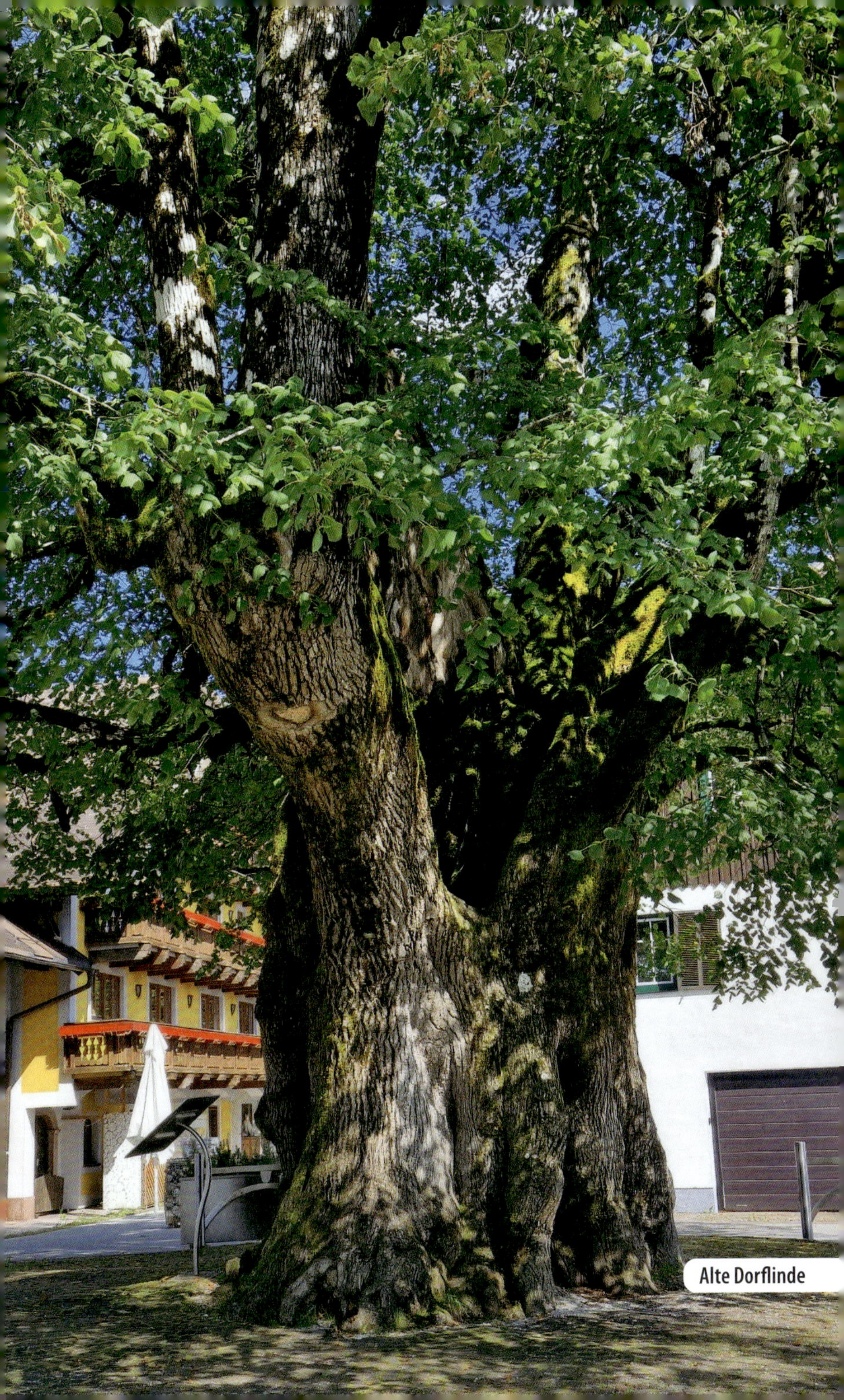

Alte Dorflinde

Hausbrauerei mit moderner Sudpfanne, Pumpen und Tanks; hierzu ist jedoch eine Voranmeldung erforderlich.

Nach der Pause sind es nur noch wenige Hundert Meter bis zu unserem Zielpunkt. Doch es gibt noch einen Glücks-Nachschlag, den wir uns nicht entgehen lassen sollten! Denn ein besonderer Glücksort wartet nach der Wanderung, rund fünf Minuten vom Parkplatz entfernt, auf uns: die 7 **1000-jährige Linde** im Dorfzentrum neben der Kirche. Was dieser prächtige Baum wohl schon alles erlebt haben mag? Mit einem glücklichen Gefühl beenden wir diesen Wandertag auf dem einzigartigen Faistenauer Hochplateau im Salzburger Land.

*Im Winter verwandelt sich **Faistenau** in ein Langlauf-Dorf. Mehr als 70 Kilometer Loipen bieten Langläufern zwischen dem Kugelberg und dem Hintersee ein einzigartiges und bei Anfängern wie Profis gleichermaßen beliebtes Schneeerlebnis.*

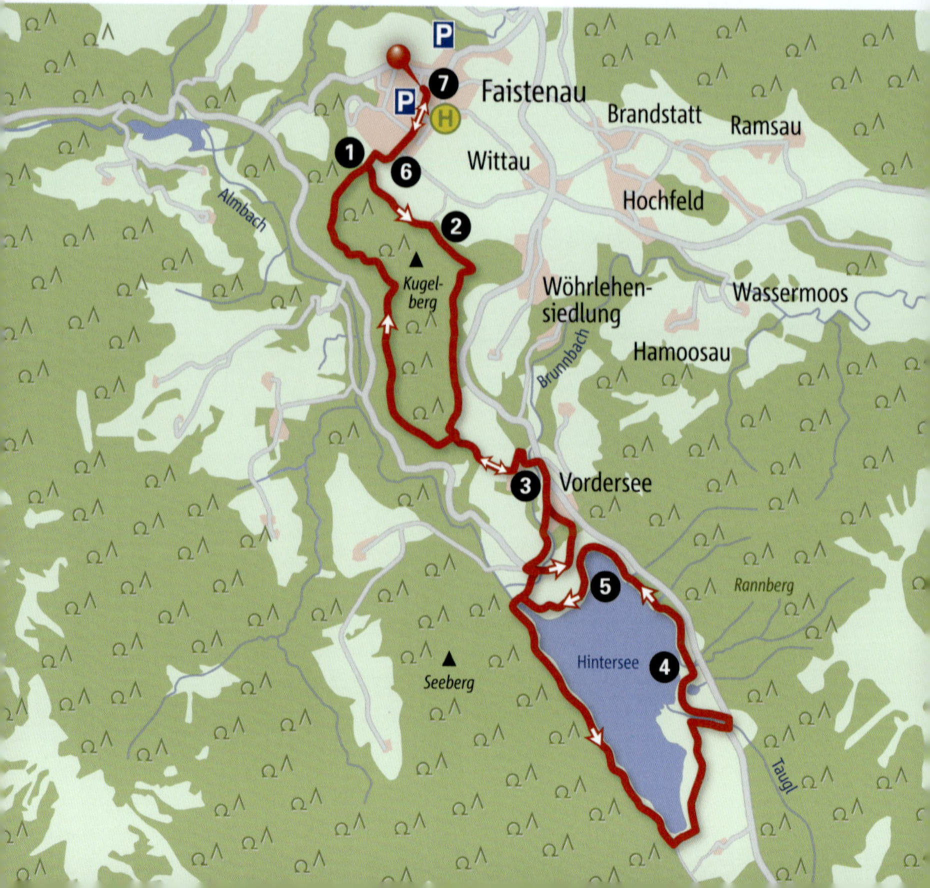

ALLES AUF EINEN BLICK

Entspannung
Abenteuer
Vielfalt

WIE & WANN

Geschotterte Wanderwege und gut befestigte Waldpfade, in den Ortschaften asphaltierte Wege. Ganzjährige geeignete Wanderung. Die Kugelbergrunde und die Hintersee-Umrundung sind häufig auch im Winter begehbar.

HIN & WEG

Auto: Parkplatz Dorfplatz, 5324 Faistenau
ÖPNV: Regionalbus 155 oder 157 nach Faistenau/Hintersee

ESSEN & ENTSPANNEN

5 **Lago Bar,** Seestraße 27, 5324 Vordersee, Tel. +43 (6 76) 7 16 80 60
6 **Bramsau-Bräu,** Bramsaustraße 36, 5324 Faistenau, Tel. +43 (62 28) 25 66, www.bramsau-braeu.at

ENTDECKEN & ERLEBEN

1 **Tor zum Kugelberg-Wanderweg**
2 **Trainingspfad**
3 **Kapelle**
4 **Badeplatz Hirschpoint,** Hinterseestraße 130, 5324 Faistenau
7 **1000-jährige Linde**

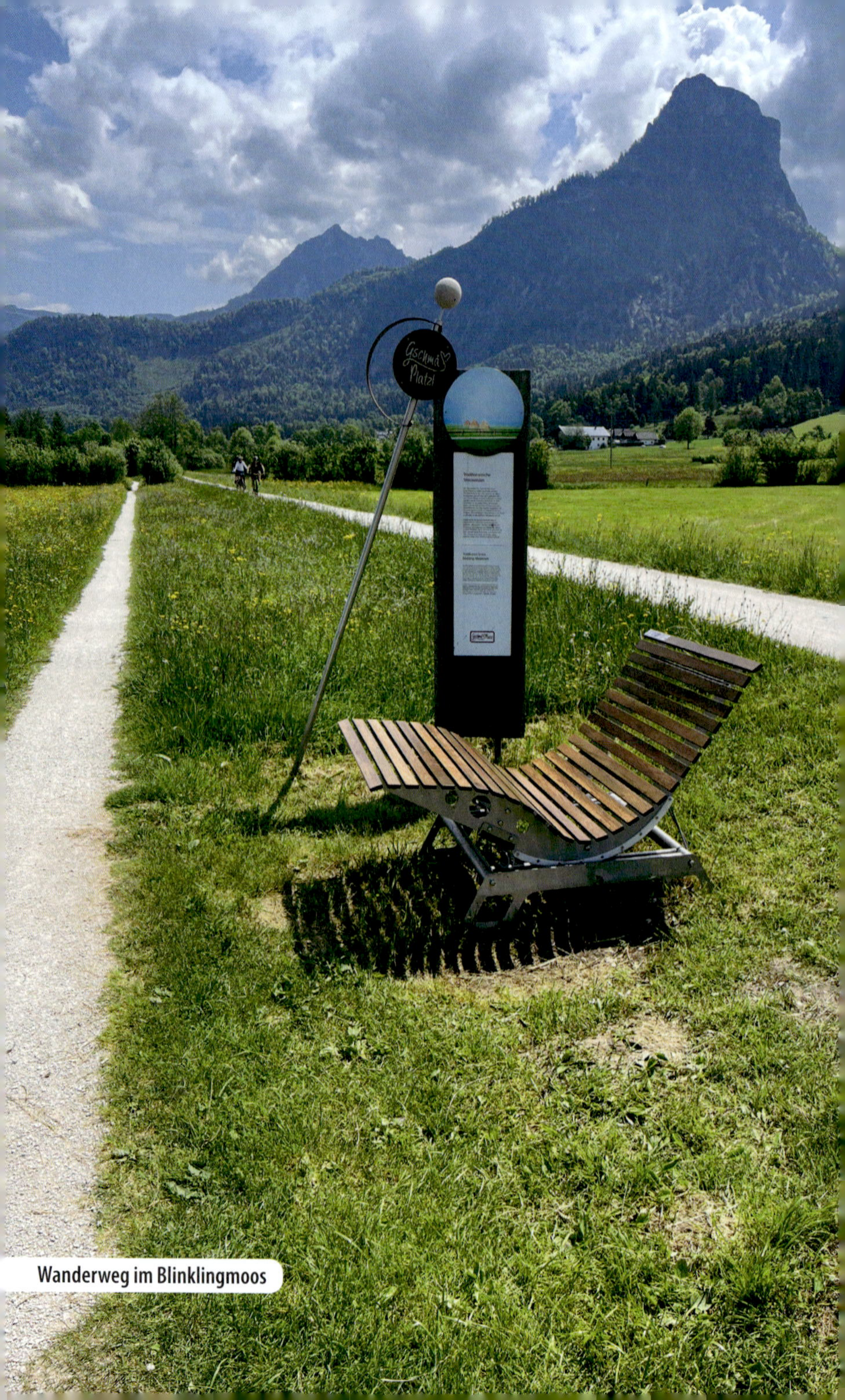

Wanderweg im Blinklingmoos

Blühendes Moos

Über Strobl nach St. Wolfgang

Los geht`s in der Ortschaft **St. Gilgen-Geschwand.** An der Seestraße, etwa in Höhe der Hausnummer 100, gibt es mehrere Parkbuchten, die sich gut als Ausgangspunkt für unsere Uferwanderung eignen. Wir gehen die Seestraße in die dem See abgewandte Richtung, bis wir an die ❶ **Kirche Abersee** gelangen. Dort erblicken wir den gelben Wegweiser für den Wanderweg 12 „Seeweg Strobl". Hier biegen wir nach links ein, gehen an der Kirche vorbei und wenden uns vor dem Friedhof nach rechts. Schnell gelangen wir an ein T-Stück, hier biegen wir erneut nach links ab. Vor uns führt nun eine moderne Holzbrücke über den breiten **Zinkenbach.** Wir passieren sie und folgen dem geschotterten Weg geradeaus.

An der nächsten Abzweigung halten wir uns rechts. Rund 20 Minuten nach unserem Start führt uns der Weg über den Parkplatz Gschwendt zur **Schiffsanlegestelle.** Auch wenn wir das Schiff hier nicht besteigen möchten, sollten wir zum Wasser einbiegen, denn hier bietet sich uns ein erster Blick auf das berühmte St. Wolfgang mit seiner markanten Kirche. Wir passieren den Parkplatz und laufen ein kurzes Stück auf dem Fußweg entlang der Straße. Nach einigen Minuten erreichen wir das **Hauptpumpwerk Forsthub** (nicht zu verfehlen, denn hier stinkt`s), hier biegen wir nach links in den Weg ins ❷ **Blinklingmoos** ab.

Gleich zu Beginn teilt sich der Weg in einen schmalen Fußgängerpfad und einen breiteren Weg für Radfahrer. Obwohl man auf

Frösche, Vögel, Heuschrecken: Der Tisch ist hier im 20 Hektar großen ***Blinklingmoos*** *für seltene Arten reichlich gedeckt. Auf den Streuwiesen haben sich rund 100 Pflanzenarten und bis zu 1000, auch seltene, Tierarten angesiedelt.*

Kilometer: 13,5
Höhenmeter: 80
Stunden: 3,5
RUNDWEG

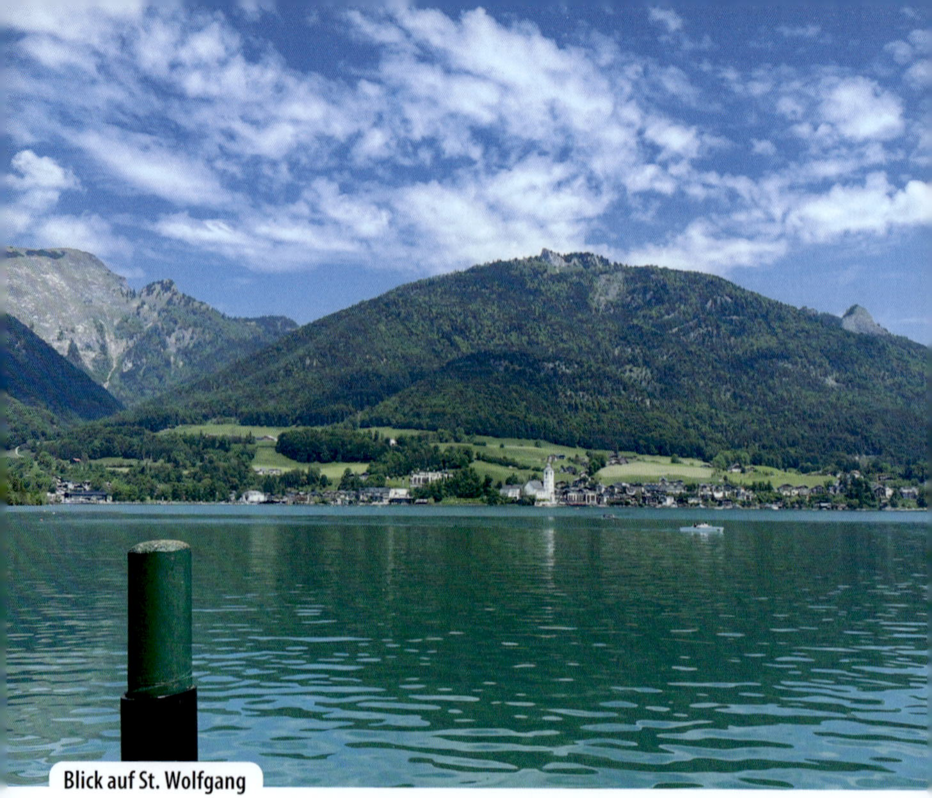

Blick auf St. Wolfgang

dem breiteren Weg auch wandern darf, empfiehlt sich der schmale Fußgängerpfad; er führt direkt durch die üppig blühenden Streuwiesen des **Gschwendter Mooses.** Auf dem Fahrradweg herrscht reger Betrieb, diese Strecke der ehemaligen Salzkammergut-Lokalbahn ist einer der beliebtesten Abschnitte des Salzkammergut-Radwegs.

Kurz vor Strobl erreichen wir das (kostenpflichtige) **3 Wassbad.** Wenn das Bad im Sommer geöffnet ist, müssen wir die ausgeschilderte Umrundung nehmen. Außerhalb der Badesaison ist der Durchgang direkt am Ufer gestattet. Stege und Bänke laden hier zu einer Pause mit Ausblick auf St. Wolfgang ein, das inzwischen zum Greifen nahe erscheint.

Nach einer weiteren Viertelstunde mündet unser Wanderweg in die Seestraße im beschaulichen Ort **Strobl.** Wir passieren das Gemeindebad, gehen weiter bis zur Kreuzung am Supermarkt und biegen dort

Längs dieses Weges im Naturschutzgebiet gibt es zahlreiche ***„Gschmå-Platzl“,*** *kleine Orte mit Bänken und Schaukelliegen, auf denen sich die Aussicht auf den See aufs Vorzüglichste genießen lässt.*

nach links ab. Nach wenigen Minuten erreichen wir die **4 Seepromenade** in Strobl und somit den Scheitelpunkt unserer Wanderung. An der Uferpromenade machen wir erst mal ausgiebig Pause, die Gastgärten der Wirtshäuser und die Parkbänke direkt am See bieten einen fantastischen Ausblick auf den gesamten See. Wer schon Hunger hat: Der **5 Kirchenwirt** bietet moderne, gutbürgerliche Küche, die wir sehr mögen!

Für die Seele

Durch ein idyllisches Niedermoor wandern wir ins liebliche Strobl und weiter ins berühmte St. Wolfgang.

Nachdem wir uns satt geschaut und gegessen haben, folgen wir der Bürglstraße bis zur Achenbrücke. Dort biegen wir nach links durch ein steinernes Tor in den **Bürglstein-Panoramaweg** ein. Dieser führt uns direkt am Ufer zum Seerosenplatz, einem außergewöhnlichen Ruheplatz mit ins Wasser gebauten Holzliegen, die die Form von Seerosen haben. Vom **6 Seerosenplatz** geht es weiter über einen an den Felsen gebauten, mit einem Holzgeländer gesicherten Weg bis zum Fuße des Bürglsteins.

Diesen kleinen Berg wandern wir nun in einigen Kurven hinauf; der kleine Anstieg ist die einzige Steigung auf unserer gesamten Wanderung. An der Rück-

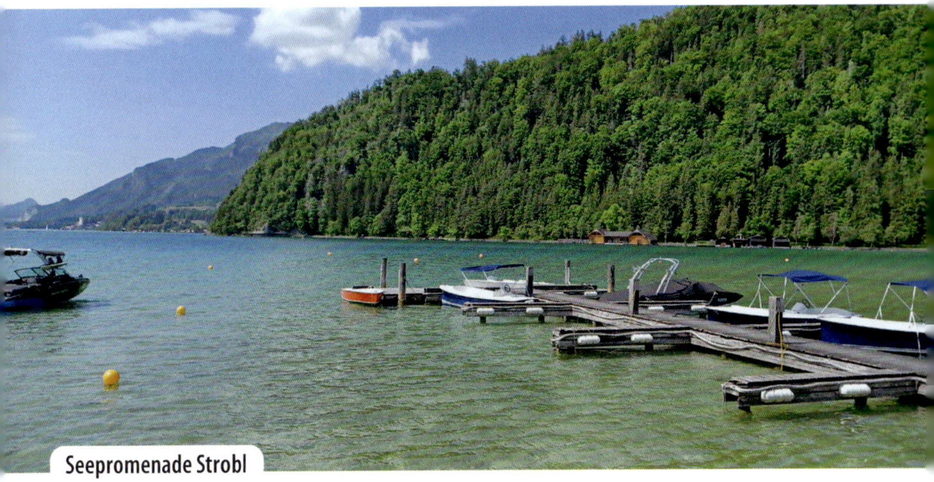

Seepromenade Strobl

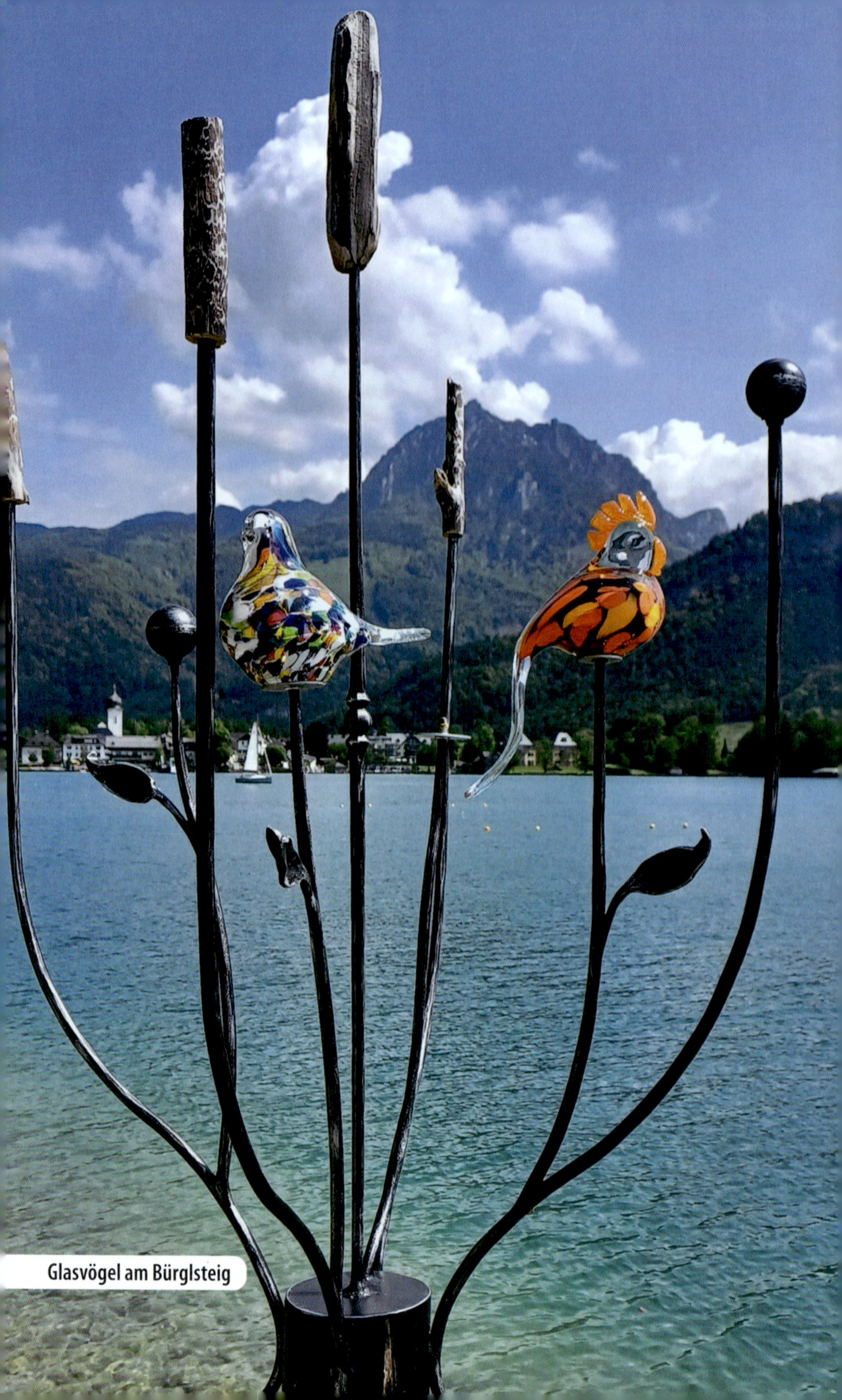

Glasvögel am Bürglsteig

seite des Bürglsteins angekommen, halten wir uns links und folgen dem Wanderwegweiser „St. Wolfgang". Wir durchqueren eine Wiese; hinter dem Sportplatz halten wir uns erneut links. Weiter geht es jetzt gut eine Viertelstunde auf dem Fußgängerweg der Straße nach St. Wolfgang, zunächst vorbei an zwei Campingplätzen. Am gegenüberliegenden Ufer entdecken wir nun den Uferweg, den wir auf dem Hinweg entlanggewandert sind.

Am Ortseingang von **St. Wolfgang** passieren wir einige imposante Seevillen, bevor wir direkt hinter dem Friedhof nach links einbiegen und einen schmalen Weg zum See hinabgehen. Unten am See halten wir uns rechts. Der Promenadenweg führt uns entlang einiger zu Hotels gehörenden Badestellen und Boothäuser in das lebhafte Zentrum von St. Wolfgang. Wir gehen an der Schiffsanlegestelle vorbei. Da ist es – das **7 Hotel Im Weißen Rössl,** das der beliebten Operette von Ralph Benatzky ihren Titel gab. Heute ist das Haus gelb gestrichen, ein Logo mit einem weißen Rössl ziert seine Hauswände. Das Eis oder den Frozen Joghurt der zum Hotel gehörenden **Rössl-Eismanufaktur** lassen wir uns nicht entgehen!

*Ralph Benatzky hat das weltberühmte **Singspiel „Im weißen Rössl"** 1930 komponiert; es wurde viele Male verfilmt und aufgeführt. Denn das wussten nicht nur Zahlkellner Leopold und Rösslwirtin Josepha: „Im weißen Rößl am Wolfgangsee, da steht das Glück vor der Tür!"*

Vorbei an diversen Souvenirläden, Imbissstuben und Gasthäusern passieren wir die **8 Wallfahrtskirche** von St. Wolfgang. Auch, wenn es hier oft sehr voll ist: Ein Besuch lohnt sich. Schon der Vorplatz mit seinen malerischen Arkaden zur Seeseite zeugt von der außergewöhnlich schönen Lage des denkmalgeschützten Gebäudes. Im Inneren erwartet uns barocker Prunk in einer gotischen Hülle. Was für ein Kontrast zu der stillen Schönheit des Sees! Wir können uns gut vorstellen, wie sich die historischen Pilger am Ende ihrer Wallfahrt in diesem mächtigen Kirchengebäude gefühlt haben müssen.

Wir gehen weiter bis zum Ortsende. Hier halten wir uns links und folgen dem Seeufer bis zur **Schiffsanlegestelle St. Wolfgang Schafbergbahn.** Hinter der neu

Der Legende nach wurde die **Wallfahrtskirche** *um 1000 n. Chr. von Bischof Wolfgang von Regensburg gebaut. Im Inneren befindet sich der berühmte spätgotische Pacher-Altar, ein vergoldeter Altar mit drei Schauseiten, erbaut von Michael Pacher (1435–1498).*

gebauten, modernen Talstation der legendären Zahnradbahn gehen wir noch rund fünf Minuten weiter, bis wir auf der linken Straßenseite das Schild zur **9 Überfuhr Greinz** entdecken. In dieser kleinen Bucht gibt es auf einer Infotafel einen Klingelknopf, mit dem wir das Boot von der gegenüberliegenden Seeseite anfordern können. Es gibt keinen festen Zeitplan, nach einigen Minuten sehen wir das Boot über diese engste Stelle des Wolfgangsees ankommen. Die Überfahrt dauert nur wenige Minuten und bietet uns noch tolle letzte Blicke auf St. Wolfgang. Von der Anlegestelle Greinz in Gschwand sind es nur wenige Minuten entlang der **Seestraße,** bis wir den Ausgangspunkt unserer erlebnisreichen Seerunde wieder erreicht haben.

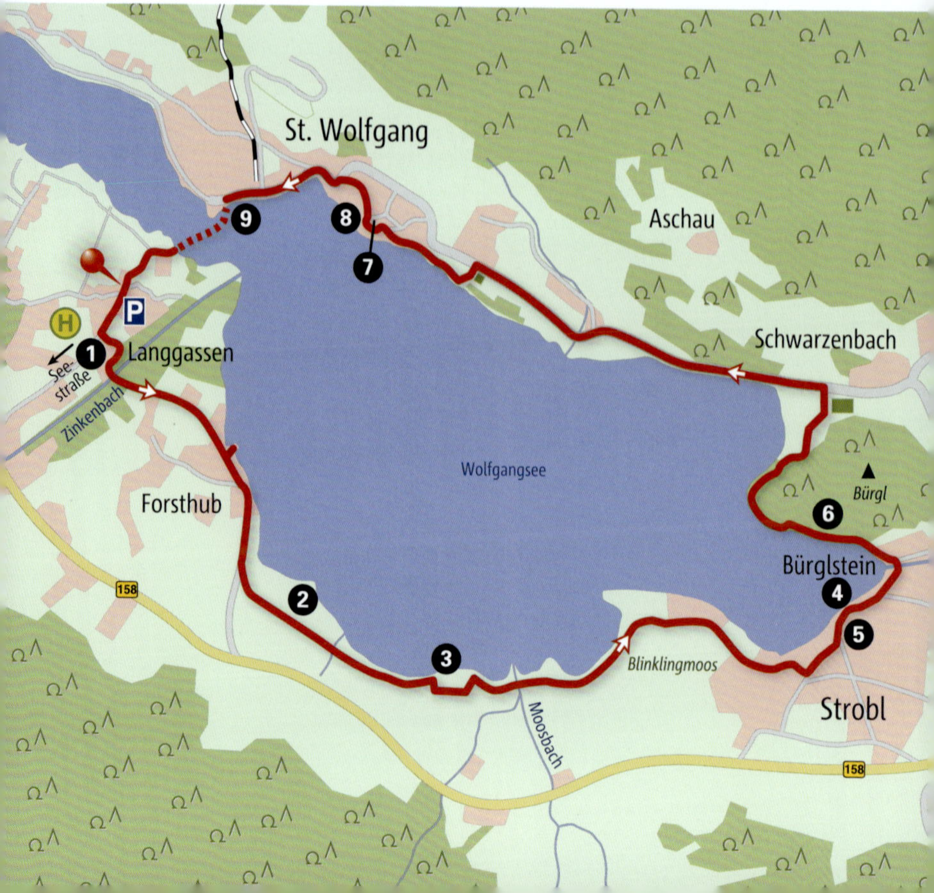

ALLES AUF EINEN BLICK

Entspannung 4/5
Abenteuer 1/5
Vielfalt 5/5

WIE & WANN

Der Seeweg ist durchgehend geschottert und in großen Teilen ganzjährig begehbar. Der Bürglstein-Panoramaweg ist im Winter gesperrt.

HIN & WEG

Auto: Buchten zum Parken an verschiedenen Stellen an der Seestraße, 5342 St. Gilgen-Gschwand
ÖPNV: Bus 150, Haltestelle Abersee, ca. 500 Meter zum Ausgangspunkt

ESSEN & ENTSPANNEN

5 **Kirchenwirt,** Bürglstraße 2, 5350 Strobl, Tel. +43 (61 37) 7 20 70, www.kirchenwirt.eu
7 **Romantik-Hotel Im weißen Rössl,** Markt 74, 5360 St. Wolfgang, Tel. +43 (61 38) 23 06, www.weissesroessl.at

ENTDECKEN & ERLEBEN

1 **Kirche Abersee,** Seestraße 90, 5342 Gschwand
2 **Blinklingmoos**
3 **Wassbad,** Wassbadstraße 8, 5350 Strobl (kostenpflichtiger Badeplatz)
4 **Seepromenade Strobl**
6 **Seerosenplatz am Bürglstein-Panoramaweg**
8 **Wallfahrtskirche von St. Wolfgang,** Markt 18, 5360 St. Wolfgang
9 **Überfuhr Greinz**

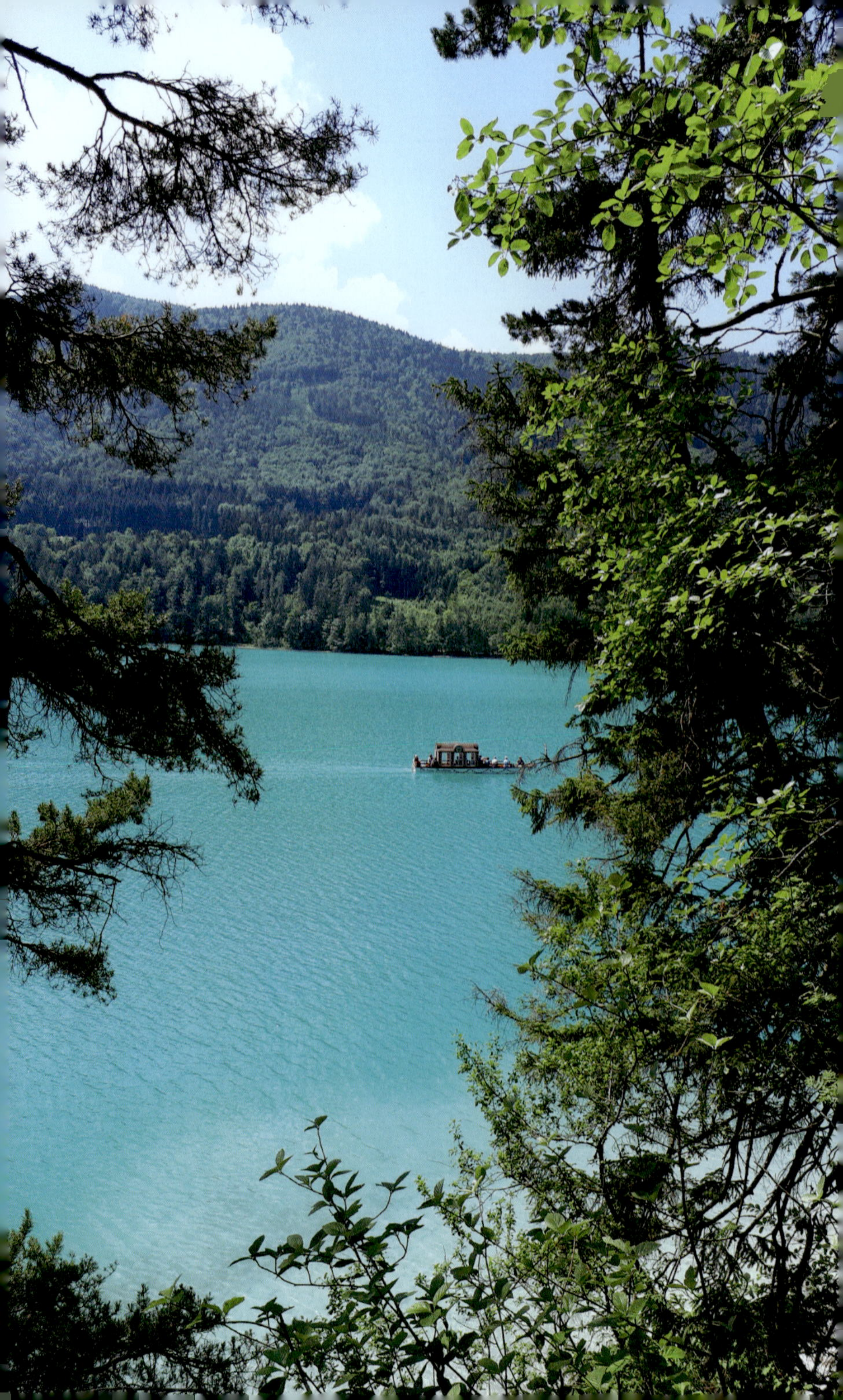

Smaragdgrüne Pause

Auftanken am Fuschlsee-Uferweg

Wir starten in der Ortschaft **Fuschl** am Parkplatz ❶ **Fuschlseebad.** Am reizvollsten ist es, den See gegen den Uhrzeigersinn zu umrunden. Zwischen Parkplatz und Ufer biegen wir deshalb nach rechts in die Dorfstraße Richtung Hotel Seerose. Neben dem Hotel führt ein kleiner Durchgang (bei der „Einkehr Heuboden") direkt zur Uferpromenade am Ostufer. Sie empfängt uns mit ihrem idyllischen Mix aus Angelbooten, Enten und Parkbänken. Der erste Blick auf den gesamten See ist überwältigend – wir ahnen, dass eine erlebnisreiche Tour vor uns liegt.

*Keine Motorboote, keine Ausflugsschiffe, kein Massentourismus: Der durchschnittlich nur 37 Meter tiefe **Fuschlsee** ist eine Oase zum Entschleunigen. Anders als sein imposanter Nachbar Wolfgangsee punktet er mit leisen Buchten und einer sanften Hügelkette.*

Nach der Promenade halten wir uns links und gelangen auf die Seestraße. Wir passieren das **Fünf-Sterne-Spa-und-Golfhotel Ebner's Waldhof.** Von den Weiden links neben dem Hotel blicken Alpakas neugierig zu uns herüber; am Rösslstall grasen Kutschpferde und Kinderreitponys. Hier halten wir uns erneut links und biegen vor dem **Hotel Seewinkel** in den schmalen Pfad ein, der sich nach kurzer Zeit zu einem gut begehbaren Weg entlang des Seeufers weitet. Wir folgen den Wanderwegschildern des mit einem blauen Punkt gekennzeichneten **Fuschlseerundwegs 30.** Spätestens jetzt bestaunen wir die zauberhafte Farbe des Wassers, das je nach Sonnenstand smaragdgrün bis hellblau schimmert. Viele Einheimische schwärmen von diesen kleinen Buchten als Sehnsuchtsorten. Durchatmen, Energie auftanken – das geht hier wunderbar.

Kilometer: 13,7
Höhenmeter: 470
Stunden: 3
RUNDWEG

Mehrere Uferstellen entlang des Weges sind in Privatbesitz. Es gibt sie aber, die kleinen öffentlichen ❷ **Badebuchten.** Hier kön-

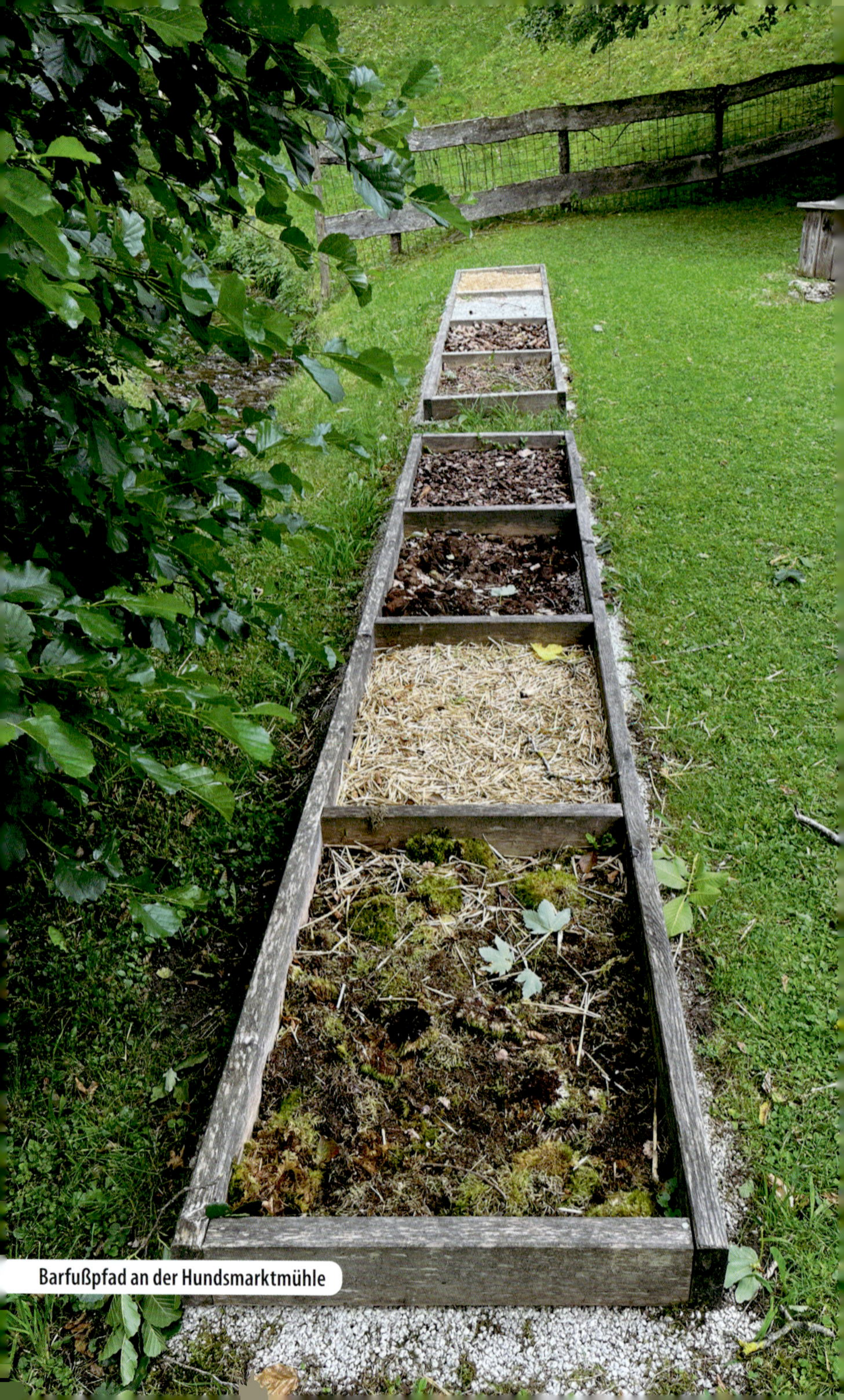

Barfußpfad an der Hundsmarktmühle

nen wir auf Baumstämmen Platz nehmen und die Aussicht mit Muße genießen: zur Rechten das Schloss Fuschl in Hof, zur Linken die Ortschaft Fuschl – und wir mittendrin in dieser Schatztruhe der Natur.

Wir wandern weiter durch einen Wald, der aus hohen Fichten und Buchen besteht. Das Blätterrauschen verführt uns immer wieder, auf einer der zahlreichen Bänke Pause zu machen und die magische Atmosphäre ins uns wirken zu lassen. Die Wanderung entlang der rechten Seeseite ist kurzweilig: Wir stoppen neugierig an den Infotafeln des ❸ **Fuschl-Seh-Wegs.** Hier gilt es, den Zauber der Natur im Detail zu ergründen. Durch die Gucklöcher der Tafeln werden unsere Sinne auf die imposanten Rotfichten oder den hellen, leicht bröckelnden Dolomitenstein gelenkt.

Für die Seele

Wir streifen durch schattige Wälder und über sonnige Wiesen, baden im See und genießen leckeren Fisch.

Plötzlich, am Ende der rechten Seeseite, endet der Wald. Der Weg schlängelt sich nach rechts an Weiden mit Kühen, Hühnern und Alpakas entlang. Die Landschaft ist hier eine andere: hell und ohne Schatten. Nach dem **Jesuskreuz** geht es in einer Rechtskurve etwas bergab bis zu einer Weggabelung. Hier verlassen wir den Wanderweg 30 rechts in Richtung Hundsmarktmühle. Wir sind ungefähr in der Mitte unserer Wanderung angekommen, Zeit für eine kleine Erfrischung! Auf der rechten Seite empfängt uns nach wenigen Metern der schattige Garten der ❹ **Jausenstation Berger.** Der Gespritzte aus selbst gemachtem Hollerblütensaft ist eine köstliche kühle Erfrischung! Wir widerstehen der Versuchung, hier eine Jause zu essen, denn auf dem Rückweg wartet noch ein kulinarisches Highlight auf uns.

Doch vorher machen wir noch einen Abstecher zur 100 Meter entfernten, gut ausgeschilderten ❺ **Hundsmarktmühle.** Im Sommer lohnt sich ein Besuch des Mühlengartens besonders: Der Barfußpfad am Ende der Wiese stimuliert mit unterschiedlichen Materialien

*Wer sich für die Geschichte der 1570 erstmals urkundlich erwähnten **Hundsmarktmühle** interessiert, sollte die Ausstellung „Vom Korn zum Brot" sowie das Mühlengelände mit Brunnen und Wasserrädern besuchen.*

von Stroh bis zu Kieselsteinen unsere Fußsohlen und schärft unsere Wahrnehmung.

Wir kehren zurück zur Weggabelung vor der Jausenstation und gehen geradeaus weiter, vorbei an einem Gehege, wo sich einige Hausschweine in der feuchten Erde suhlen. Hinter einem blauen Haus mit prächtiger Veranda führt uns der Weg nach links über einen Parkplatz. Erneut ändert sich die Landschaft – jetzt sind wir in einem Sumpfgebiet angekommen! Federartige rosa Kuckuckslichtnelken und strahlend gelbe Sumpfdotterblumen ziehen uns in ihren Bann. Wir halten einen Moment inne: Es zirpt und zwitschert überall! Wir befinden uns mitten im **Naturschutzgebiet** am Westufer des Fuschlsees. Die Streuwiesen dieses Niedermoors dürfen wir nicht betreten, doch wir wagen einen kleinen Abstecher gen Ufer in eine kleine, von Schilf umgebene Bucht der **Fuschler Ache.** Das meterhohe Schilf am Ufer wiegt sich sanft im Sommerwind – der friedliche Einklang von Wasser und Flora entschleunigt uns spürbar.

*Am Scheitelpunkt unserer Tour treffen wir auch auf Hinweisschilder zum sehr ähnlich klingenden, jedoch mit einem roten Punkt gekennzeichneten „Seerundwanderweg". Für unsere Tour ist es wichtig, sich stets an den Schildern für den **Wanderweg 30** zu orientieren.*

Wir kehren zurück auf unseren Wanderweg, der uns nun durch das Moorgebiet zum ❻ **Naturbadestrand Hof** mit seinem pittoresken langen Badesteg führt. Weiter geht es auf der Südseite des Sees Richtung ❼ **Schloss Fuschl.** Das gelbe Jagdschloss aus dem 15. Jahrhundert mit seinen Luxus-Hotelanbauten konnten wir schon eine Zeit lang von der gegenüber-

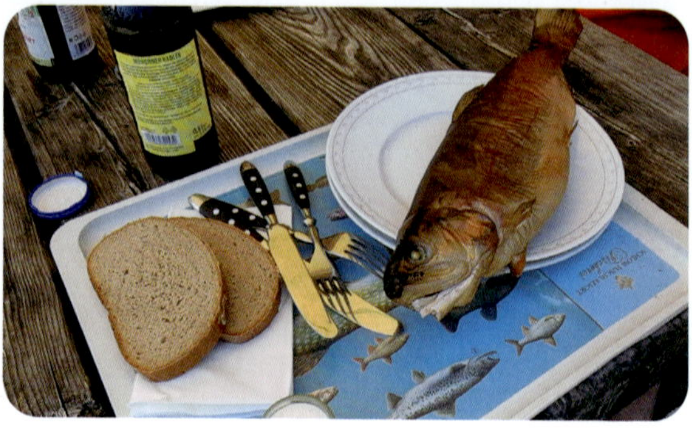

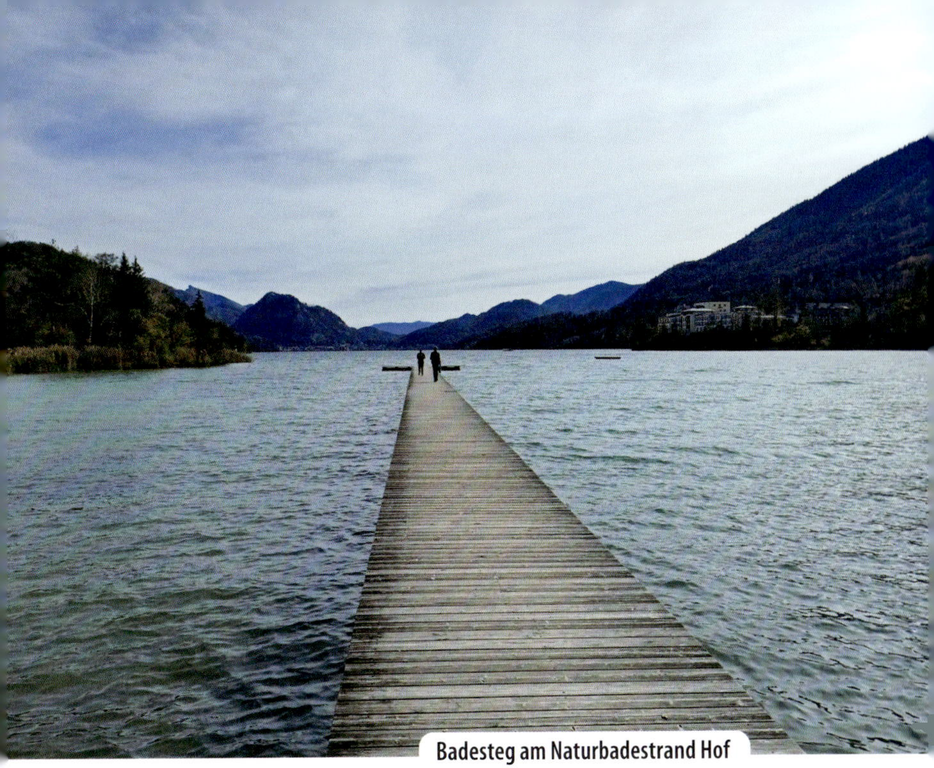

Badesteg am Naturbadestrand Hof

liegenden Uferseite aus bewundern. Der Wanderweg durchquert zunächst einen Golfplatz; danach umrundet er das Schloss über einen Hügel.

Ein wenig weiter entlang des Weges wartet eine kulinarische Oase auf uns: die 8 **Schloss Fuschl Fischerei.** Die kleine exquisite Räucherei gilt als Geheimtipp für alle Fischliebhaber: Reinanken, Lachsforellen und Saiblinge aus dem See werden zubereitet. Spitzenköche aus der Region kaufen hier ein – Grund genug für eine Einkehr. Wir genießen die hausgemachte Fischsuppe, kosten den zarten Räucherfisch und gönnen uns dazu einen kühlen Muskateller. Man sitzt auf Naturholzbänken direkt am und teilweise sogar mit den Füßen im Wasser. Mehr naturbelassene Wohlfühlküche geht kaum.

Mit etwas Wehmut kehren wir nach unserer ausgiebigen Mittagspause zurück auf unseren Wanderweg 30 und durchqueren ein liebliches Waldstück. Später umrunden wir noch zwei **Badeplätze,** bis wir

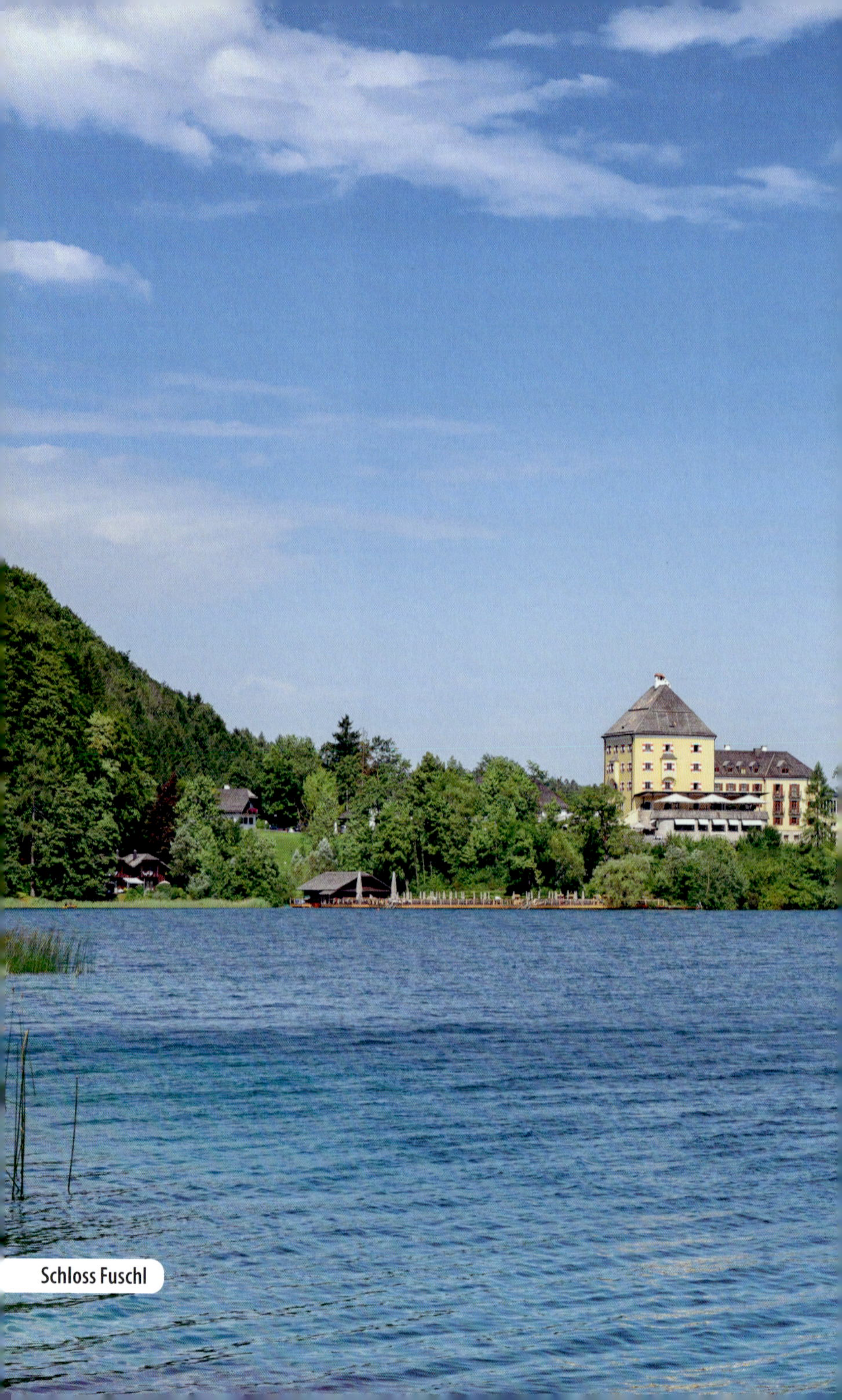

Schloss Fuschl

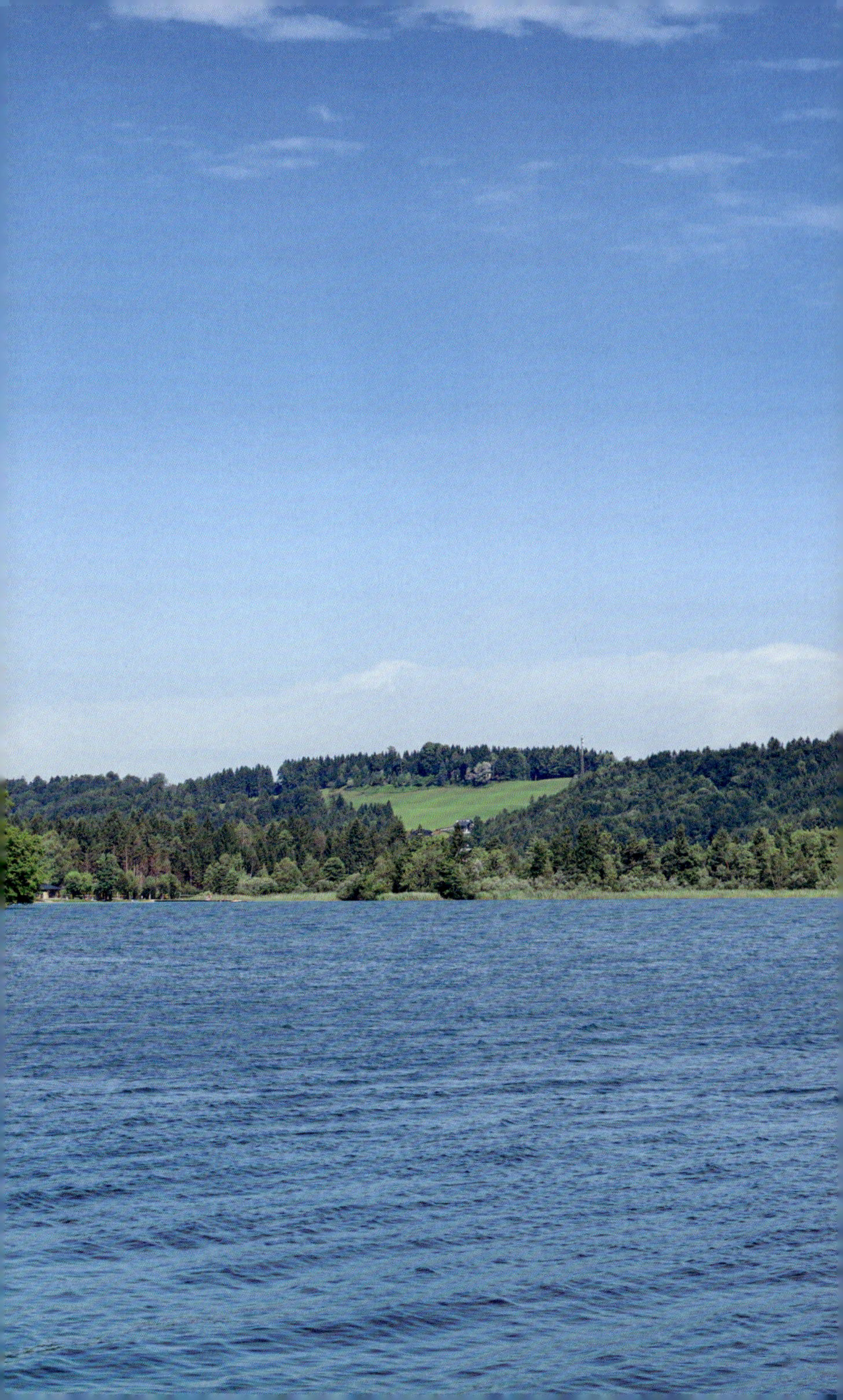

Die Gebäude der ***Firmenzentrale von Red Bull*** *sind von Teichen und Gärten durchzogen, manche von ihnen stehen auf Säulen direkt im Wasser. 14 bronzene Bullen des Tiroler Künstlers Jos Pirkler schauen Richtung See.*

nach dem **Wesenauhof** an das einzige kurze Stück des Weges gelangen, das an der Bundesstraße entlangführt. Schräg gegenüber befindet sich das 9 **Headquarter von Red Bull.**

Wir folgen den Schildern nach links, biegen in den schmalen Weg bergab ein und beenden unsere Tour mit einer letzten Verschnaufpause im kleinen, schattigen Park in der Ortschaft **Fuschl,** bevor wir zu unserem Ausgangspunkt zurückkehren.

Wer am Ende der Tour noch etwas verweilen möchte, dem empfehlen wir eine Schachpartie direkt an der Promenade. Das begehbare Schachbrett mit den großen Figuren befindet sich an der Seepromenade; dort, wo wir unsere Wanderung begonnen haben.

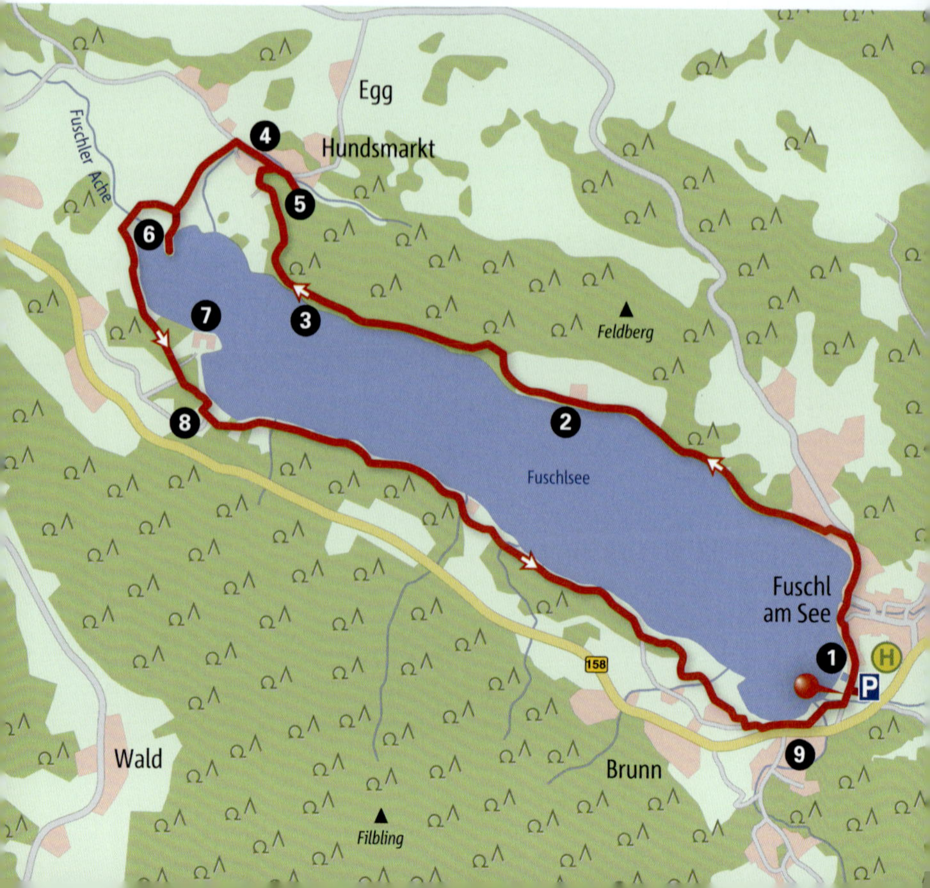

ALLES AUF EINEN BLICK

Entspannung 5/5
Abenteuer 1/5
Vielfalt 3/5

WIE & WANN

Befestigte Wege und Pfade am Seeufer, ein kurzes Stück entlang der Bundesstraße. Der Wanderweg ist ganzjährig begehbar.

HIN & WEG

Auto: Parkplatz Seebad, Dorfstraße 30, 5330 Fuschl am See
ÖPNV: Postbus 150 oder 155, Busterminal Fuschl am See

ESSEN & ENTSPANNEN

4 **Jausenstation Berger,** Seestraße 59, 5303 Thalgau, Tel. +43 (62 35) 74 95, www.jausenstation-berger.at
8 **Schloss Fuschl Fischerei,** Schloss-Straße 19, 5322 Hof bei Salzburg, Tel. +43 (62 29) 22 53 15 33

ENTDECKEN & ERLEBEN

1 **Fuschlseebad,** Dorfstraße 30, 5330 Fuschl am See, Tel. +43 (62 26) 82 88, www.fuschlseebad.at
2 **Badebuchten am See**
3 **Fuschl-Seh-Weg**
5 **Hundsmarktmühle,** Seestraße 20, 5303 Thalgau, www.diehundsmarktmuehle.at (bitte Öffnungszeiten beachten)
6 **Naturbadestrand Hof,** Seeweg 1, 5322 Hof bei Salzburg
7 **Schloss Fuschl,** Vorderelsenwang, 5322 Hof bei Salzburg
9 **Red Bull Headquarters,** Am Brunnen 1, 5330 Fuschl am See

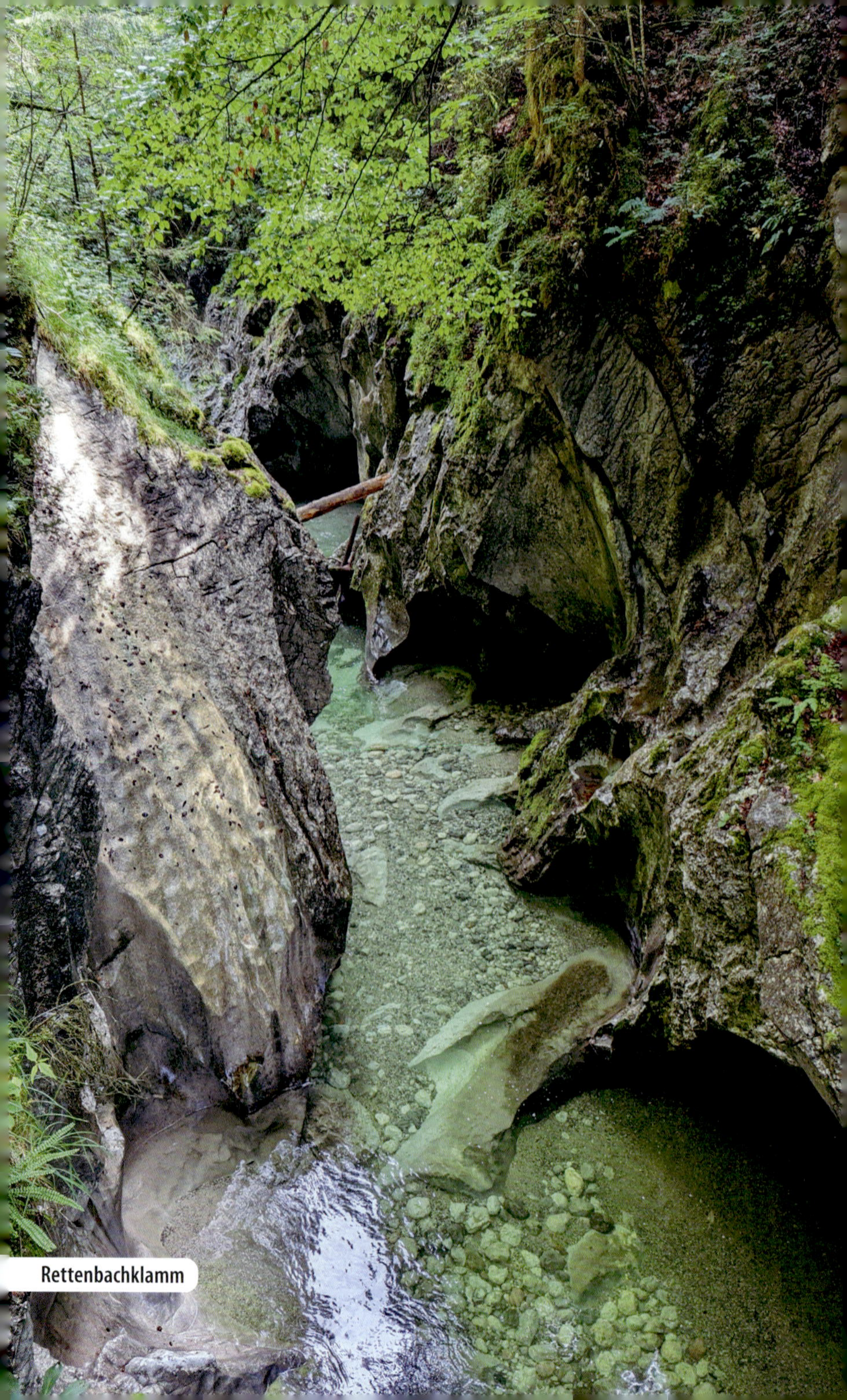

Rettenbachklamm

Stadt, Land, Fluss

Bad Ischl und Rettenbachklamm

Bad Ischl: Kaiser Franz Joseph bezeichnete es einst als den „Himmel auf Erden". Die Sommerfrische wurde quasi hier erfunden. Also: Genau das Richtige für uns! Wir starten mit einem Bummel durch die hübsche Stadt und wollen vor unserer Wanderung ein wenig in die Geschichte dieses eng mit dem habsburgischen Kaiserhaus verbundenen Ortes eintauchen.

Ab Mitte des 19. Jahrhunderts machte die Eisenbahn das Reisen und vor allem das Übersiedeln gesamter Hausstände von der Stadt aufs erholsame, erfrischende Land einfacher. Die Sommerfrische war damals ein Statussymbol der Aristokratie und des wohlhabenden Bürgertums, die sich in eigens errichteten Saisonvillen den Sommer über niederließen. Wer sich keinen eigenen Sommersitz leisten konnte, quartierte sich in Gasthäusern ein. Mit der Zeit entwickelte sich für die Sommerfrischler ein eigenes Unterhaltungsangebot, wie Wandern und Bergsteigen sowie das zuvor unbekannte Freibaden an den Seen. Der Tourismus und die Sommerfrische hängen somit eng zusammen.

*Zwei Tage vor seinem 23. Geburtstag (den er in Ischl verbrachte) verliebte sich der **Kaiser** in seine 15-jährige Cousine Elisabeth und verkündete zwei Tage darauf die Verlobung auf dem Balkon seiner damaligen Unterkunft Esplanade 10, heute ein Museum.*

Bad Ischl nimmt in diesem Reigen noch mal eine Sonderstellung ein: Das Herz des Salzkammerguts wurde zu Zeiten der Habsburger Monarchie ein berühmter Kurort, nachdem Erzherzogin Sophie nach einem Aufenthalt endlich mit dem ersehnten Nachwuchs gesegnet wurde, dem späteren Kaiser Franz Joseph. Der Hochadel, das betuchte Bürgertum und in dessen Folge Literaten, Komponisten, Musiker und Schauspieler genossen fortan in Ischl und

Kilometer: 7,2
Höhenmeter: 50
Stunden: 2
RUNDWEG

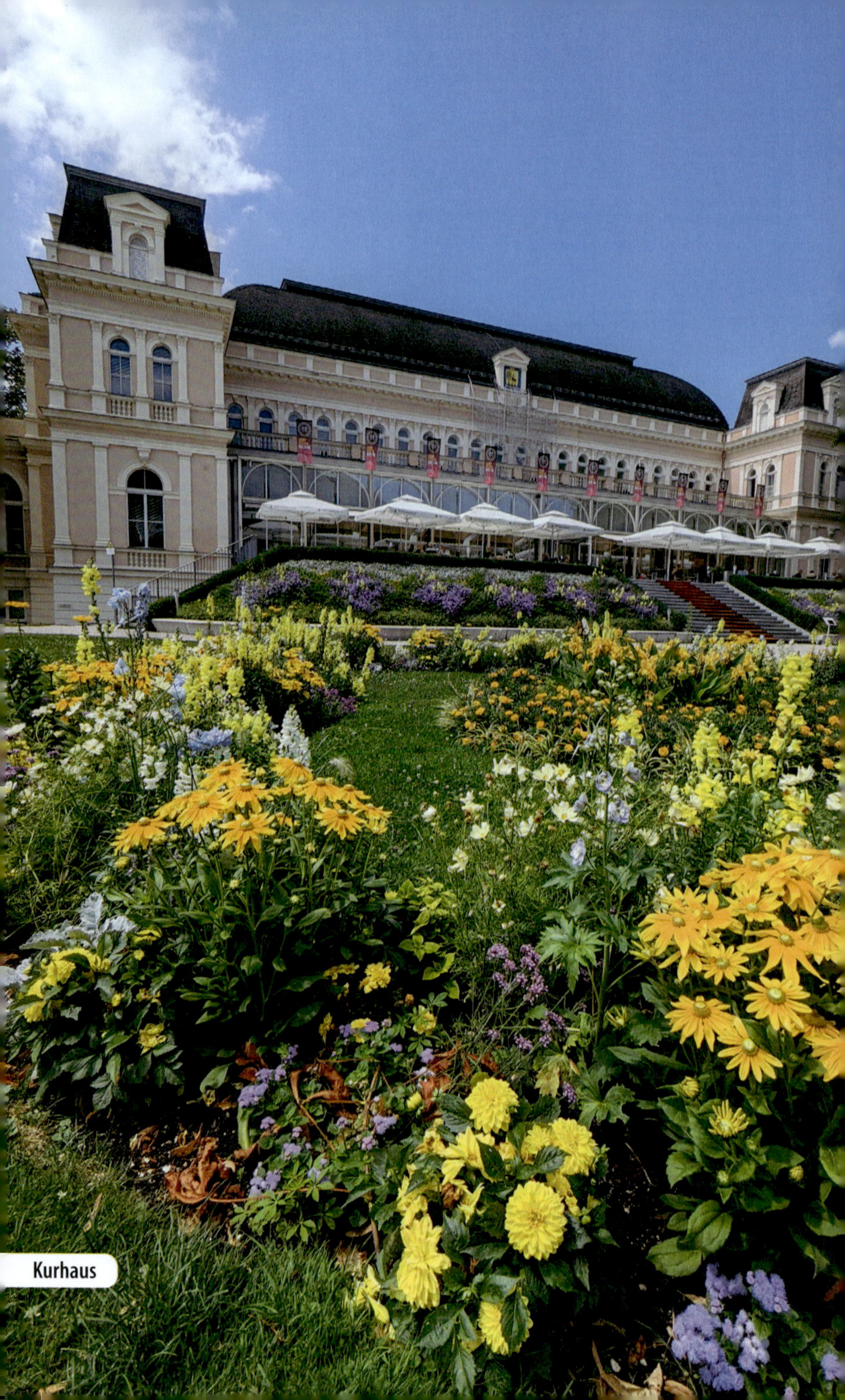

Kurhaus

den umliegenden Bergen die Sommerfrische. Hier lernte Franz 1853 seine Sisi kennen und verkündete die Verlobung. Hier unterzeichnete der Kaiser 1914 die Kriegserklärung, die nach dem Attentat von Sarajewo zum Ersten Weltkrieg führte.

Wir starten unsere Tour beim ehemaligen ❶ **Kurhaus** und heutigen „Kongress und Theaterhaus". Wegen der seinerzeit im Gefolge des Kaiserpaares immer zahlreicher werdenden Gäste aus Wissenschaft und Kultur, benötigte man ein Kurhaus, um Konzerte und Bälle zu deren Unterhaltung ausrichten zu können. 1872 errichtet, 1965 nach einem Brand identisch wieder aufgebaut und 1997 restauriert: Noch heute kann man – zum Beispiel beim alljährlichen Lehár Festival – das Flair der Kaiserzeit spüren.

Für die Seele

Bad Ischl beschert uns gemütliche Genussmomente, die Rettenbachklamm schenkt neue Energie.

Wir schlendern weiter durch den kleinen ❷ **Kurpark,** dann rechts über den Schröpferplatz zur „Residenz Elisabeth" und dort nach links am Stammhaus der ❸ **Konditorei Zauner** in der Pfarrgasse vorbei. Vor der ❹ **Trinkhalle,** dem heutigen kulturellen Mittelpunkt der Stadt, biegen wir rechts ab, überqueren am Ende der Straße den bunten Zebrastreifen und nehmen den ❺ **Fußgängersteg** über die eiskalte, klare Traun. Auch dieser Steg ist – wie so viele Bauwerke dieser Stadt – zu Ehren des Kaisers, in diesem Fall anlässlich seines 50-jährigen Regierungsjubiläums, errichtet worden.

*Die 1829 im klassizistischen Stil erbaute und später mit korinthischen Säulen erweiterte **Trinkhalle** diente als Solebadeanstalt. Franz Wirer, der Leibarzt des Kaisers und Auslöser von Ischls Weltruhm als Kurstadt, verabreichte hier Bäder und Molkekuren.*

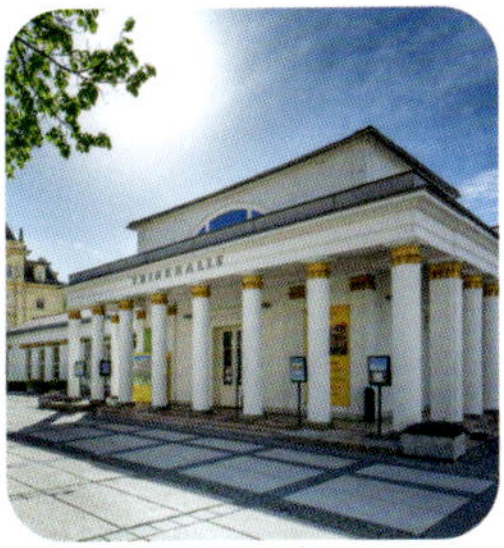

Nach der Brücke gehen wir direkt links am Ufer flussabwärts die schattige Baumallee entlang. Hier stehen bereits die ersten Wegweiser „Rettenbachwildnis". Unter der Eisenbahnbrücke hindurch, danach die Maxquellgasse nach links, bis wir vor dem blauen Haus nach rechts abbiegen. Der Weg ist generell gut ausgeschildert.

Nach der Überquerung der Bundesstraße lassen wir die Häuser bald hinter uns und gelangen über eine

*In der Hochphase des Kurwesens galt es als besonders schicklich, sich einen eigenen **Ruhe- und Erholungsplatz** in der Umgebung zu schaffen. Dr. Johann Sterz, Arzt und k.-u.-k.-Sanitätsrat, erschuf in den 1830er-Jahren diesen Kraftplatz.*

große Blumenwiese zu ❻ **Sterzens Abendsitz,** einem reizvollen Aussichtspunkt auf einem Moränenhügel inmitten von großen Sommerlinden. Ein schattiges Naturdenkmal, ein echter Kraftort. Eine wunderbare Gelegenheit, zur Ruhe zu kommen und sich mal wieder auf das Wesentliche zu konzentrieren und allen unnötigen Ballast aus unserem Kopf zu fegen.

Der Weg führt auf eine ruhige Straße, wir folgen weiter geradeaus den gelben Wegweisern „Rettenbachwildnis". Erst geht es über eine Wiese, bis wir eine Straße überqueren und dieser nach links für einige Hundert Meter folgen. An der nächsten **Weggabelung** verlassen wir die Straße und biegen rechts in den Forstweg ein (Wegweiser „Rettenbachwildnis"). Über weitläufige Wiesen führt uns der Weg schließlich nach links in einen kleinen Trampelpfad an einer Streuobstwiese vorbei und wieder auf den breiteren Weg. Nach einigen Hundert Metern betreten wir den Wald und biegen gegenüber einer Bank nach links ab, die Anhöhe hinunter. Vorsicht, jetzt wird es feucht und rutschig. Längst schon hört man das Rauschen und Tosen. Dann der Wow-Moment, wenn wir die Brücke erreicht haben: Unter uns schlängelt sich der Rettenbach durch eine enge ❼ **Felsschlucht.** Besonders eindrucksvoll ist das Naturschauspiel nach Regentagen, wenn die Wassermassen nur so rauschen. Durch diese enge Felsschlucht wurde übrigens früher Holz getriftet.

Hier unten ist deutlich kühler und wir genießen besonders im Sommer diese willkommene Erfrischung. Helles, klares, sprudelndes Wasser wirkt reinigend für Körper und Seele. In dieser Klamm gönnen wir uns eine Erfrischungskur für die Seele, der Körper kommt gleich auf dem Rückweg auch noch an die Reihe.

Zurück nach Bad Ischl folgen wir der Straße, bis wir direkt vor der Brücke in den linkeren der beiden Waldwege, die rechts abgehen, einbiegen (Hinweis-

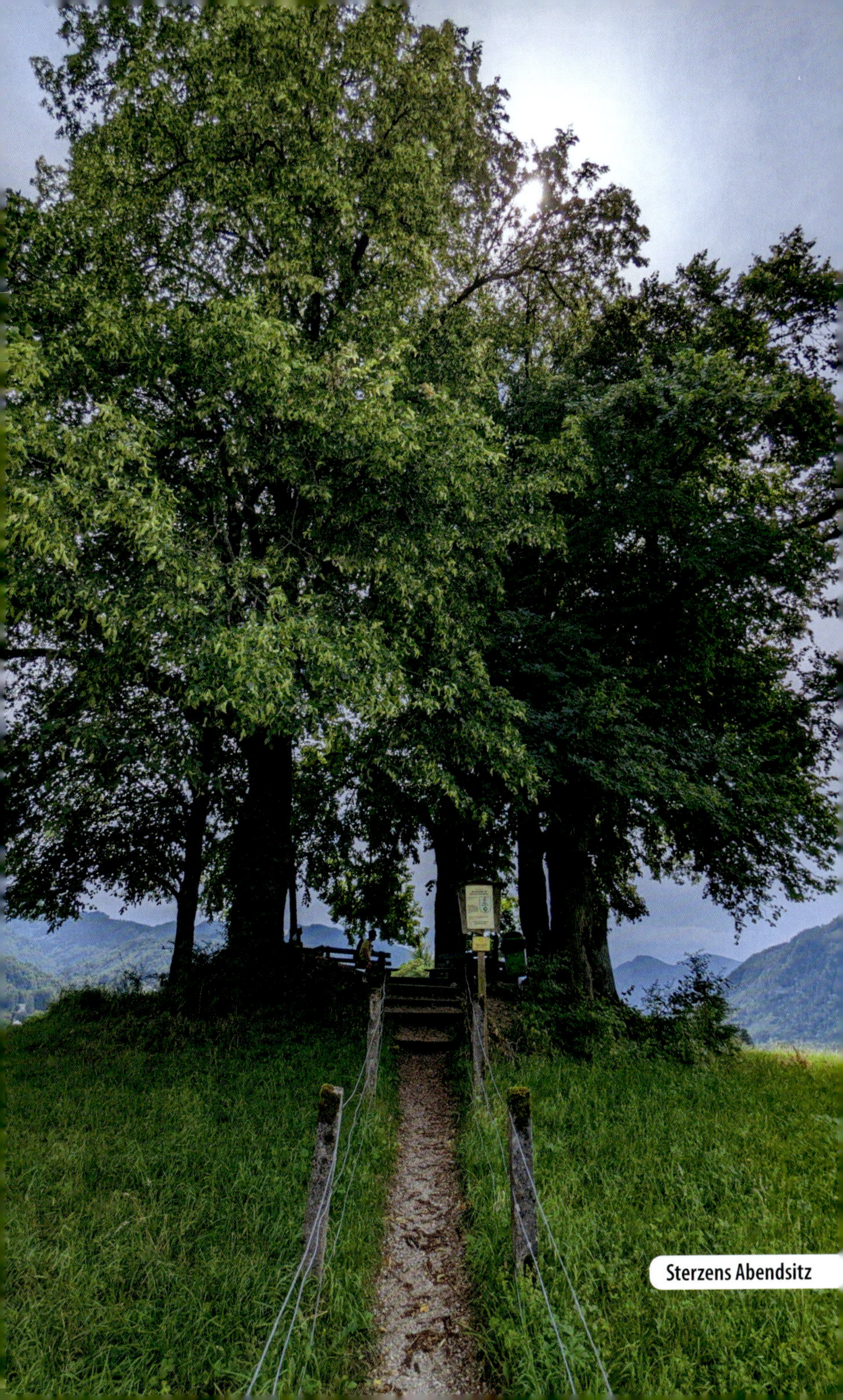

Sterzens Abendsitz

Fürst Leon Gagarin und sein Sohn Prinz Wladimir fanden hier am 3. August 1868 den Tod. Man nimmt an, dass die beiden badeten, als in der Rettenbachalm die Schleusen zum Holztriften geöffnet wurden.

schild „Hauptquelle"). Nach wenigen Hundert Metern folgen wir dem Hinweis 8 **Gagarin Gedenktafel** zu unserem Lieblingsort auf dieser kleinen, gemütlichen Tour. Unten eine wahre Flussidylle. Wir nutzen die Einsamkeit dieses verwunschenen Platzes und erfrischen uns in einer der Gumpen. Herrlich!

Der Rückweg führt uns recht unspektakulär durch die Ischler Vororte, über den Rettenbach, unter der B145 und der Bahnbrücke hindurch, über die Traun und von dort am anderen Traunufer entlang zurück. (Da der Weg zwischen den Häusern teilweise hin und her geht, bitte auf die gelben Wegweiser achten.)

Wer jetzt noch tiefer eintauchen möchte in die k.-u.-k.-Zeit, dem sei ein Besuch der 9 **Kaiservilla** dringend ans Herz gelegt. Etwas nördlich vom Stadtzentrum, auf der anderen Seite der Ischl gelegen, liegt

Rettenbach

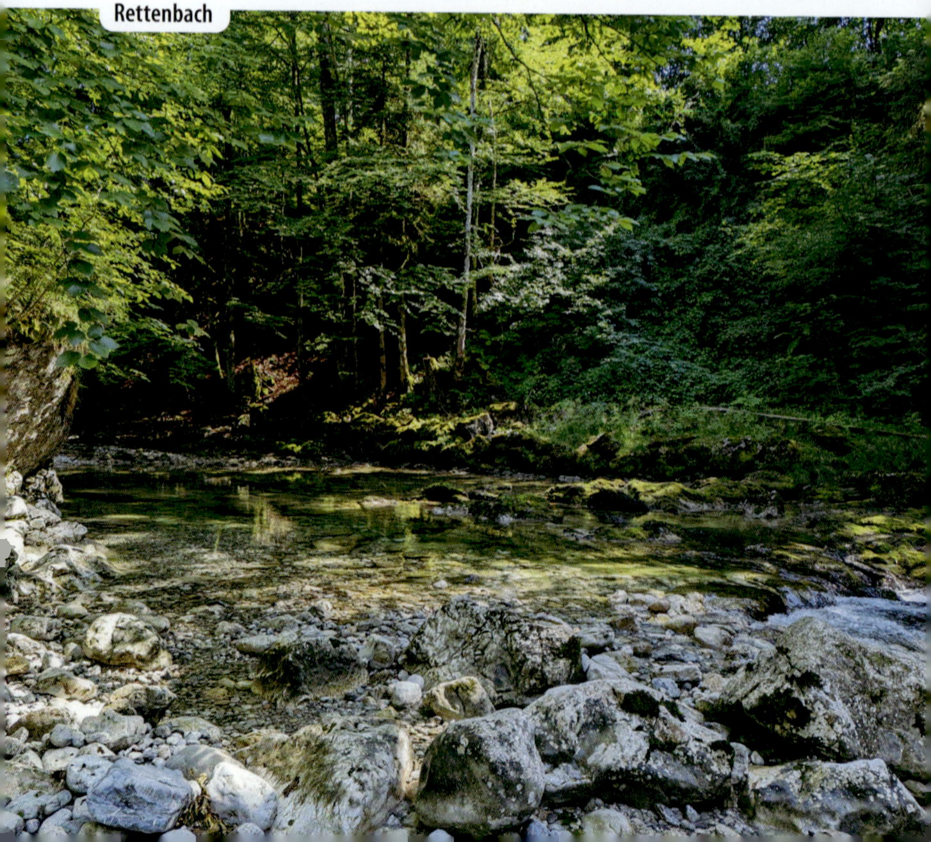

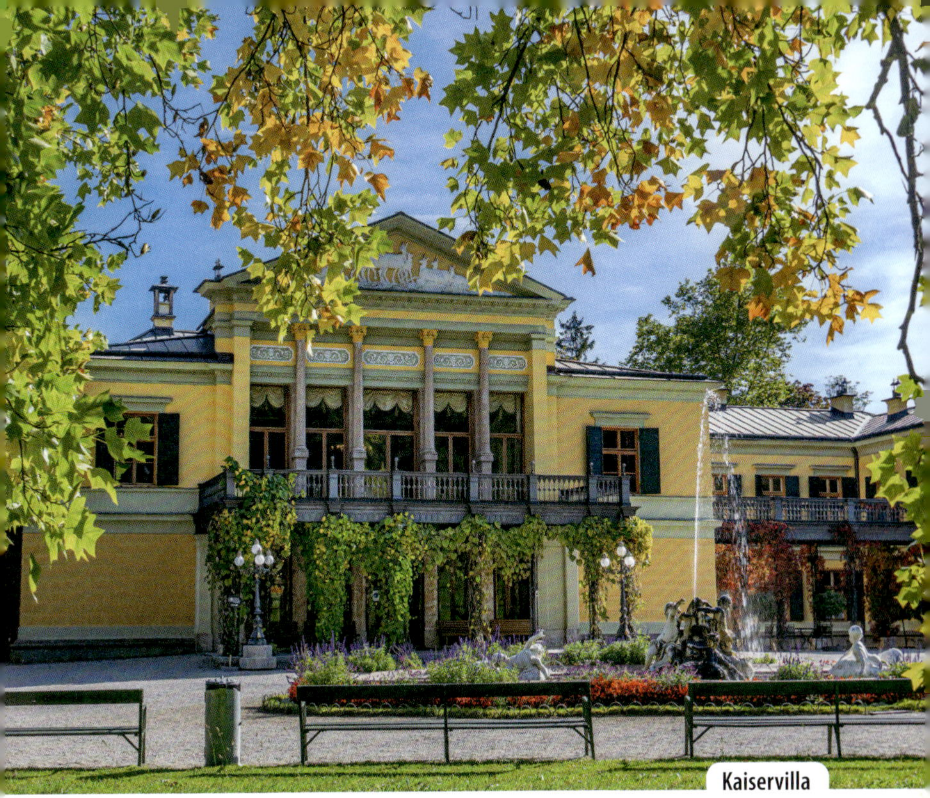

Kaiservilla

die Sommerresidenz des Kaiserpaares. Nach der Verlobung von Franz Joseph mit Herzogin Elisabeth in Bayern erwarb seine Mutter, Erzherzogin Sophie, das Anwesen als Hochzeitsgeschenk für das kaiserliche Paar.

Kaiser Franz Joseph I. verlebte seit 1849 in Ischl nicht weniger als 82 Sommer und feierte dort 81 Geburtstage. In der ursprünglich im Biedermeierstil erbauten, dann neoklassizistisch erweiterten Villa, können die noch im Originalzustand erhaltenen Räume besichtigt werden, in denen der Habsburger einst die Sommermonate verbrachte. Während dieser Zeit entwickelte sich Ischl zum Künstlertreffpunkt von Weltgeltung. Noch heute liegt übrigens auf dem Schreibtisch im Arbeitszimmer des Kaisers im Westflügel des Hauses ein Faksimile desjenigen Manifests („An Meine Völker"), das zum Ausbruch des Ersten Weltkrieges und zum Zerfall der Habsburger Monarchie

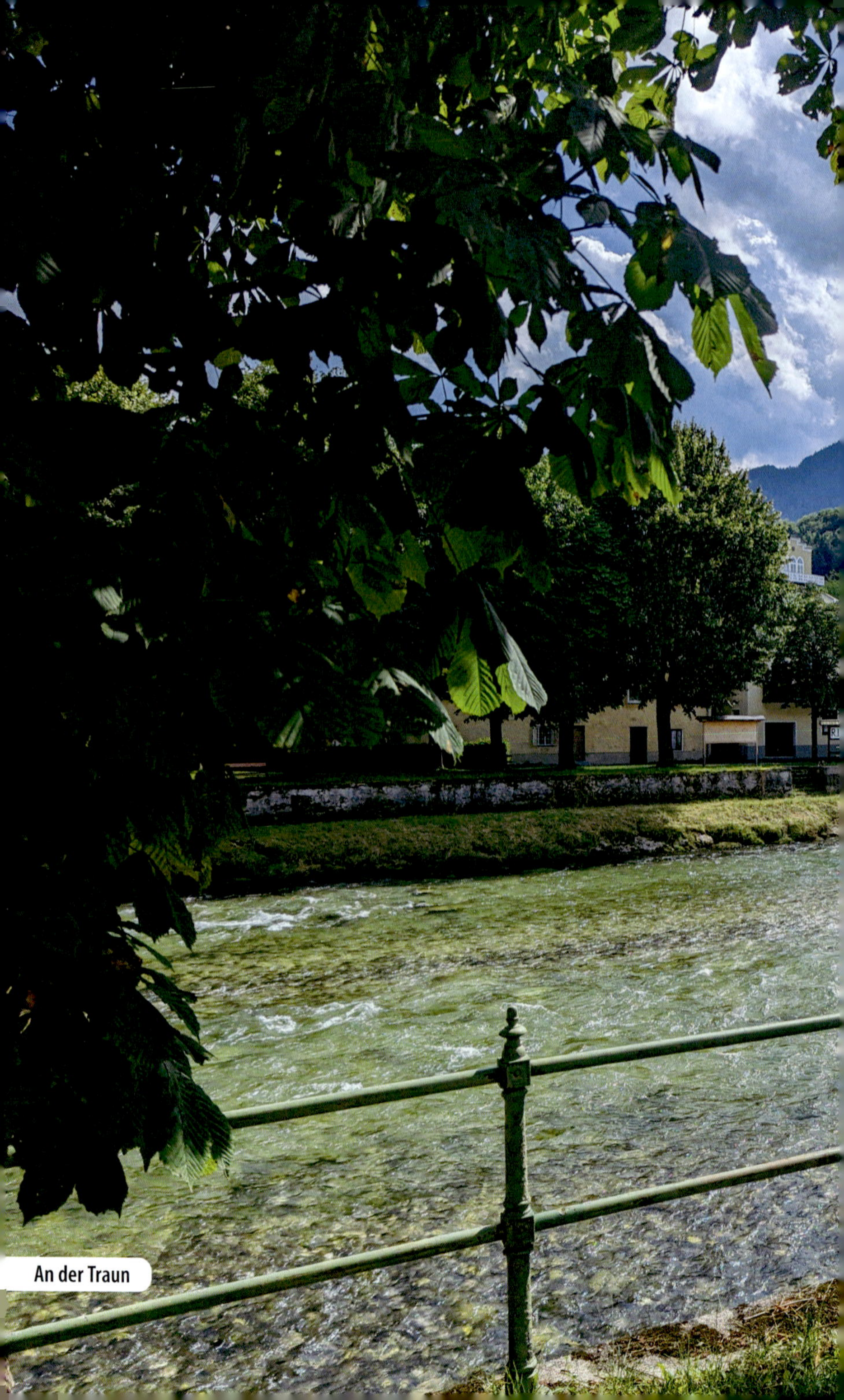
An der Traun

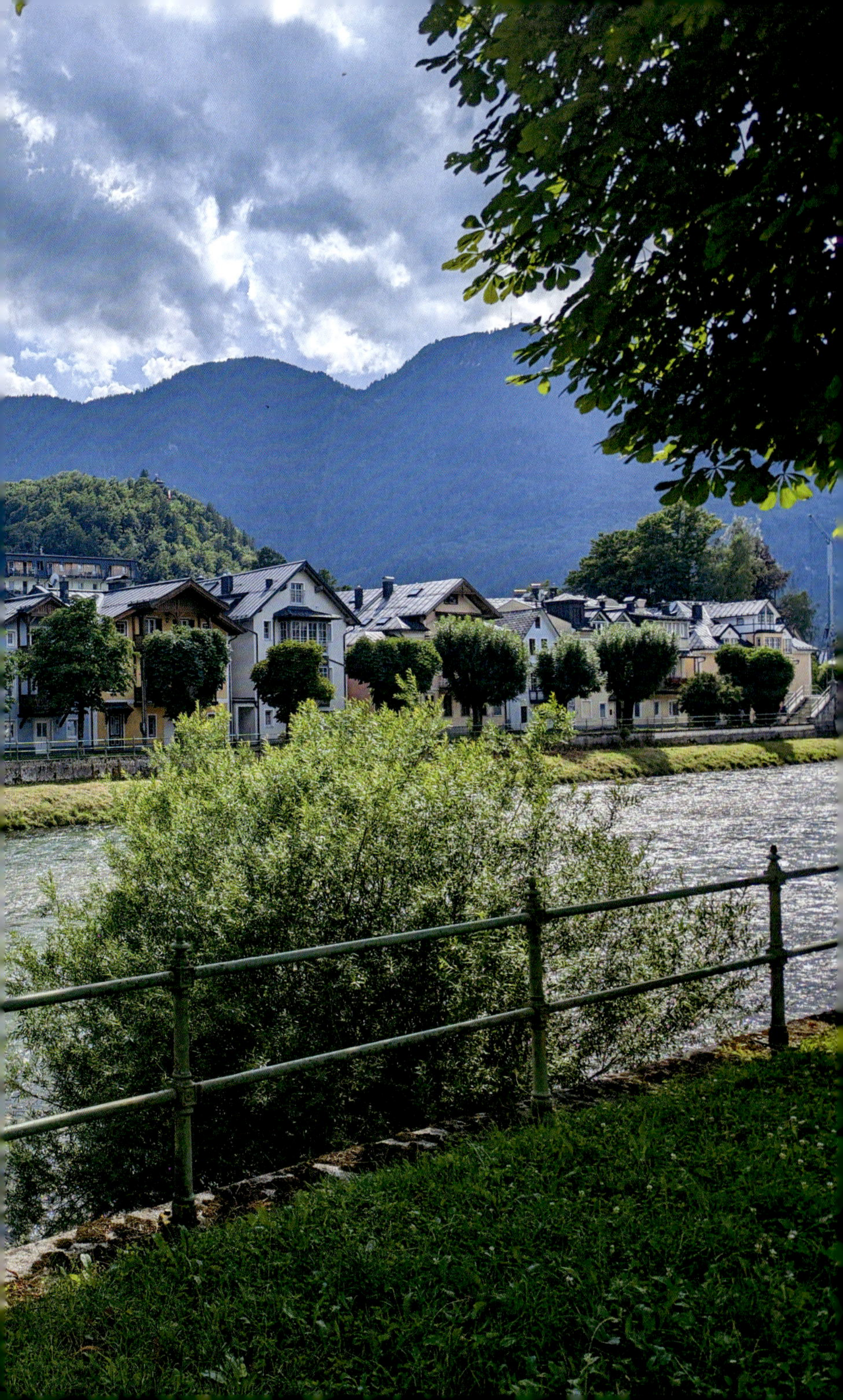

geführt hat. Alles befindet sich dort noch in der gleichen Anordnung wie am Tag seiner Abreise. Zwei Tage nach Unterzeichnung der Kriegserklärung am 28. Juli 1914 reiste der Kaiser nach Wien. Sein geliebtes Ischl sah er nie wieder. Am 21. November 1916 starb Franz Joseph in Schloss Schönbrunn. Die Kaiservilla in Ischl ist bis heute im Besitz der Nachkommen von Franz und Sisi.

Bis heute wird alljährlich in der Woche bis zum 18. August des Geburtstages des Kaisers gedacht. Im Jahr 2024 trägt das Salzkammergut mit Bad Ischl als sogenannter Bannerstadt zudem den Titel „Kulturhauptstadt Europas“.

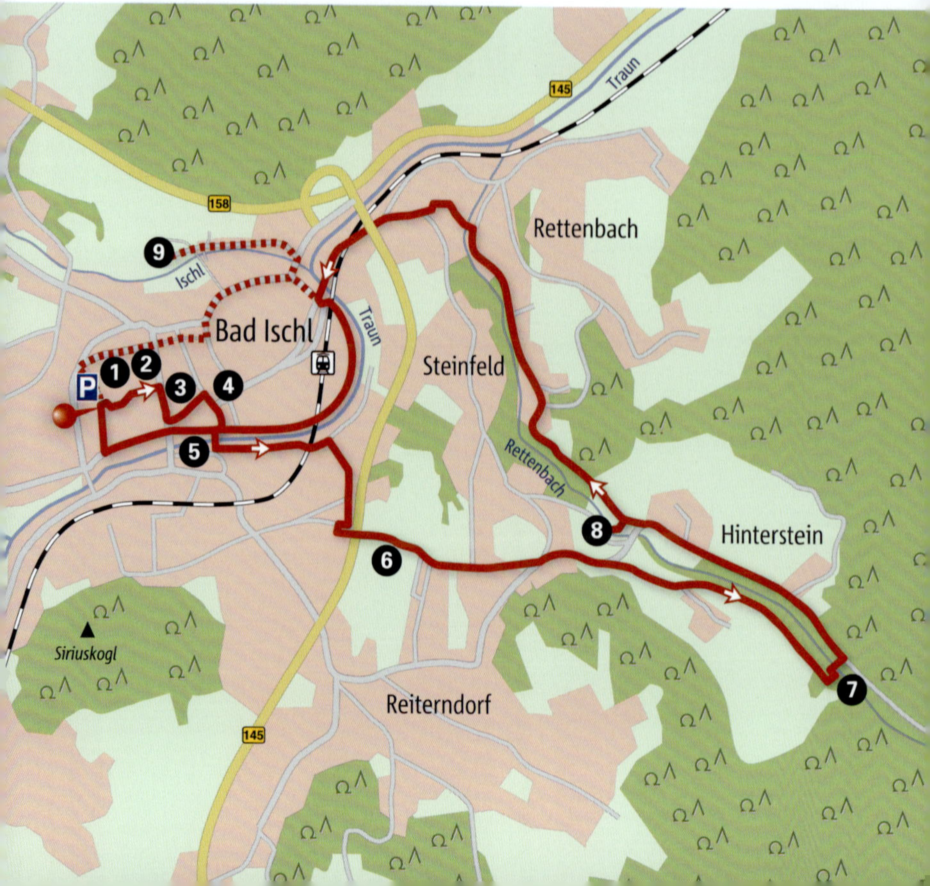

ALLES AUF EINEN BLICK

Entspannung 3/5
Abenteuer 2/5
Vielfalt 3/5

WIE & WANN

Einfache Wanderwege. Im Bereich der Klamm möglicherweise etwas feucht und rutschig. Das ganze Jahr hindurch begehbar.

HIN & WEG

Auto: Parkplatz P2, Tänzlgasse 10, 4820 Bad Ischl
ÖPNV: Bad Ischl Bahnhof/Busbahnhof

ESSEN & ENTSPANNEN

3 **Konditorei Zauner,** Stammhaus, Pfarrgasse 7, 4820 Bad Ischl, Tel. +43 (61 32) 2 33 10 20, www.zauner.at

ENTDECKEN & ERLEBEN

1 **Kurhaus,** Kurhausstraße 8, 4820 Bad Ischl, Tel. +43 (61 32) 2 34 20, www.kongress-badischl.at
2 **Kurpark**
4 **Trinkhalle,** Auböckplatz 5, 4820 Bad Ischl, Tel. +43 (61 32) 2 77 57, www.badischl.at
5 **Fußgängersteg**
6 **Sterzens Abendsitz**
7 **Felsschlucht**
8 **Gagarin Gedenktafel**
9 **Kaiservilla,** Jainzen 38, 4820 Bad Ischl, Tel. +43 (61 32) 2 32 41, www.kaiservilla.at

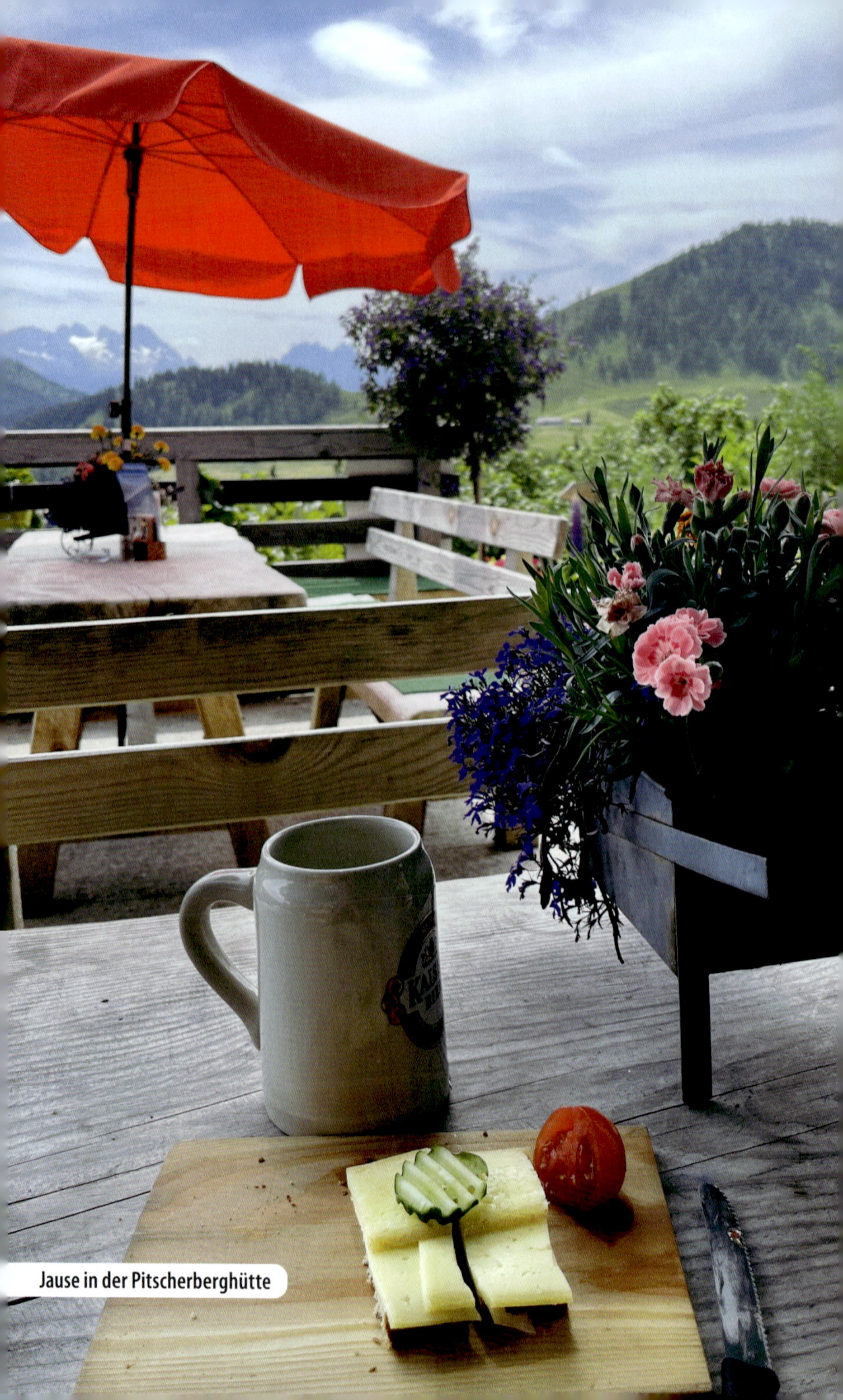

Jause in der Pitscherberghütte

Von Hütte zu Hütte

Der Zauber der Postalm

Unserer Wanderung voran geht eine Fahrt über eine der beiden 12 bzw. 14 Kilometer langen gebührenpflichtigen **Mautstraßen.** Die Postalm ist entweder von Abtenau oder von Strobl am Wolfgangsee zu erreichen. Unsere Wanderung beginnt am Postalmparkplatz 1 auf der **Lienbachalm** auf 1210 Metern Höhe. An diesem Wanderparkplatz starten mehrere Touren. Wir wählen den Weg links neben dem ❶ **Gasthaus Lienbachhof** und folgen dem Rundweg 2.

Der Weg beginnt mit einem rund zehnminütigen Aufstieg über eine Wiese zur ❷ **Rosserhütte.** Obwohl eine Einkehr auf der romantischen Hütte reizvoll wäre, gehen wir weiter, denn es liegen noch rund 10 Kilometer und viele weitere Hütten vor uns. An der Rosserhütte halten wir uns links und folgen dem Wanderweg R2, der uns nun rund eine Dreiviertelstunde lang über einen geschotterten Weg bergauf führt. Der breite, sichere Weg führt am Waldrand entlang; immer wieder erblicken wir Felsen an beiden Seiten des Weges. Im Sommer liegt er dank der hohen Bäume in großen Teilen im Schatten. Auch wenn das ein recht mühsamer Einstieg ist: Fast die gesamte Steigung dieser Tour ist damit erledigt, danach folgt entspanntes Genusswandern zur Belohnung.

Am Ende des Aufstiegs zweigt links ein Weg zur **Labenbergalm** (auf 1431 Metern Höhe) mit der ❸ **Lienbachhütte** ab. Die Alm ist bereits vom Hauptweg aus sichtbar, der Weg dorthin dauert 10 Minuten. Unsere Haupttour geht an der Abzweigung jedoch

*Der **Rundweg 2** ist nur teilweise mit gelben Wanderwegweisern R2 beschildert. Vor allem bei Abzweigungen auf Wiesenpfade befinden sich die zum Teil verwitterten Markierungen auf dem Boden auf Steinen oder an Baumstämmen.*

Kilometer: 10,5
Höhenmeter: 320
Stunden: 3,5
RUNDWEG

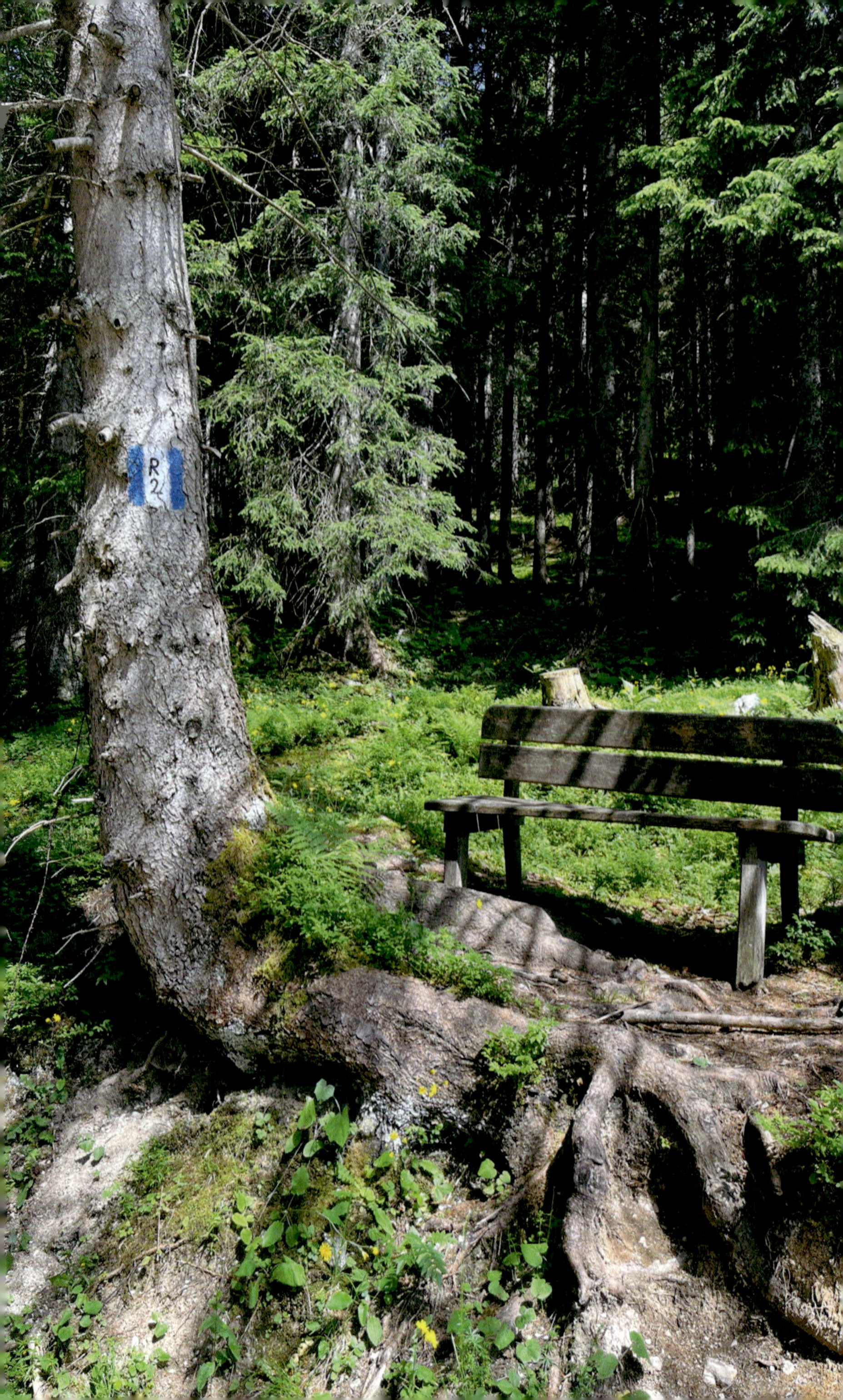
R
2

weiter geradeaus. Kurz darauf haben wir den äußersten westlichen Punkt unserer Wanderung erreicht.

Hier verlassen wir den Wanderweg R2 für einen lohnenswerten Abstecher zur **Pitscherbergalm** (1449 Meter). Was für ein Glück: Die ❹ **Pitscherberghütte** ist bewirtschaftet; sie bietet köstliche lokale Spezialitäten wie Buttermilch und Käsejausen an. Hier verweilen wir sehr gerne! Es scheint, als könne man nirgends besser durchschnaufen, denn der Ausblick ist einzigartig. Von unserer Bank vor der Almhütte aus blicken wir direkt auf den verschneiten **Hohen Dachstein** (2995 Meter) sowie auf den markanten gezackten Doppelgipfel der **Großen und Kleinen Bischofsmütze** (2458 bzw. 2430 Meter), der aus dem **Gosaukamm** so majestätisch hervorragt. Diese Alm ist ein seltener Kraftort – mit Kräutergarten und Plumpsklo!

Nachdem wir unsere Seele mit allen Sinnen verwöhnt haben, erinnern wir uns daran, dass wir noch weiterwandern wollen. Wir kehren, durchaus ein bisschen wehmütig, wieder zurück auf den Wanderweg R2, auf dem wir kurz vor der Abzweigung zur **Labenbergalm** nach links auf einen Wiesenpfad einbiegen. Auf den folgenden Kilometern teilen wir uns Weg und Wiesen mit buntem Weidevieh. Der Anblick der zufrieden grasenden Kühe und Kälbchen auf den Bergwiesen vor der prächtigen Gebirgskulisse strahlt Gelassenheit aus. Die gefleckten Wiederkäuer scheinen zu wissen, wo es am schönsten ist, in kleinen Gruppen weiden sie in den kraftvollsten Auen.

Auf diesem Mittelstück der Wanderung treffen wir unterwegs auch auf frei weidende Pferde, vor allem Stuten mit Fohlen. Sie gehören zur Rasse Abtenauer, die nach dem gleichnamigen Tal der Postalm benannt ist. Wir dürfen uns glücklich schätzen: Weltweit gibt es nur noch 200 Pferde dieser robusten Rasse. Der Abtenauer ist ein zuverlässiges Arbeits-

Für die Seele

Inmitten von Almen erleben wir den Zauber der Bergwelt und genießen eine Jause mit Dachsteinblick.

Rund 2000 Jungtiere weiden jeden Sommer auf der ***Postalm.*** *Traditionell beginnt der Almsommer Anfang Juni mit dem Almauftrieb, der auf vielen Postalmhütten mit Musik und regionalen Speisen gefeiert wird.*

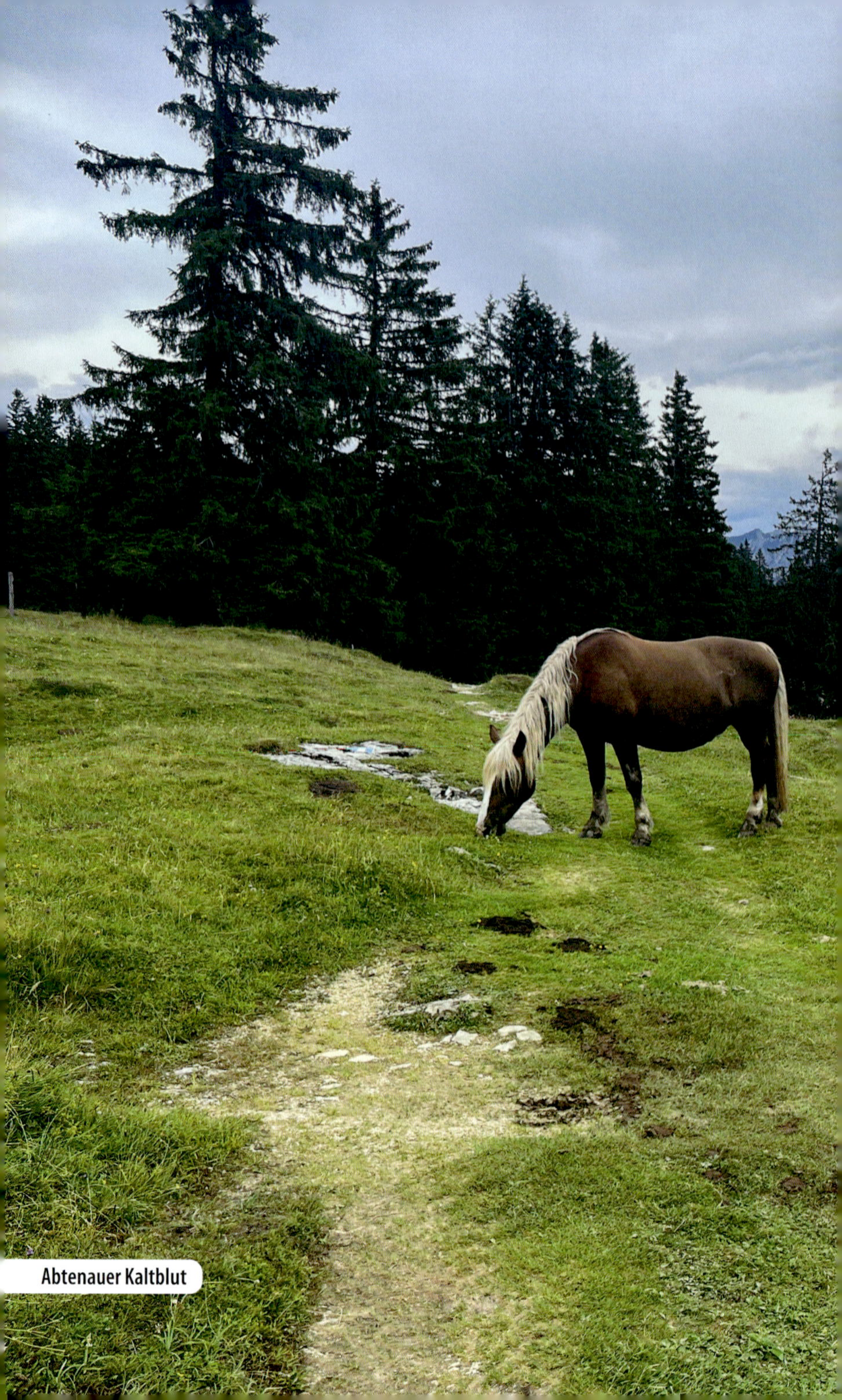

Abtenauer Kaltblut

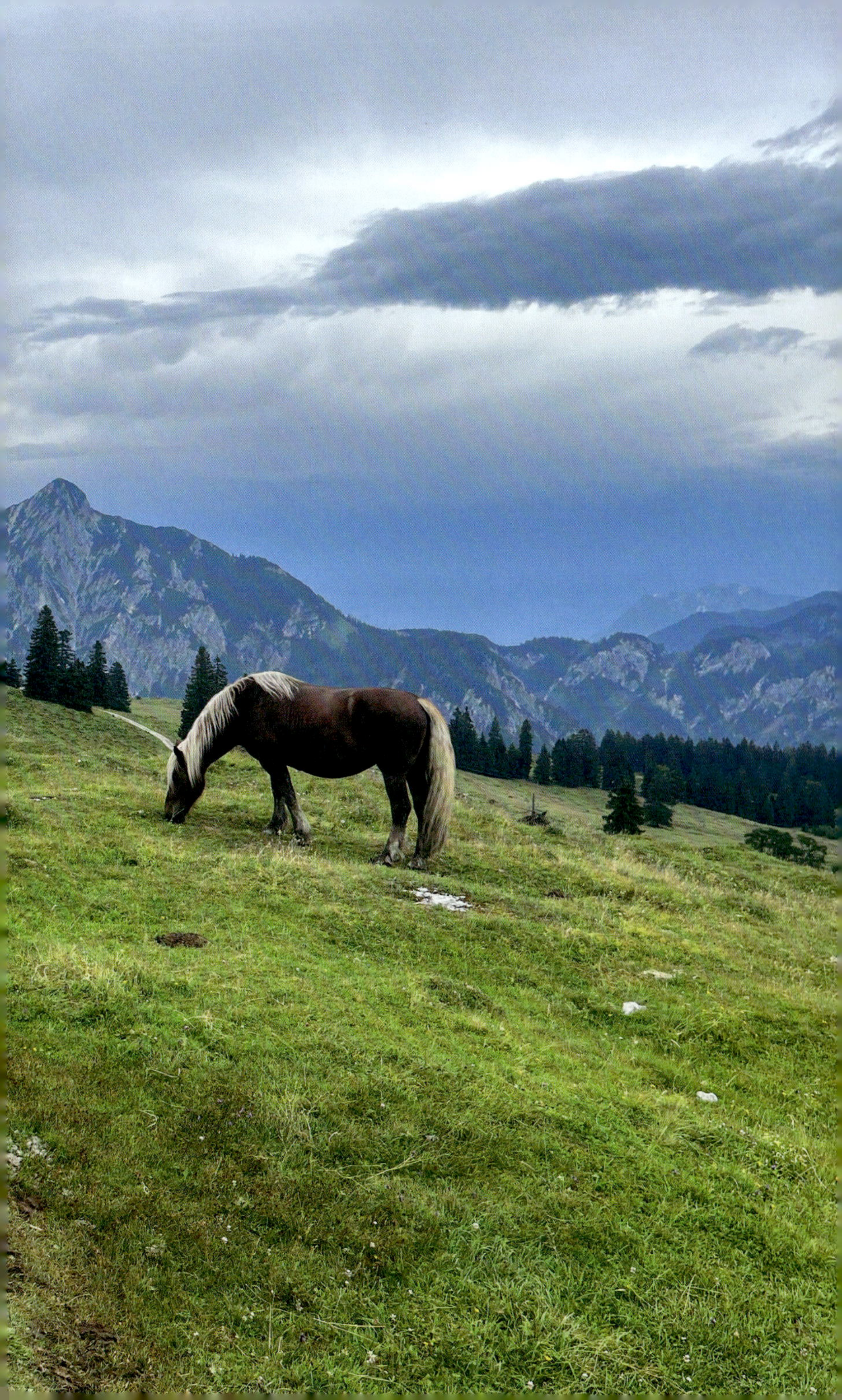

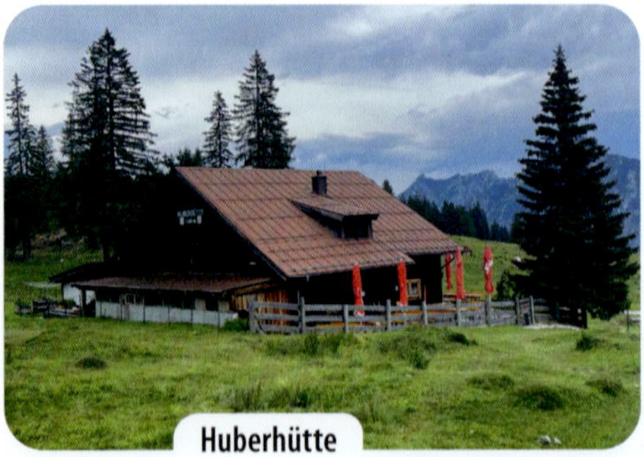

Huberhütte

pferd; verwandt mit dem bekannteren Noriker Kaltblut.

Wir folgen dem Rundweg 2 weiter durch die teilweise feuchten Auen. Am Waldrand erreichen wir die ❺ **Huberhütte** (1346 Meter), eine der ältesten Hütten der Postalm. Wir wandern weiter in den Wald hinein. Durch die Bäume erblicken wir Parkplatz 3, den wir jedoch auf der linken Seite liegen lassen. Wir wählen den Abstieg nach rechts über eine Wiese, immer unter den Strommasten entlang. Schauen wir von unserem Wiesenpfad nach rechts, entdecken wir einige Ski-Lifte der Postalm.

*Der **Name „Postalm"** war früher durchaus wörtlich zu nehmen. Die Postkutschenpferde aus Bad Ischl weideten seit der Mitte des 19. Jahrhunderts auf dem rund 42 Quadratkilometer großen Almgebiet.*

Nach dem Abstieg über die Wiese erreichen wir die ❻ **Strobler Hütte** (1250 Meter), wo wir einkehren und uns ein weiteres Mal erfrischen. Diese urige Hütte, die bereits 1929 erbaut wurde, ist in den letzten Jahren vollständig modernisiert worden und bietet so einen reizvollen Mix aus Tradition und Gegenwart. Knödelgerichte, Buchteln oder Kasnocken aus dem Holzofen sind hier sehr beliebt ebenso wie die typischen Hollerschmankerl, zum Beispiel das Hollereis oder der Hollerschnaps.

Hinter der Terrasse der Strobler Alm führt der Wanderweg R2 weiter bergab. Wir verlassen schließlich das Waldstück auf Höhe der ❼ **Käserei Schnitzhofalm.** Der Besuch der 400 Jahre alten Almkäserei ist ein Muss auf unserem Wanderweg! Die Käserei bietet in ihrem kleinen Lädchen vor allem Bergkäse am Stück und Frischkäse an. Die selbst gemachten Köstlichkeiten können direkt probiert werden. Im Sommer bewirtet Familie Schnitzhofer ihre Gäste mit Käsejausen in der gemütlichen Gaststube oder auf den Bänken vor der Alm. Wer einen Käsevorrat im Rucksack verstauen möchte, muss keine lange Schlepperei fürchten: Der Weg zum Parkplatz ist nicht mehr weit und die

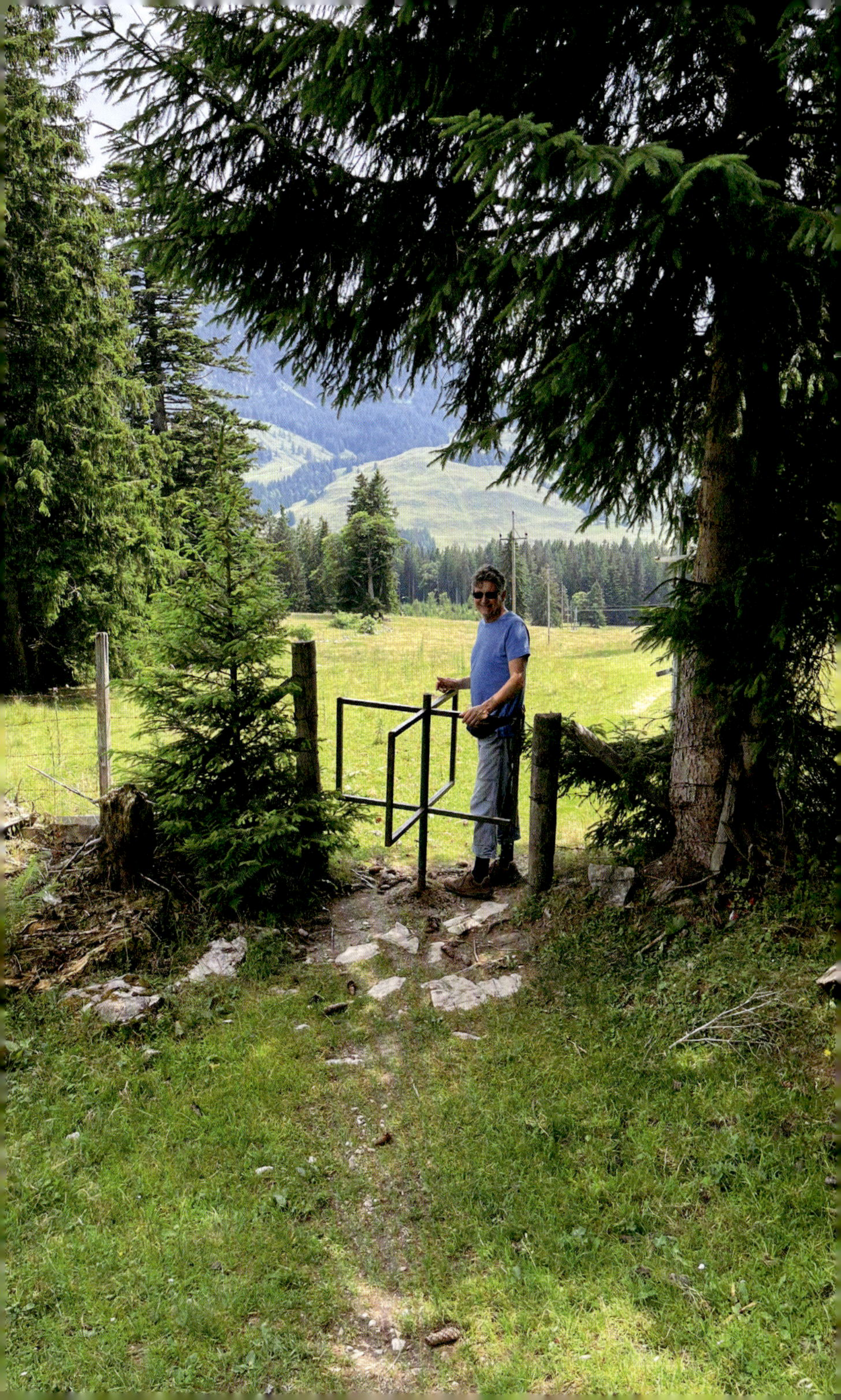

Hütte ist von dort aus in drei Minuten mit dem Auto erreichbar!

Vorbei an der **Welser Hütte** erreichen wir die Asphaltstraße, die uns in einer Rechtskurve direkt zu unserem Zielort, dem Parkplatz 1, führt. Mit dem festen Vorsatz, die wunderbare Postalm bald wieder zu besuchen, beenden wir unseren Wandertag. Wir ahnen: Hier gibt es noch zahlreiche weitere reizvolle Wandertouren! Ein letzter Tipp: Der gemütliche, einstündige **8 Almblumenweg** ist ein Highlight für alle Hobbybotaniker! Wer noch nicht müde ist, kann ihn direkt anschließen, denn auch er beginnt an Parkplatz 1. Von Juni bis September werden hier dienstags botanische Führungen angeboten.

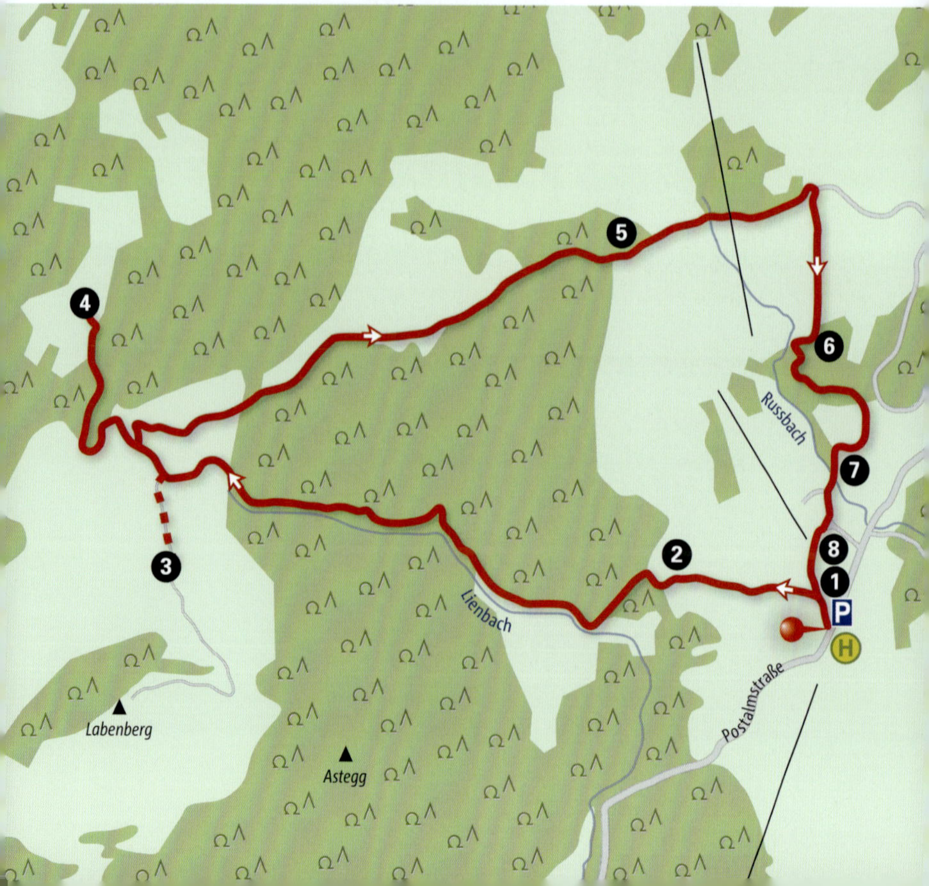

ALLES AUF EINEN BLICK

Entspannung 5/5
Abenteuer 4/5
Vielfalt 5/5

WIE & WANN

Anfangs breite, geschotterte Wege, danach Wiesenpfade und Waldwege. Feste Wanderschuhe sind daher empfehlenswert. Beste Wanderzeit Mai bis Oktober. Während der Schneesaison bietet die Postalm eigens präparierte Winterwanderwege.

HIN & WEG

Auto: Postalm Parkplatz 1, Seydegg 77–78, 5441 Abtenau
ÖPNV: „Postbus Postalm" ab Abtenau bis Parkplatz 1 Postalm, im Sommer dienstags und donnerstags, im Winter montags und donnerstags, Infos zu wetterbedingten Abfahrzeiten unter Tel. +43 (62 43) 40 40; „Wanderbus Postalm" ab Strobl, mehrere Haltestellen auf der Postalm, Infos zu wetterbedingten Abfahrzeiten bei Taxi Riedel, Tel. +43 (61 37) 73 67

ESSEN & ENTSPANNEN

1. **Lienbachhof,** Seydegg 75, 5441 Abtenau/Postalm, Tel. +43 (61 37) 60 61, www.lienbachhof.at
2. **Rosserhütte,** Seydegg 43, 5350 Strobl/Postalm, Tel. +43 (6 64) 2 70 75 58
3. **Lienbachhütte,** Pichl 12, 5441 Abtenau/Postalm, Tel. +43 (6 64) 3 22 49 44
4. **Pitscherberghütte,** Rigaus 7, 5441 Abtenau/Postalm, Tel. +43 (6 64) 1 71 76 14
5. **Huberhütte,** Seydegg 70, 5441 Abtenau/Postalm, Tel. +43 (6 64) 9 31 44 65, www.huberhuette-postalm.at
6. **Strobler Hütte,** Seydegg 69, 5441 Abtenau/Postalm, Tel. +43 (6 64) 2 54 22 37, www.stroblerhuette.at

ENTDECKEN & ERLEBEN

7. **Käserei Schnitzhofalm,** Weißenbach 49, 5350 Strobl/Postalm, Tel. +43 (66 44) 48 96 77, www.schnitzhof.eu/almkaserei
8. **Almblumenweg,** Informationen zu Führungen beim Tourismusbüro Abtenau, Tel. +43 (62 43) 40 40

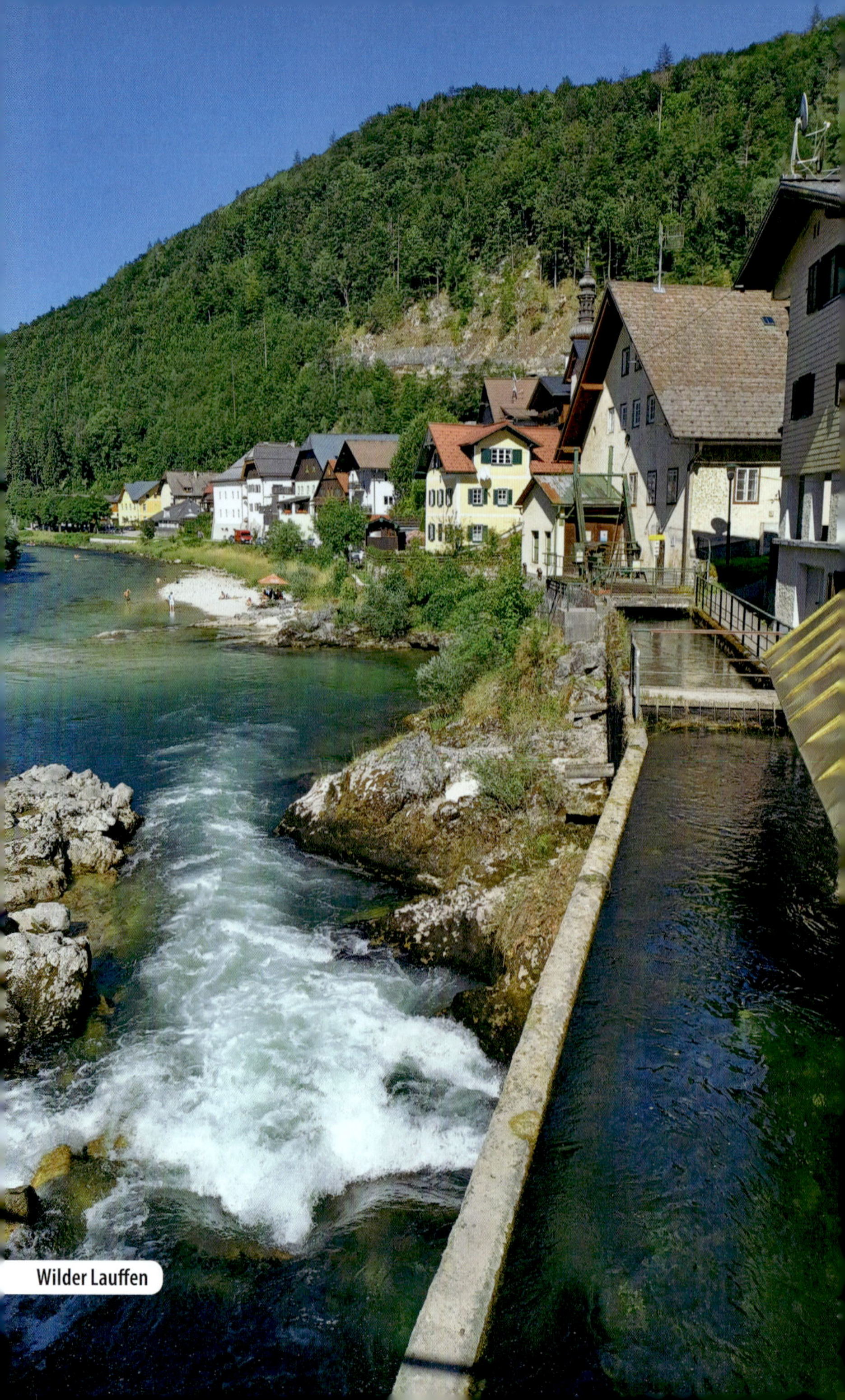
Wilder Lauffen

Schattiger Soleweg

Von Lauffen nach Bad Ischl

Wir starten in der verwunschenen Ortschaft **Lauffen** am Markt in Richtung **Traunbrücke.** Diese überqueren wir jedoch nicht, sondern folgen dem gut ausgeschilderten Wanderweg 10 „Engleithenrunde Bad Ischl“ hinauf Richtung Bundesstraße. Etwa 200 Meter nach der Bushaltestelle führt uns der Weg links hinab direkt an das Ufer der Traun. Das leise Rauschen der Traun begleitet uns und ist besonders im Hochsommer angenehm erfrischend.

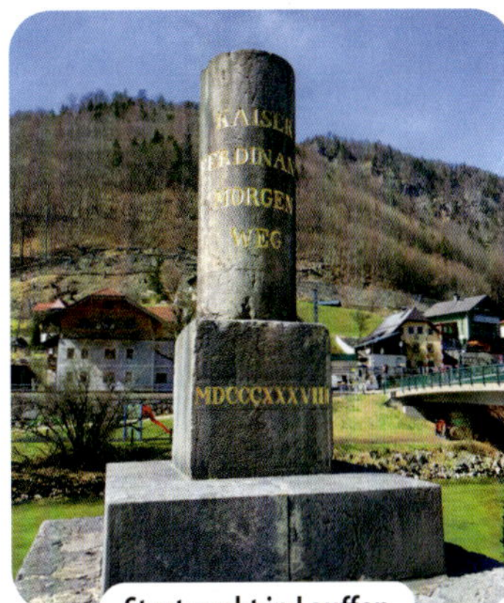

Startpunkt in Lauffen

Nach rund einer Viertelstunde erspähen wir durch das Grün der Uferböschung am anderen Ufer eine imposante braune Villa, wenige Minuten später eine weiße Villa. Wir wandern weiter; beide Häuser werden wir uns auf dem Rückweg genauer anschauen. Der teilweise alleeartige ❶ **Uferweg** führt uns ohne Steigungen weiter parallel der Traun. In Höhe der Tankstelle tangieren wir kurz die Bundesstraße und folgen der Sulzbacherstraße weiter nach Sulzbach. Gut 4 Kilometer nach unserem Start, kurz vor Bad Ischl, führt uns unser Weg nach links. Wir überqueren die Traun über eine moderne Brücke. Nach der Brücke beginnt ein Gebiet mit mehreren **Sportstätten;** hier halten wir uns direkt rechts. In Höhe der Tennisplätze lohnt sich ein Stopp. Auf der rechten Seite unseres Weges entdecken wir einen sanierten Teil der ❷ **historischen Traunbrücke** von 1892. Eine Infotafel berichtet über die wechselvolle Geschichte der Originalbrücke.

Kilometer: 11,1

Höhenmeter: 70

Stunden: 3

RUNDWEG

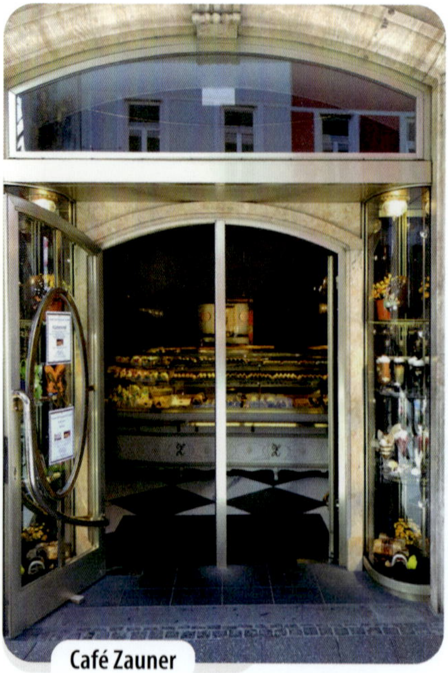
Café Zauner

Nach der Museums-Brücke erreichen wir einen Reitplatz mit Pferderennbahn. Hier halten wir uns rechts und gelangen nach wenigen Schritten in den ③ **Sisipark.** Der im Rahmen der oberösterreichischen Gartenschau 2015 gebaute Park an der Traun beginnt mit der nach einer Städtepartnerschaft benannten „Riviera Opatija“. Ein Aufenthalt im Park ist lohnenswert. Zwischen den beiden Kinderspielplätzen trifft man sogar den Kaiser mit dem Rasenmäher und Sisi mit der Schaufel bei der Gartenarbeit! Übrigens: Der Kosename der Kaiserin ist tatsächlich „Sisi“, mit nur einem „s“ in der Mitte – eben die korrekte Abkürzung von Elisabeth. Das zweite „s“ wird allerdings häufig dazugedichtet; wohl, weil es so schön nach leidenschaftlichem Wiener Schmäh klingt.

Nach einer Verschnaufpause verlassen wir den Sisipark, gehen weiter geradeaus und betreten die lebhafte **Esplanade** von Bad Ischl. Jetzt geht es zielstrebig weiter entlang des Flusses in die Fußgängerzone, denn hier in der Pfarrgasse wartet der kulinarische Höhepunkt unserer Wanderung auf uns: Das berühmte ④ **Café Zauner,** ein Kleinod österreichischer Kaffeehauskultur, mit prächtigen Leuchtern und güldenen Theken. In der ehemaligen k.-u.-k.-Hofzuckerbäckerei genießen wir Kuchen, Eis oder Mehlspeisen und freuen uns auf unseren Rückweg, denn der hält noch so manche Überraschung für uns bereit. (Ebenfalls empfehlenswert: das ⑤ **Grand-Café & Restaurant Zauner Esplanade.**)

Zurück durch Fußgängerzone, Esplanade und Sisipark gelangen wir wieder an die Traunbrücke hinter dem Reitplatz. Dieses Mal halten wir uns rechts und folgen den Schildern „Engleithenrunde Lauffen“. Wir passieren eine kleine hölzerne **Kapelle.** Am dahinterliegenden **6 Naturdenkmal Kaltenbachau** halten wir uns in Höhe des Kaltenbachteichs erneut rechts. Den Teich übersieht man leicht, er ist von hohem Schilf und Laubbäumen umrandet und nur rund 10 Meter breit. Vermutlich ist er aus einem alten Arm der Traun entstanden. Das kleine Biotop nehmen wir Menschen nur wahr, wenn wir aufmerksam danach Ausschau halten; Vögel und Amphibien hingegen nutzen die Stelle intensiv als wertvollen Lebensraum.

Für die Seele
Kultur im Wald und ein berühmtes Kaffeehaus: Wir genießen den Weg an der Traun und erfrischende Pausen.

Nach einigen Minuten erreichen wir die **Talstation der Katrin-Seilbahn.** Hinter der Seilbahn beginnt der Soleleitungsweg durch den Wald. Der Weg ist angenehm schattig, vor allem an heißen Sommertagen bietet er eine willkommene Abkühlung. Wir entdecken Hufspuren: Auch die Pferde wissen die Tour im Schatten zu schätzen. Nach einigen Minuten erreichen

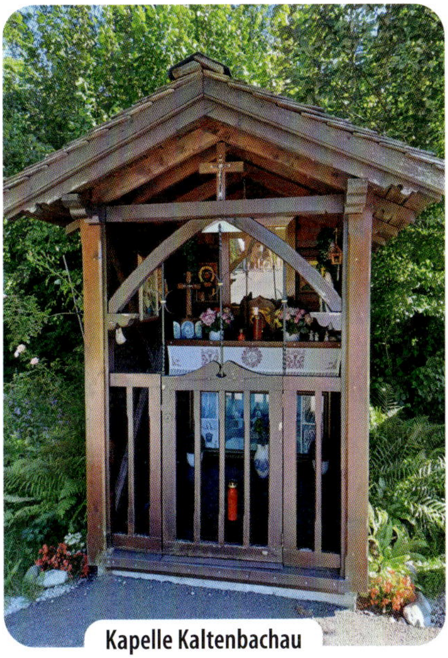
Kapelle Kaltenbachau

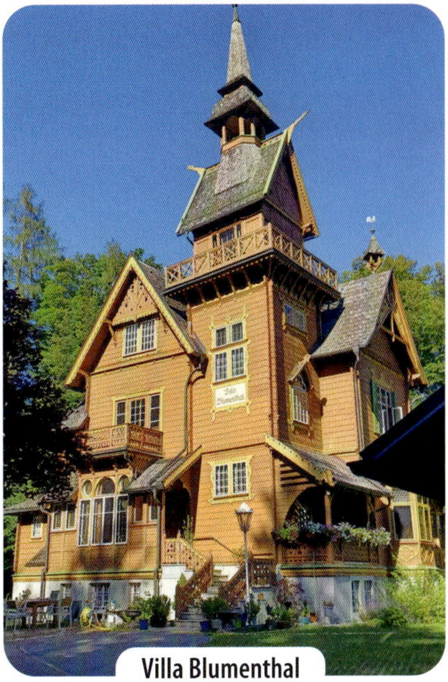
Villa Blumenthal

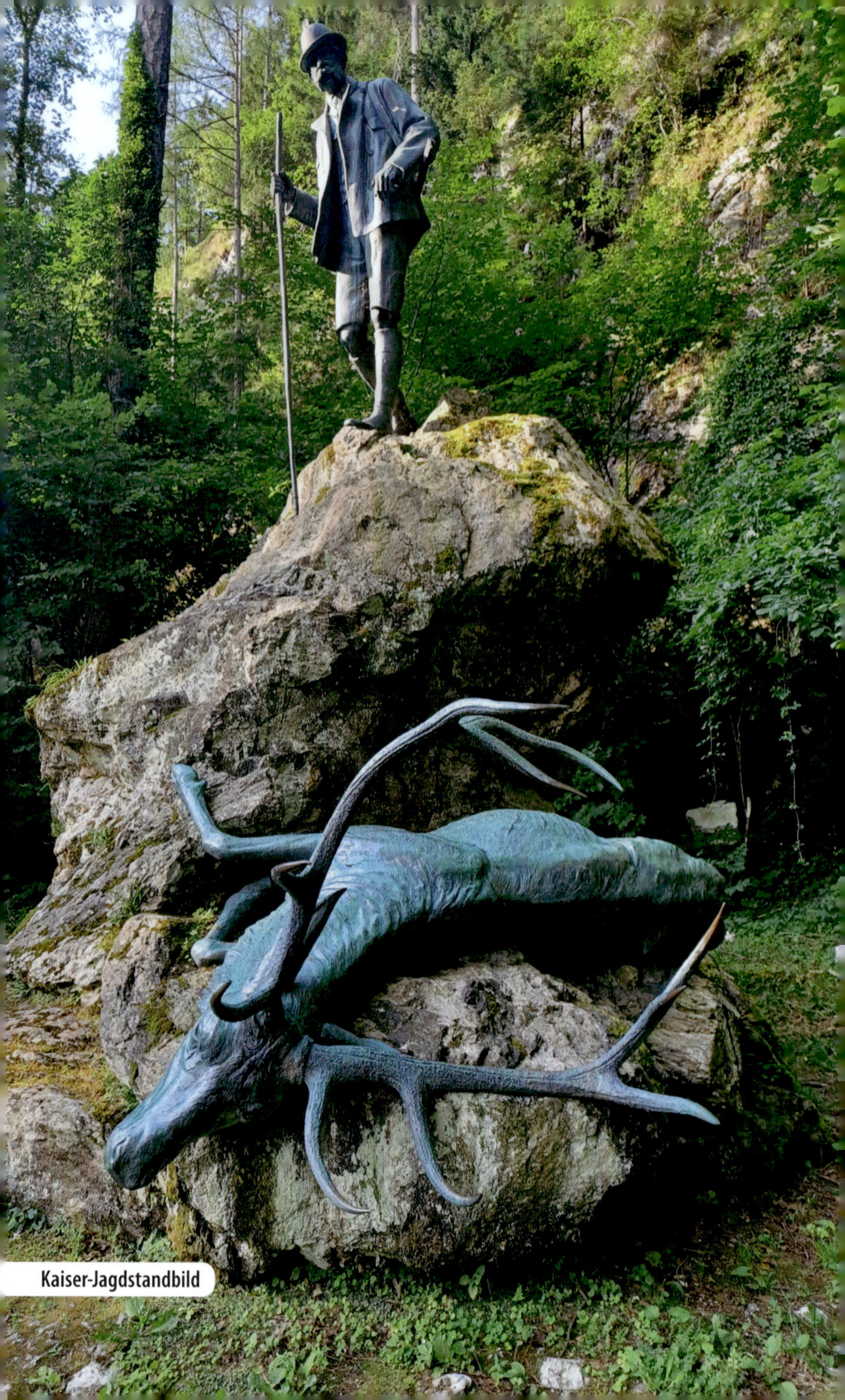

Kaiser-Jagdstandbild

wir die **Reitanlage Gut Wildenstein.** Hier biegen wir nach rechts ein und passieren kurz darauf die Skischanze. Hinter der Skisprunganlage führt uns der Weg eine kurze Anhöhe hinauf. Oben halten wir uns links. Jetzt heißt es Augen auf! Links unterhalb des Soleleitungsweges, mitten im Wald, erblicken wir das **7 Kaiser-Jagdstandbild.** Ein kleiner Abstecher führt nach unten zum Bronzedenkmal. Hier laden einige Bänke zum Verweilen an.

Wir verabschieden uns vom Kaiser, gehen wieder hinauf zum Soleweg und folgen diesem. Er führt unter einigen Felsüberhängen hindurch. Nach einer guten Viertelstunde entdecken wir links, etwas abseits des Weges und getrennt durch eine Zufahrtsstraße, eine weitere geschichtsträchtige Station auf unserem Weg: die **8 PKS-Villa.** An einigen Sonntagen ist sie im Sommer für die Öffentlichkeit geöffnet.

Kurz darauf erreichen wir auf der rechten Seite eine Abzweigung zum Römerweg, der zur **Ruine Wildenstein** führt. Wir bleiben jedoch auf dem Soleweg Richtung Lauffen. Wenige Hundert Meter weiter, am Ende des Waldes und kurz vor der Ortschaft Lauffen, treffen wir auf eine weitere Villa, die **9 Villa Blumenthal.** Auf den Infotafeln informieren wir uns über ihre ungewöhnliche Geschichte: Dieses frühe Haus in Holztafelbauweise wurde ursprünglich 1890 in Berlin erbaut. Für die Weltausstellung 1893 wurde es zerlegt und nach Chicago transportiert, wo es der Dramatiker Oscar Blumenthal entdeckte. Er kaufte die Villa, ließ sie erneut zerlegen und zurück nach Europa transportieren. In Bad Ischl wurde sie wieder aufgebaut und Blumenthals Wohnsitz. Hier schrieb er unter anderem das Lustspiel „Das weiße Rössl", das später die Vorlage für die berühmte gleichnamige Operette bildete.

Wir folgen weiter dem Soleleitungsweg. Nach rund 10 Minuten sehen wir links bereits die Ortschaft Lauffen mit ihrer markanten **10 Kirche Maria im Schatten.** Obwohl wir unseren Start- und Zielpunkt bereits hinter

*Was für ein Geburtstagsgeschenk! Zu seinem 80. Geburtstag übergaben 3000 Jäger Franz-Joseph I. dieses überlebensgroße **Jagdstandbild.** Der bronzene Kaiser in kurzen Lederhosen und der erbeutete Hirsch thronen auf einem 13 Tonnen schweren Gneisblock.*

*Ein Haus mit drei großen Namen: Das 1896 erbaute weiße Schloss Engleithen heißt auch **PKS-Villa** oder Villa Rothstein. Es beherbergt unter anderem naturwissenschaftliche Modelle der Pythagoras-Kepler-Schule für Biotechnologie.*

*Die **Pfarr- und Wallfahrtskirche Maria im Schatten** aus dem Hochmittelalter steht unter Denkmalschutz. Um die große Marienstatue in ihrem Inneren ranken sich viele Sagen.*

der Brücke am anderen Traunufer erkennen können, überqueren wir die Brücke nicht, sondern folgen der Beschilderung „Engleithenrunde" weiter, dieses Mal stromaufwärts. Nachdem wir nach links durch eine Unterführung gegangen sind, begreifen wir den Sinn dieser 15-minütigen Extraschleife: Der **Wilde Lauffen** rauscht vor uns, ein atemberaubendes Wasserspektakel. Wir überqueren die Traun an dieser gewaltigen Stromschnelle. Dahinter halten wir uns links, jetzt geht es über einen schmalen Weg und einige Treppen wieder stromabwärts. Wir passieren die Kirche und das Gebäude der Feuerwehr, bevor wir am Endpunkt unserer Tour durch diesen geschichtsträchtigen Teil des oberösterreichischen Salzkammerguts ankommen.

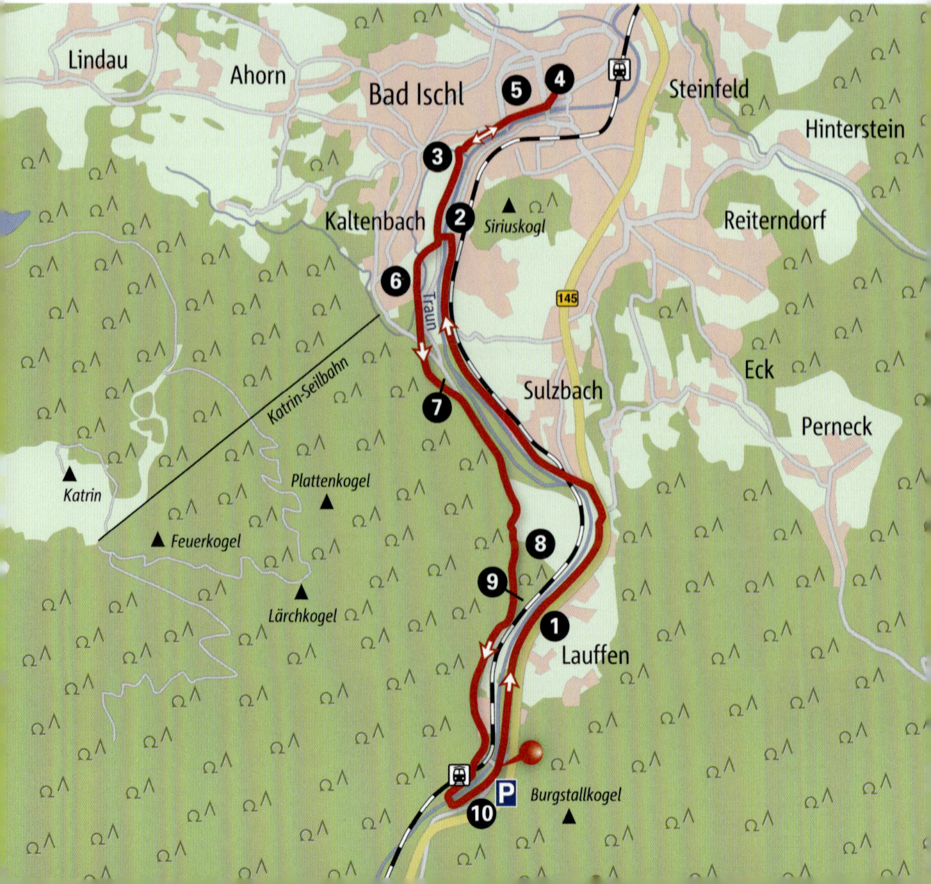

ALLES AUF EINEN BLICK

Entspannung ●●●●●
Abenteuer ●○○○○
Vielfalt ●●●●●

WIE & WANN

Größtenteils geschotterte Wege, befestigte Waldwege. Im Frühjahr, Sommer und Herbst begehbar. Bei Regen ist der Wegabschnitt rund um das Jagddenkmal wegen Geröllgefahr häufig gesperrt, man kann dieses Stück dann über die Straße umgehen.

HIN & WEG

Auto: Parkbuchten am Traunuferweg im Zentrum von Lauffen, in Höhe Lauffener Marktstraße 1–7, 4821 Lauffen bei Bad Ischl
ÖPNV: Bus 542 oder Regionalbahn, Haltestelle Lauffen

ESSEN & ENTSPANNEN

4 **Café Zauner,** Pfarrgasse 7, 4820 Bad Ischl, Tel. +43 (61 32) 2 33 10 20, www.zauner.at
5 **Grand-Café & Restaurant Zauner Esplanade,** Hasnerallee 2, 4820 Bad Ischl, Tel. +43 (61 32) 2 37 22, www.zauner.at

ENTDECKEN & ERLEBEN

1 **Uferweg**
2 **Historische Traunbrücke**
3 **Sisipark**
6 **Naturdenkmal Kaltenbachau**
7 **Kaiser-Jagdstandbild**
8 **PKS-Villa Rothstein,** Engleithenstraße 17, 4821 Bad Ischl
9 **Villa Blumenthal,** Kaltenbach 153, 4821 Bad Ischl
10 **Wallfahrtskirche Maria im Schatten,** Lauffner Marktstraße 49, 4820 Bad Ischl

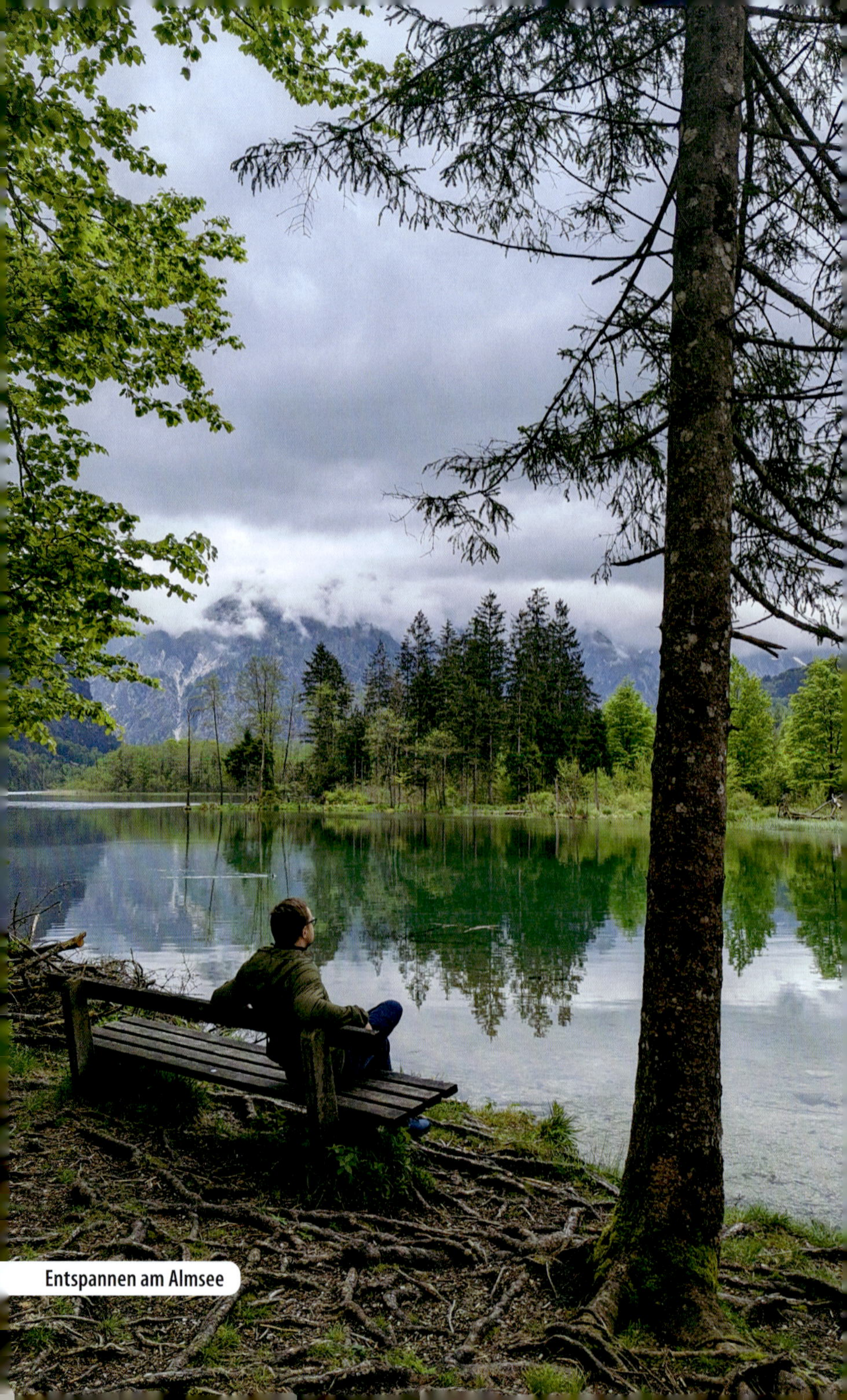

Entspannen am Almsee

Naturjuwel

Vom Almsee auf den Ameisstein

Das **Almtal** ganz im Osten des Salzkammergutes liegt etwas abseits der Touristenströme, es ist nur über Gmunden oder aus dem Norden kommend erreichbar. Schon die Anreise entlang des gletschergrünen **Almbaches** führt durch eine verträumte, stille Landschaft. Am Talende wartet der Almsee vor der grandiosen Kulisse des **Toten Gebirges.**

Wir starten unsere Tour am **Parkplatz Seeklause** und überqueren den Flusslauf an der Klause zur Ostseite des Sees. An dieser Stelle regulierte man einst die Wasserführung für die Holztrift. Der Weg führt uns direkt am ❶ **östlichen Seeufer** entlang durch lichte Birken- und Mischwälder. Gleich die erste Bank (es kommen noch viele weitere) lädt zum Verweilen und Innehalten ein. Von hier hat man einen wundervollen Ausblick über den See, die imposanten Gipfel im Süden und den kleinen, kantigen **Ameisstein** gegenüber, den wir – Vorfreude – am Ende unserer Tour erklimmen werden. Die Schönheit und Stille dieser Landschaft strahlen etwas tief Beruhigendes aus. Hier könnte man den ganzen Tag sitzen und schauen und Frieden inhalieren. Wenn hier nachts Feen und Elfen tanzten, würde man sich nicht wundern.

So geht es immer weiter am Ostufer entlang auf einem einfachen Spazierweg durch das zauberhafte Naturschutzgebiet, vorbei an Schilfbuchten und kleinen Kiesstränden. Immer wieder verraten Luftblasen im Wasser die unterirdischen Quellen. Im Süden überwiegen dann **Auwälder** und **Moorwiesen.** Die

*Der **Almsee** mit seinen weitestgehend naturnahen Ufern liegt 589 Metern über dem Meeresspiegel. Der Ablauf des Sees – die Alm, der östlichste Fluss des Salzkammerguts – fließt über die Traun in die Donau. Das Gebiet steht seit 1965 unter Naturschutz.*

Kilometer: 9,3
Höhenmeter: 200
Stunden: 3
RUNDWEG

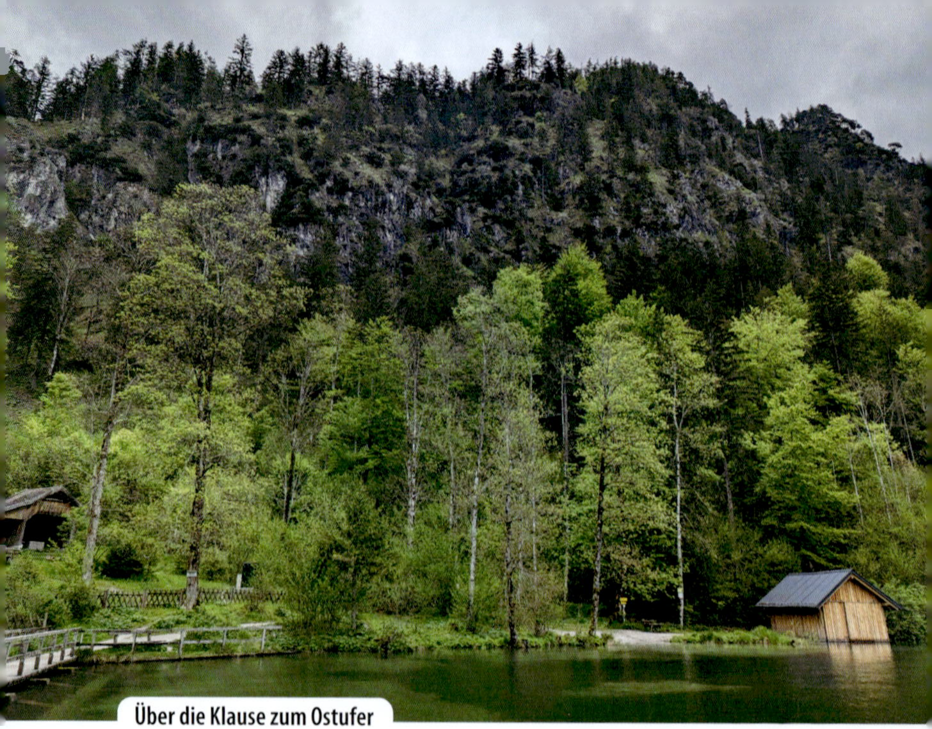

Über die Klause zum Ostufer

Blick aufs Seehaus

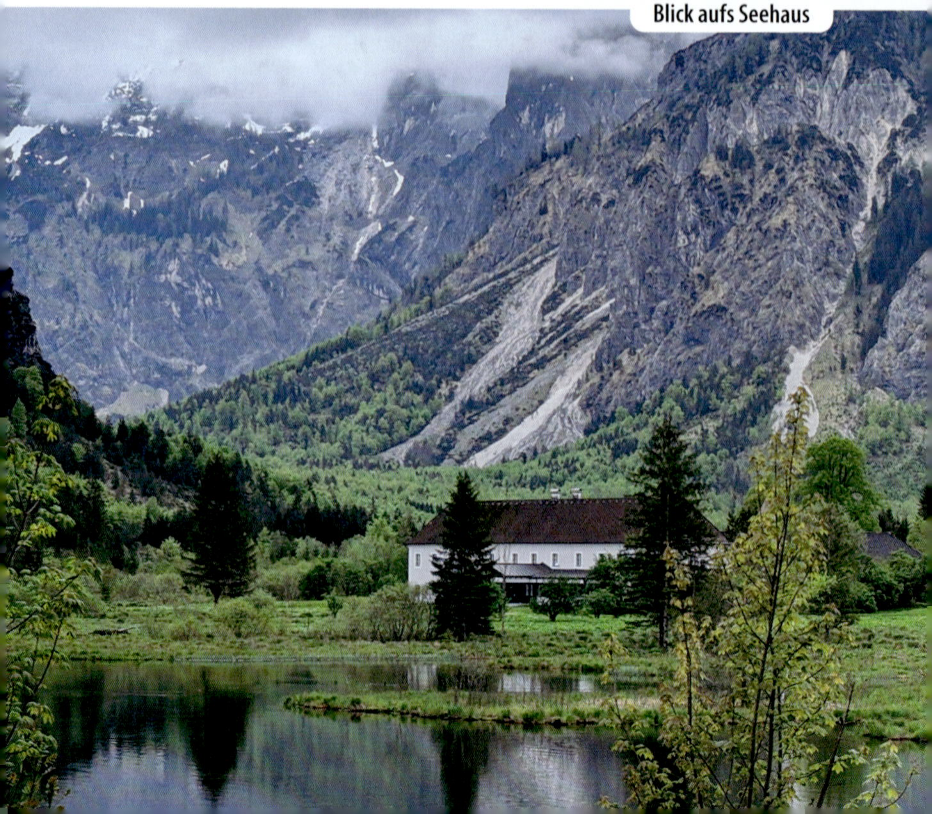

aus dem Gebirge kommenden Wildwasserzuflüsse des Aagbaches fluten hier die Landschaft. Wir können uns an den tausend unterschiedlichen, üppigen Grüntönen in diesem Feuchtgebiet nicht sattsehen.

Durch einen Birkentunnel erreichen wir das **2 Gasthaus Seehaus.** Zeit für eine ausgiebige kulinarische Mittagspause: Hier gibt es Forelle und Saibling frisch aus dem Almsee. Vom Restaurant aus hat man einen fantastischen Ausblick über die **Sumpflandschaft des südlichen Sees.**

Gestärkt geht es auf unserer Almseeumrundung weiter Richtung Westufer. Nach wenigen Hundert Metern überqueren wir die Straße und nehmen den kleinen Weg mit dem Hinweisschild „Schöne Aussicht" links hoch. Kurz hinter der letzten hölzernen **3 Hängeschaukel** führt ein kleiner Trampelpfad ein kleines Stück steil nach oben, bevor er in einen schönen Waldweg (Walderdbeeren!) und schließlich auf einen breiteren Forstweg führt. Ab hier gibt es keine Wegbeschreibungen mehr und wir orientieren uns hauptsächlich an den aufgestapelten

Für die Seele

Weite Wälder und ein türkisgrüner Bergsee vor grandiosem Panorama: Hier können wir zur Ruhe kommen.

*Der nur 5 Meter tiefe See lädt mit seinem kristallklaren Wasser an mehreren Stellen zum **Baden** ein. Aber Achtung: Selbst im Sommer steigt die Wassertemperatur selten über 20 Grad.*

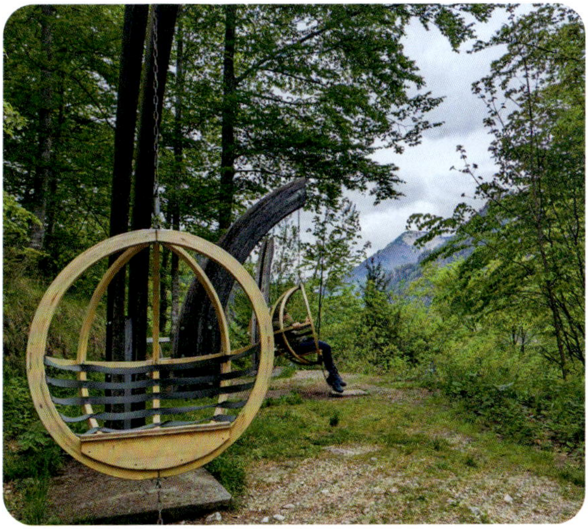

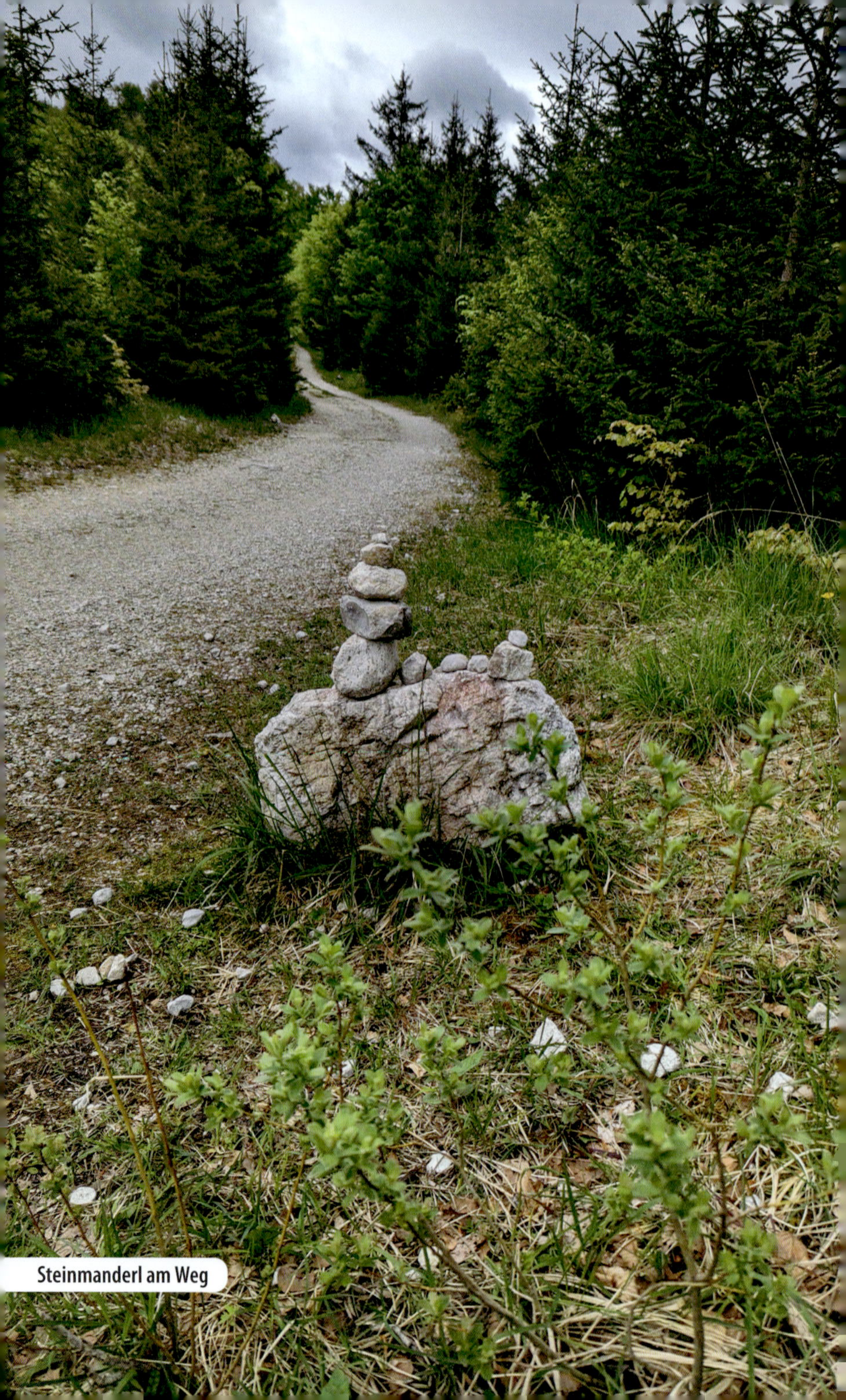

Steinmanderl am Weg

Steinmännchen. Prinzipiell gilt: an Abzweigungen immer rechts halten. Keine Sorge: Die Steinmanderl sind sehr eindeutig.

Bald eröffnet sich ein erster, überwältigender **Ausblick** auf den türkis-changierenden Almsee und die Gipfel des Toten Gebirges. Der Perspektivwechsel („da unten waren wir gerade") sorgt für Abwechslung. Diese kleine Gipfeltour würzt unseren gemütlichen Rundweg mit herrlichen Überblicken.

Jetzt wird es noch einmal kurz steil. Durch den Wald geht es erst einen wurzeligen Pfad, dann durch Wildheidelbeerbüsche hinauf bis zum ❹ **Gipfelkreuz des Ameisstein.** Geschafft. Insgesamt waren das „nur" knackige knapp 200 Höhenmeter. Wenige Meter vom Gipfelkreuz belohnen uns einige herrliche Ausblicke.

Da der Ameisstein Richtung Norden steil abfällt, steigen wir den schon bekannten Weg bergab bis zu den hölzernen Hängesesseln. Hier links abbiegen, bis der Waldweg auf die Straße stößt. Nach links am Westufer entlang schlängelt sich der Weg weitergehend parallel

*Die Schönheit des Almsees veranlasste die Österreichische Post im Jahr 1974, eine eigene **Briefmarke** mit diesem Motiv herauszugeben.*

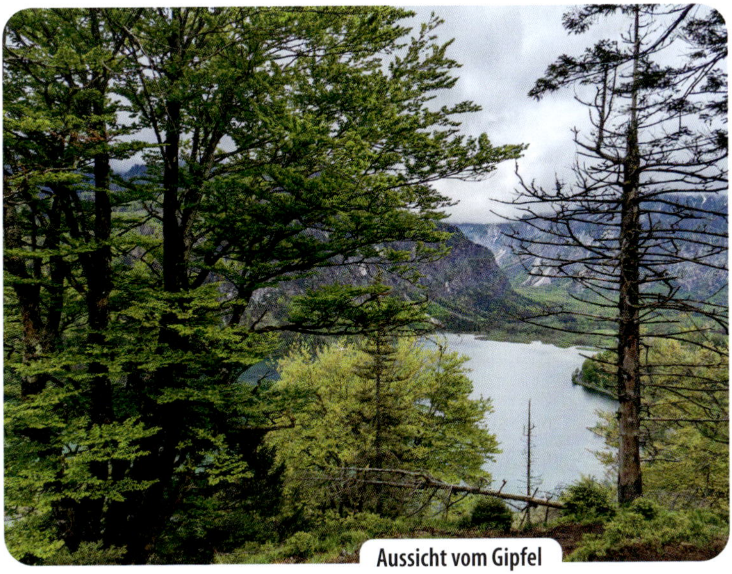

Aussicht vom Gipfel

Wer über den Traunsee und das mondäne Gmunden anreist, dem seien zwei ***kulinarische Perlen*** *ans Herz gelegt: die hervorragende Patisserie/Boulangerie La Sonett in Gmunden und das vom Gault&Millau empfohlene Restaurant 's Paul in Traunkirchen.*

zur Straße, glücklicherweise gibt es recht wenig Verkehr. Hier dominieren **Schwarz- und Grauerlensumpfwälder.** Schon nach kurzer Zeit erreichen wir unseren Ausgangspunkt.

Wer mit dem eigenen Auto unterwegs ist, sollte unbedingt anschließend noch einen Abstecher zu den **Ödseen** machen. Beim Hotel Jagdsimmerl rechts abbiegen in die enge, kurvenreiche, wildromantische Straße entlang des Wildgewässers Straneggbach. Eine Landschaft wie aus einem Märchen. Vom Parkplatz Hetzau sind es nur 600 Meter bis zum Wasserfall. Wer früh aufgebrochen ist und noch Lust und Power hat, umrundet auf einem leichten Wanderweg in etwa 1,5 Stunden die beiden Ödseen.

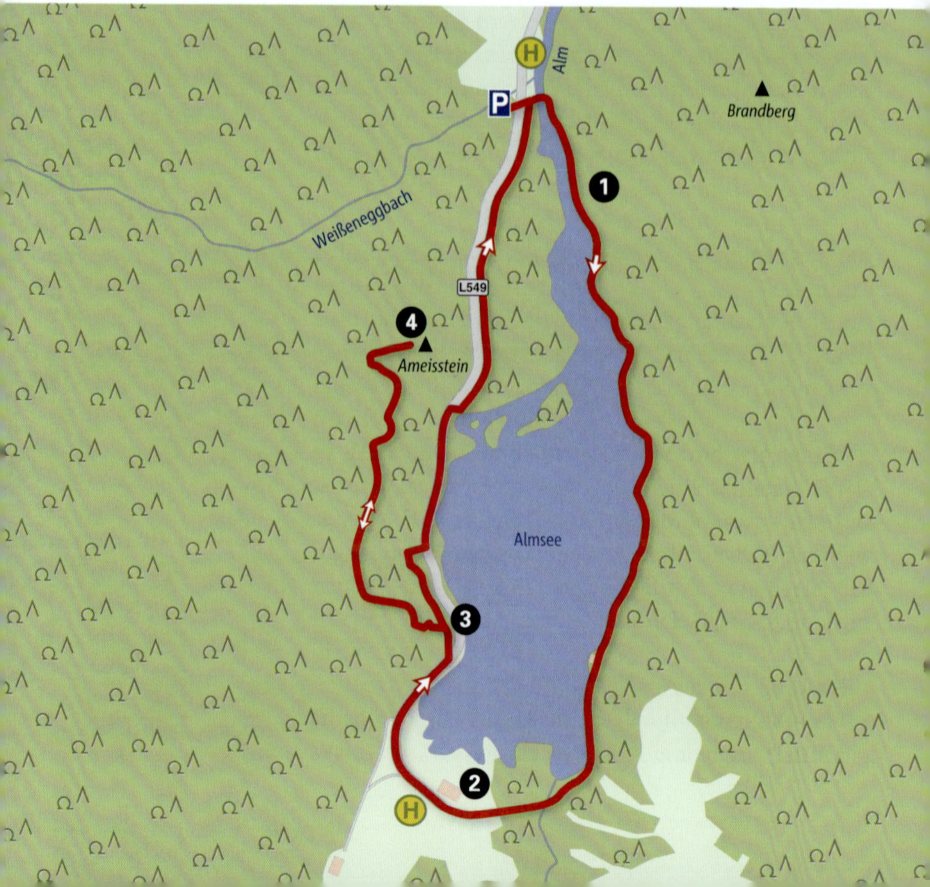

ALLES AUF EINEN BLICK

Entspannung ●●●●●
Abenteuer ●●●●○
Vielfalt ●●●○○

WIE & WANN

Einfache Forst- und Waldwege um den See. Aufstieg zum Ameisstein: kurze Schotterwege, sonst Waldpfade (streckenweise steil). Rückweg: ein kurzes Stück parallel zur österreichischen Romantik-Straße. Die Almseeumrundung ist ganzjährig möglich. Der Aufstieg auf den Ameisstein ist nach Regentagen nicht empfehlenswert, weil der Boden dann matschig ist.

HIN & WEG

Auto: Parkplatz Seeklause am nördlichen Ende des Almsees, Almsee 2, 4645 Grünau im Almtal
ÖPNV: Bus 533, Haltestelle Almsee – Schwarzenbrunn. Wenn Bus 533 nicht fährt, kann man das Traunstein Taxi nutzen, Route 60, Haltestelle Almsee – Ausfluss (Anrufsammeltaxi, Tel. +43 (50) 42 2 16 91, traunsee-almtal.salzkammergut.at/anreise-nahverkehr/traunstein-taxi.html).

ESSEN & ENTSPANNEN

2 **Gasthof Seehaus,** Almsee 6, 4645 Grünau, Tel. +43 (76 16) 83 66, www.gasthof-seehaus.at (aktuelle Öffnungszeiten beachten)

Abseits der Route empfehlenswert:
La Sonett, Am Graben 3, 4810 Gmunden, Tel. +43 (6 76) 6 50 19 93, www.lasonett.at
's Paul, Mitterndorf 23, 4801 Traunkirchen, Tel. +43 (76 17) 22 19 58, www.spaul-restaurant.at

ENTDECKEN & ERLEBEN

1 **Ostufer des Almsees**
3 **Hängeschaukel**
4 **Gipfelkreuz Ameisstein**

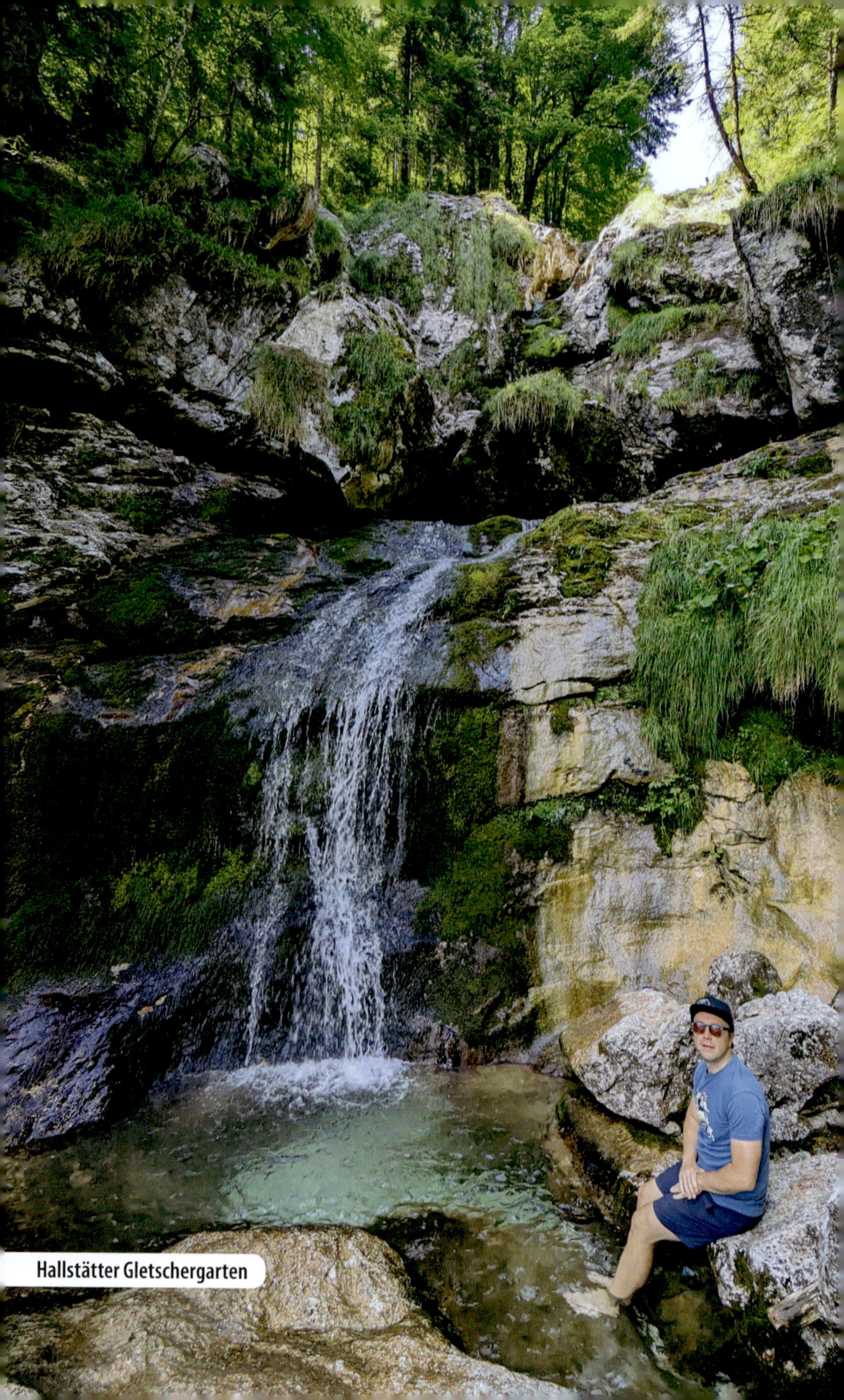

Hallstätter Gletschergarten

Gegensätze

Hallstatt und der Malerweg

Hallstatt ist eines *der* touristischen Highlights der Region, die man gesehen haben muss. Das wissen allerdings auch die unzähligen Gäste, vor allem aus Asien, Indien und dem arabischen Raum. Öffentliche Parkplätze sind begrenzt und wir versuchen, den Massen (die sich allerdings nur innerhalb des pittoresken Städtchens bewegen) ein wenig zu entkommen. Deshalb starten wir so früh wie möglich.

Parkplatz P1, gleich hinter dem Campingplatz, ist derjenige, der sich als Letztes füllt, weil er etwas abseits von Hallstatt *downtown* liegt. Für unsere Tour ist er der ideale Ausgangspunkt, da oberhalb des Parkplatzes unsere Route beginnt. Direkt neben dem Kassenautomaten weist uns das grüne Schild **„Themenweg: Maler, Literaten und Naturwunder"** den Weg.

Den Hügel hinauf werfen wir einen kurzen Blick in die **1 Kalvarienbergkirche** aus dem Jahr 1711. Mit ihren über 24.000 schmucken Lärchenschindeln und der großen geschnitzten Kalvarienberggruppe innen gilt das Kirchlein als eines der schönsten Juwele barocker Baukunst in der UNESCO-Welterberegion Hallstatt Dachstein Salzkammergut. Seit Jahrhunderten ein Ort der Andacht und der Bitte für das eigene Seelenheil. Auch für uns ein Anlass, kurz innezuhalten und dankbar die Irrungen und Wirrungen des eigenen Lebens anzunehmen und ebenfalls für das Seelenheil unserer Lieben zu bitten.

Derart seelisch gestärkt, lassen wir die Kirche zu unserer Linken und den See in unserem Rücken liegen und laufen einen lichten Wald-

Kilometer: 9,8
Höhenmeter: 180
Stunden: 3,5
RUNDWEG

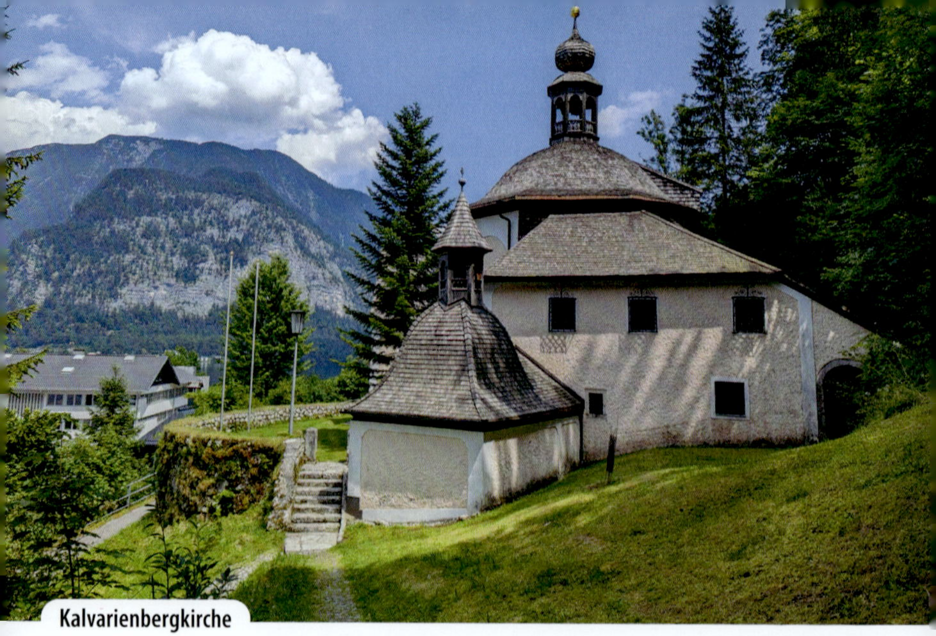

Kalvarienbergkirche

weg entlang. Wir passieren die ❷ **Vesperbild-Kapelle** und folgen dem Grabfeldweg, bis wir nach knapp 400 Metern bei einem Altstoffsammelzentrum auf die Straße stoßen. Dem Straßenverlauf folgen wir für gute 200 Meter nach links, bis wir wieder das grüne Schild „Themenweg" entdecken und nach links in den Wald einbiegen. Nach kurzer Zeit überqueren wir eine Wegkreuzung, rechts der **Wanderparkplatz,** geradeaus der Hinweis **Malerweg** sowie unser bekanntes, grünes Schild „Themenweg". In einem wunderschön verzierten ❸ **Holzpavillon** (im Volksmund Babylon genannt) findet man Infotafeln sowie einen fotografischen Überblick über die Route, die vor uns liegt (rot eingezeichnet).

Den Pavillon lassen wir zu unserer Linken liegen und gehen weiter geradeaus in den Wald hinein. Schon von Weitem hört man das tosende Brausen des ❹ **Waldbaches.** Gerade bei heißem Wetter ist diese Wanderung eine Wohltat. Der schattige Wald und besonders die Partien am Wasser sind gute 10 Grad kühler und im Sommer herrlich erfrischend. Hier kann man tief durchatmen. Die Luft ist klar und frisch, Waldbaden pur. Immer wieder gibt es entlang des Weges sensationelle Blicke auf den rauschenden, hellblauen Bach.

Dazu die großen, moosbewachsenen Felsbrocken, um die der Bach herumtost, und die Vegetation in den schier unendlichen Grüntönen: Man meint, alles von Gemälden zu kennen. Und wahrlich: Genau dieses **Echerntal** (bis hin zur Waldbachstrub) haben so einige Künstler verewigt.

Wir wandern eine gute Weile am Bach entlang. Linker Hand der vor etwa 12.000 Jahren ins Tal gestürzte, riesige **Runenstein.** An der nächsten Weggabelung orientieren wir uns, dem Themenweg folgend, nach rechts, überqueren die Brücke und lassen uns auf der **grünen Bank** direkt am Flussufer nieder. Der ❺ **Waldbachstrub:** was für ein herrlicher Platz! Welche Kraft in der Natur liegt! Welche körperliche und geistige Erfrischung so ein rauschender Bach zu bieten hat! Wir atmen tief ein und genießen diesen verwunschenen Glücksplatz.

Für die Seele

Schattige Wälder, sprudelnde Bäche und das quirlige Hallstatt – eine Wanderung voller Gegensätze!

Berühmte (zum Beispiel Adalbert Stifter) und weniger berühmte ***Maler*** *haben im Echerntal ihre Staffelei aufgestellt. Das düstere, mystische Flair der Hallstatt-Region hat besonders die Romantiker des 19. Jahrhunderts gereizt.*

Wir folgen dem Pfad einige Minuten bergauf und durchqueren in einem großen Linksbogen einen **Bauernhof,** auf dem kleine und große Truthähne frei herumlaufen. Nach dem Hof mit seiner großen Streuobstwiese am Ende, erschließt sich uns das gesamte Tal in seiner Gewaltigkeit und Weite. Schroffe, steil aufragende Berge formen einen **Talkessel,** auf den wir uns jetzt zubewegen. Rechts von uns stürzen die ❻ **Schleierfälle** rund 150 Meter in die Tiefe.

Kurz darauf erreichen wir wieder den schattigen Wald. Wer mag, klettert beim Schild ❼ **Eulenloch** rund 10 Meter in die Höhe und entdeckt eine kleine, unspektakuläre Höhle. Ob dort wirklich Eulen hausen?

Unser Weg führt uns an der nächsten Weggabelung nach links Richtung „Gletschergarten“ und erneut über eine pittoreske Brücke über den tosenden Wildbach. Nun steigen wir, dem „Themenweg“ folgend, einen Waldpfad bergauf. Das Schild „Barfuß- & Kneippweg“, das links bergab führt, merken wir uns,

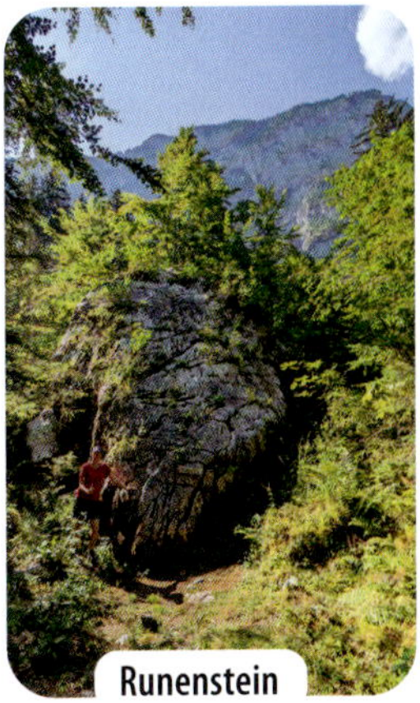

Runenstein

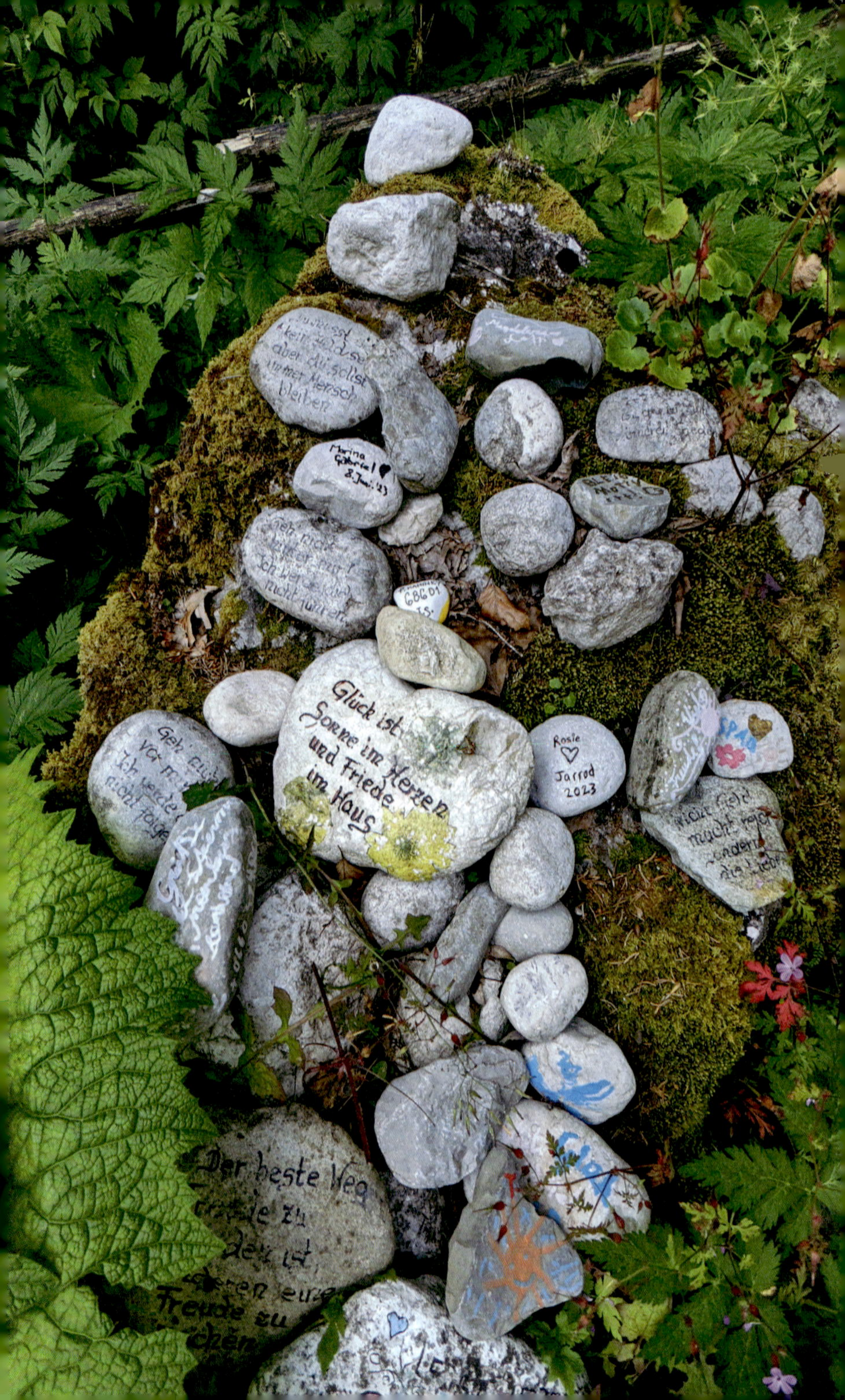
Glück ist
Sonne im Herzen
und Friede
im Haus
Rosie
Jarrod
2023
Der beste Weg

dort wird später unser Weg weitergehen. Wir wollen zunächst unbedingt zum **8 Hallstätter Gletschergarten,** einem Relikt der letzten Eiszeit, der 1926 entdeckt und zugänglich gemacht wurde. Den Gletschergarten hinauf führen mehrere gut gesicherte Treppen mit Aussichtspunkten auf die klaren Gumpen und die Wasserfälle einerseits und den weit hinten liegenden Hallstätter See andererseits. An einigen Stellen (vor allem etwas weiter unten am Gletschergarten) kann man zu den Gumpen klettern und seine Füße ins Wasser halten. Aber Vorsicht: eiskalt!

Erfrischt treten wir den Rückweg an und steigen denselben Weg wieder bergab, bis wir bei unserem bekannten Schild „Themenweg“ abbiegen und etwas weiter unten über die metallene Peter-Brücke den **Dürrenbach** überqueren. Gleich hinter der Brücke befindet sich übrigens ein Foto des Baches nach der Schneeschmelze: Gewaltige Wassermassen stürzen ins Tal. Direkt dahinter befindet sich der schön angelegte **9 Kneipp- und Barfußweg** mit einem kleinen Platz, an dem beschriebene Glückssteine abgelegt wurden. Wer einen Stift dabeihat, kann hier seinem persönlichen Glück Ausdruck verleihen.

Das mit hohem Druck und großer Geschwindigkeit unter dem ehemaligen Gletscher fließende, trübe ***Gletscherwasser*** *(die sogenannte Gletschermilch) schleift mit seinem Gesteinspartikeln tiefe Mulden in den Stein.*

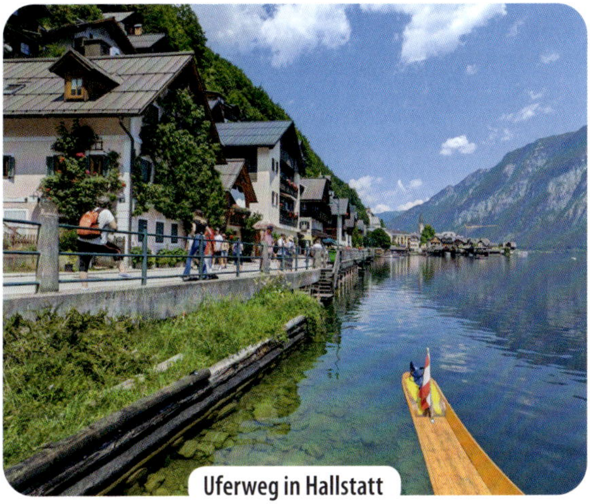

Uferweg in Hallstatt

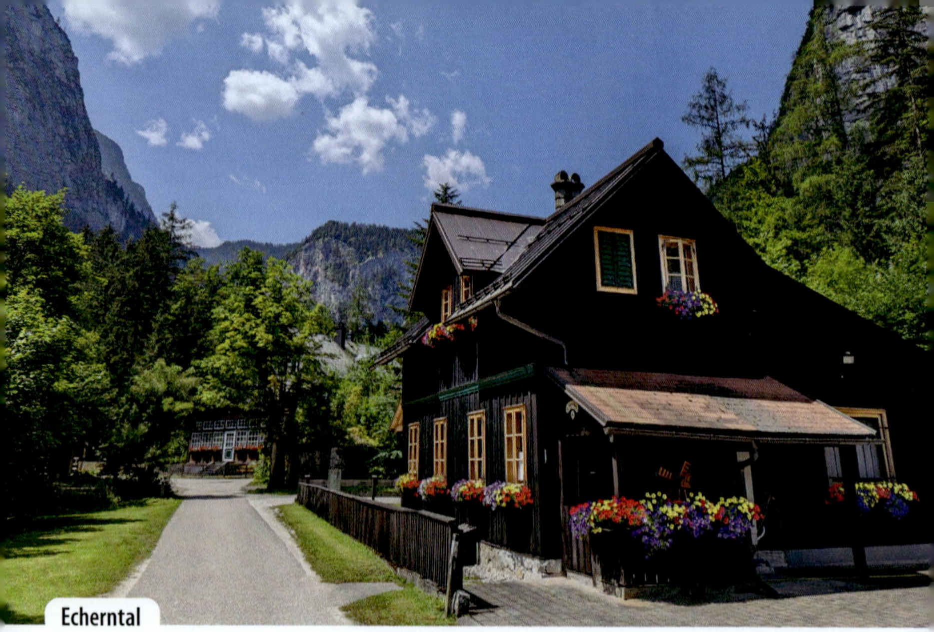

Echerntal

Weiter geht es durch den lichten Wald. Beim Themenschild **„Hirlatzhöhle“** biegen wir scharf links ab und folgen dem Waldweg zurück zum Wanderparkplatz. Zwischendurch gibt es einen kleinen Trampelpfad-Umweg, der direkt zum Fluss mit einer herrlich gelegenen Bank führt. Nicht, dass wir eine Pause nötig hätten – der Weg ist insgesamt wirklich angenehm zu gehen –, aber es ist einfach zu schön hier, um nicht noch einmal zu pausieren und die Schönheit der Natur aufzusaugen.

An der Kreuzung Wanderparkplatz/Pavillon orientieren wir uns Richtung **Echerntalweg.** Natur pur liegt hinter uns, jetzt nähern wir uns wieder der Zivilisation. Die kleinen Siedlungen entlang des Weges erscheinen wie auf einer Zeitreise. Schmucke Bauernhäuser, saftige Blumenwiesen, kleine verwunschene Denkmäler sowie links und rechts die steil aufragenden grauen Felsen des Dachsteingebirges: Hier scheint die Welt noch in Ordnung zu sein.

Wenige Minuten später erreichen wir Hallstatt beziehungsweise zunächst die Talstation der **⑩ Salzwelten.** Nun ist es vorbei mit der Einsamkeit, wir kommen zu einer der Haupttouristenattraktionen der Gegend.

*Das **Salz** der Urmeere lagerte sich vor 250 Millionen Jahren ab. Seit 7000 Jahren wird hier im ältesten Salzbergwerk der Welt Salz abgebaut. Archäologische Funde aus dem Hochtal prägen den Namen der Epoche: die Hallstattzeit.*

Von hier aus gibt es drei Optionen: 1. Mit der Bahn den Berg hinauf plus eine etwa dreistündige (teilweise geführte) Tour durch das **Bergwerk,** abschließend auf die **Aussichtsplattform Welterbeblick** und das Panorama genießen. Mit der Bahn wieder zurück. 2. Mit der Bahn den Berg hinauf und zu Fuß in Serpentinen bis Hallstatt hinunter (circa 1 Stunde). 3. Direkt nach Hallstatt hineinlaufen (empfehlenswert vor allem, wenn die Warteschlange an der Talstation zu lang ist).

In Chinas Pearl River Delta (Provinz Guangdong) gibt es eine 900 Millionen US-Dollar teure, originalgetreue ***Nachbildung des Stadtkerns von Hallstatt*** *inklusive künstlich angelegtem See.*

Die vielen Touristen geben den Weg vor: Bis zum Zentrum von Hallstatt sind es knapp 100 Meter, über den Zebrastreifen und links in das pittoreske Dörfchen hinein. Wir ignorieren alle Verkaufsstände und Touristenfallen und schlendern immer am See entlang Richtung Marktplatz. Der **Hallstätter See** hat ein ganz eigenes Flair: dunkel, mystisch, fjordartig. Dazu passen die eng an den Berg geschmiegten uralten, schmucken Häuser. Es scheint, als ob man dem Berg auf extrem engem Platz ein wenig Lebensraum abgerungen und dieses kleine Fleckchen aus Trotz so schön wie möglich gemacht hätte.

Zu wenig Platz auf dem ***Friedhof****: Nach 10 bis 15 Jahren wurden die Gräber geöffnet, die Schädel entnommen, gereinigt, gebleicht, mit gemalten Blumenkränzen verziert und so die Erinnerung bewahrt.*

Die Hauptstraße mit den Menschenmassen lassen wir hinter uns und unterqueren hinter dem Landungsplatz ein untertunneltes Haus. Kurz darauf führt links eine steinerne Treppe (beim fast zugewachsenen Schild „Zur Kirche“) hinauf. Vom **Friedhof** hat man einen schönen Blick auf den See.

Eine der interessantesten Sehenswürdigkeiten in Hallstatt ist das etwas makabre ⑪ **Beinhaus in der Michaelskapelle** oberhalb des Friedhofes, das eine außergewöhnliche Sammlung von rund 1200 Schädeln, davon 600 kunstvoll bemalt (aus dem frühen 18. Jahrhundert bis 1995), enthält.

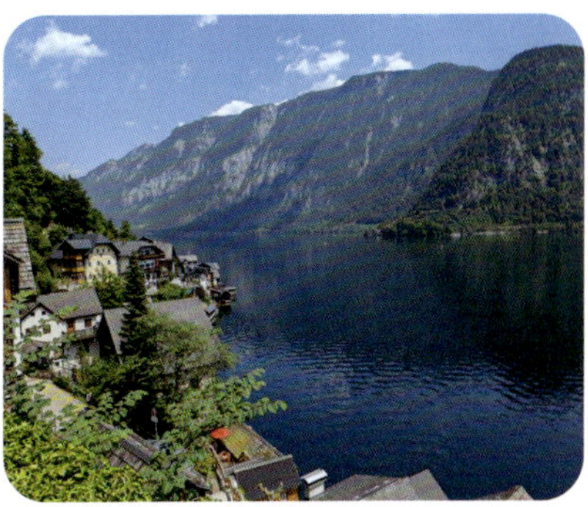

Wir durchqueren den romanischen Durchgang neben der Kirche, schlendern noch ein wenig durch die oberen (wenig besuchten) Gassen und verlassen Hallstatt schließlich dem Seeufer folgend Richtung Süden. Plötzlich sind die Menschenmassen verschwunden. Wir passieren das **Seecafé** und entdecken kurz darauf die idyllisch gelegene, frei zugängliche ⑫ **Badeinsel,** von der man noch mal einen herrlichen Blick auf Hallstatt und den See hat. Die Versuchung ist zu groß: Wir erfrischen uns zum Ende unserer Tour noch einmal und springen in den dunklen, recht kühlen See. Die Straße gegenüber der Bücherbox führt uns in 100 Metern zur Hauptstraße, von der wir links gegenüber, hinter dem Campingplatz, schon unseren Ausgangspunkt, den Parkplatz P1, entdecken. Was für eine abwechslungsreiche Tour hinter uns liegt!

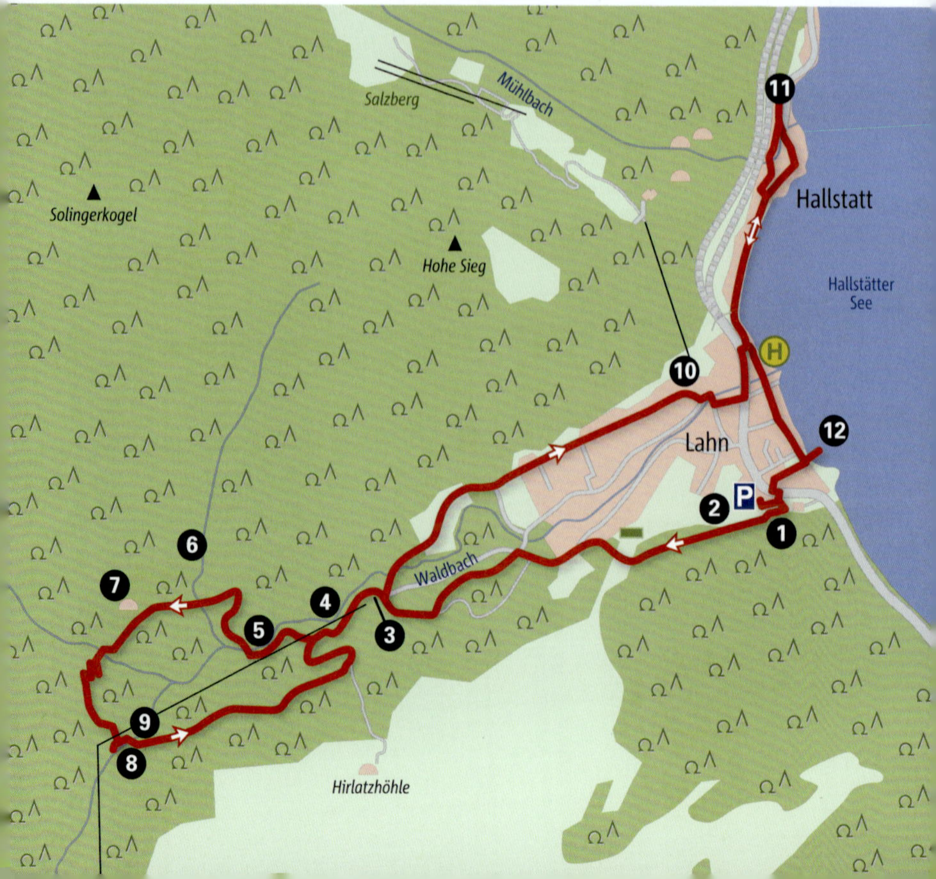

ALLES AUF EINEN BLICK

Entspannung

Abenteuer

Vielfalt

WIE & WANN

Hauptsächlich relativ flache Forst- und Wanderwege. Streckenweise Waldpfade. Im Gletschergartenbereich Treppen und einige steilere Abstiege über Stock und Stein. Ganzjährig begehbar.

HIN & WEG

Auto: Hallstatt Parkplatz P1, Salinenplatz 4, 4830 Hallstatt

ÖPNV: Postbus nach Hallstatt Lahn (Seelände) oder mit dem ÖBB-Zug zum gegenüberliegenden Hallstatt Bahnhof und dann mit dem Schiff übersetzen

ESSEN & ENTSPANNEN

Bitte an Rucksackproviant denken, Einkehrmöglichkeiten gibt es nur im Ortsgebiet Hallstatt.

ENTDECKEN & ERLEBEN

1. **Kalvarienbergkirche**
2. **Vesperbild-Kapelle**
3. **Holzpavillon**
4. **Waldbach**
5. **Waldbachstrub**
6. **Schleierfälle**
7. **Eulenloch**
8. **Gletschergarten**
9. **Kneipp- und Barfußweg**
10. **Salzwelten,** Salzbergstraße 21, 4830 Hallstatt,
    Tel. +43 (61 32) 20 02 40, www.salzwelten.at/de/hallstatt
11. **Beinhaus in der Michaelskapelle**
12. **Badeinsel**

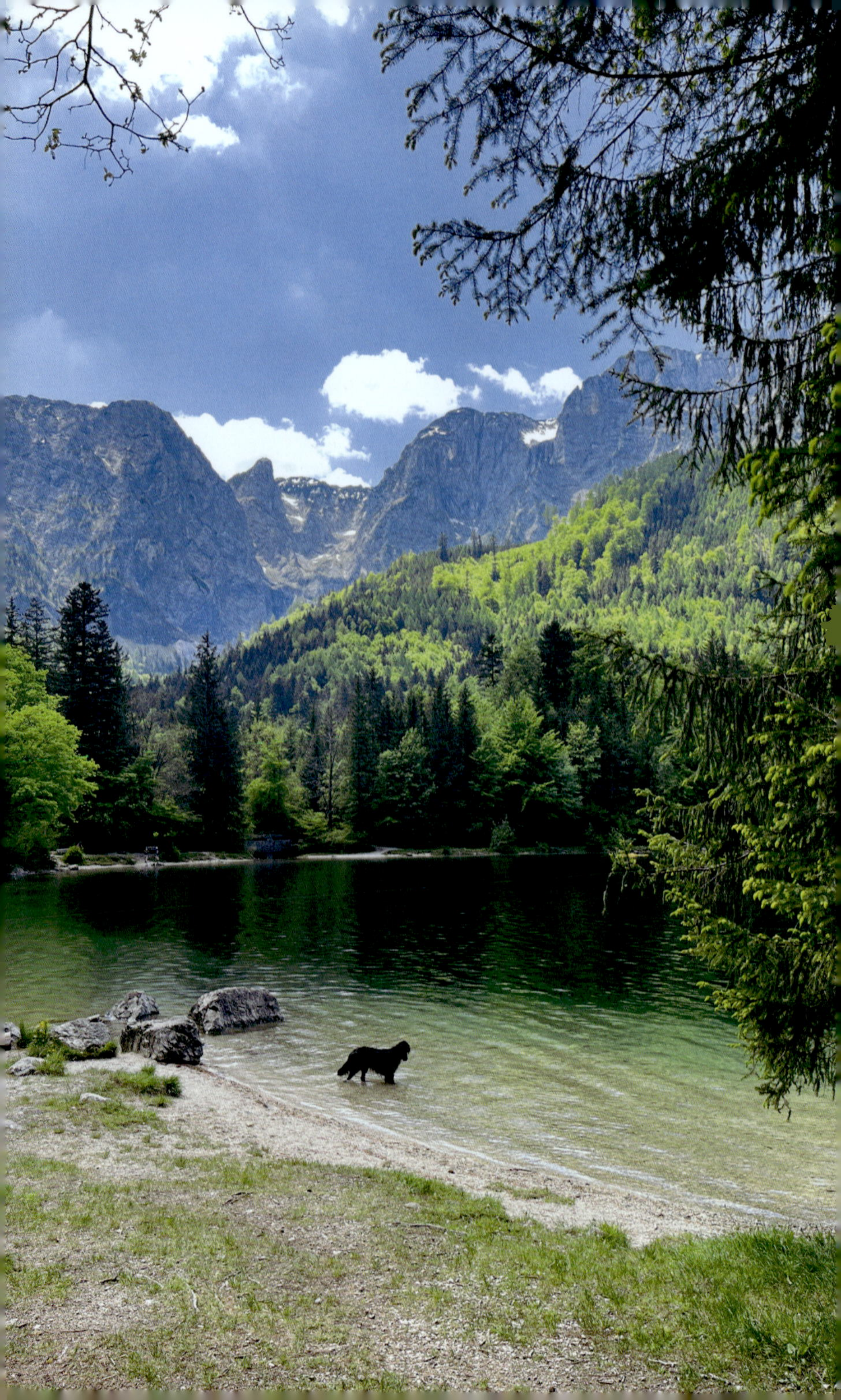

Bergseenzauber

Rund um die beiden Langbathseen

Unsere Wanderung beginnt am Parkplatz des Vorderen Langbathsees. Der geschotterte Forstweg führt uns rechts neben dem ❶ **Langbathsee Stüberl** direkt an das östliche Seeufer. Wir folgen dem gelben Wanderwegweiser „Rund um den hinteren Langbathsee und retour“ und starten gegen den Uhrzeigersinn. Bereits nach wenigen Minuten wissen wir, dass sich die Anfahrt gelohnt hat: Die schroffen, hohen Felswände des **Höllengebirges** und das liebliche Gewässer bilden einen Anblick, an dem man sich nicht sattsehen kann.

So kommt es, dass wir hier direkt zu Beginn unserer Wanderung erst einmal innehalten und die faszinierende Aussicht auf den **Signalkogel** ausgiebig genießen. Die Verlockung ist groß, schon in dieser ersten Bucht auf den Bänken für den Rest des Tages zu verweilen. Doch auch das Weitergehen wird reich belohnt. Immer wieder spiegelt sich der Wald auf der ruhigen Wasseroberfläche. An zahlreichen Stellen führen kleine Pfade direkt an den See und ❷ **Naturbadebuchten** laden zu einem Bad im kühlen Wasser ein. Der See steht seit 1965 unter Naturschutz, sein Wasser hat Trinkwasserqualität und eignet sich hervorragend zum Baden.

Während des gesamten Hinwegs entlang des Vorderen Sees blicken wir auf eine am westlichen Seeende liegende, schlicht und gleichzeitig majestätisch wirkende weiße Villa: Es ist das um 1860 errichtete **Jagdschloss von Kaiser Franz Joseph.**

Wir folgen dem Weg, der uns in sanften Bögen oberhalb des Seeufers zum Ende des

*Der **Vordere Langbathsee** (auf 664 Metern Höhe) hat eine Länge von gut 1 Kilometer, eine Breite von rund 500 und eine Tiefe von bis zu 33 Metern. Sein Wasser läuft über den Langbathbach in die Traun ab und weiter in die Donau.*

Kilometer: 7,5
Höhenmeter: 90
Stunden: 2
RUNDWEG

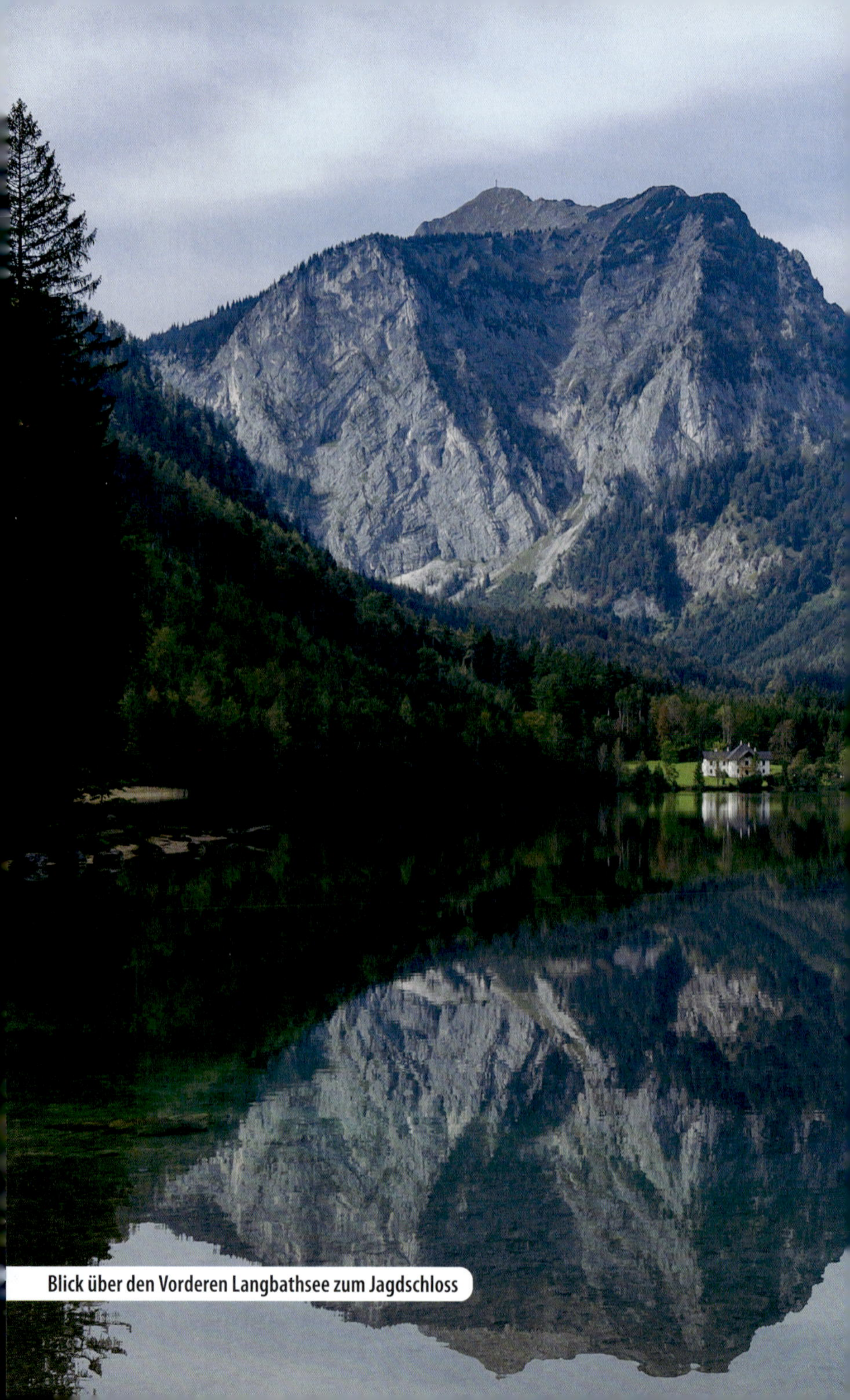

Blick über den Vorderen Langbathsee zum Jagdschloss

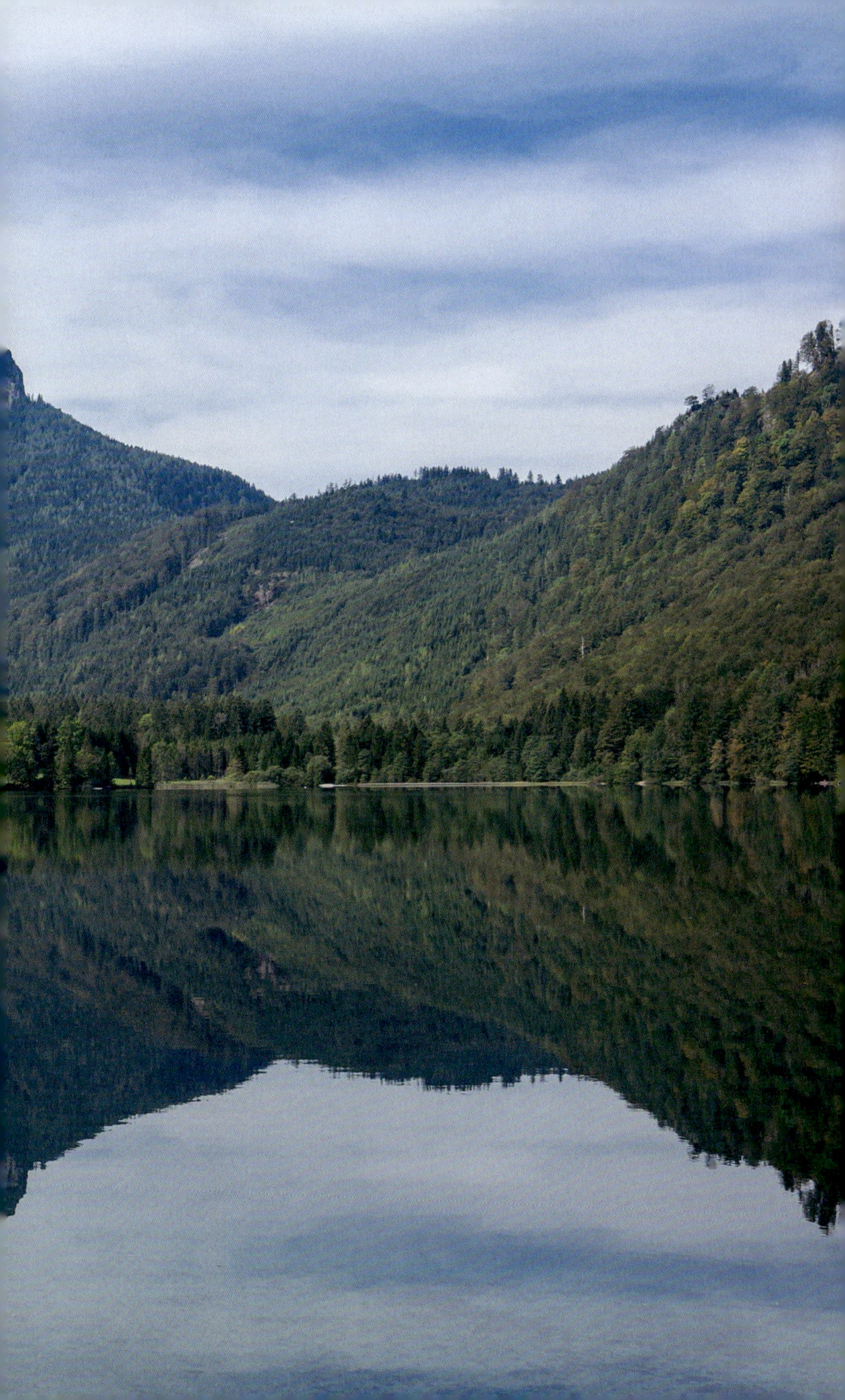

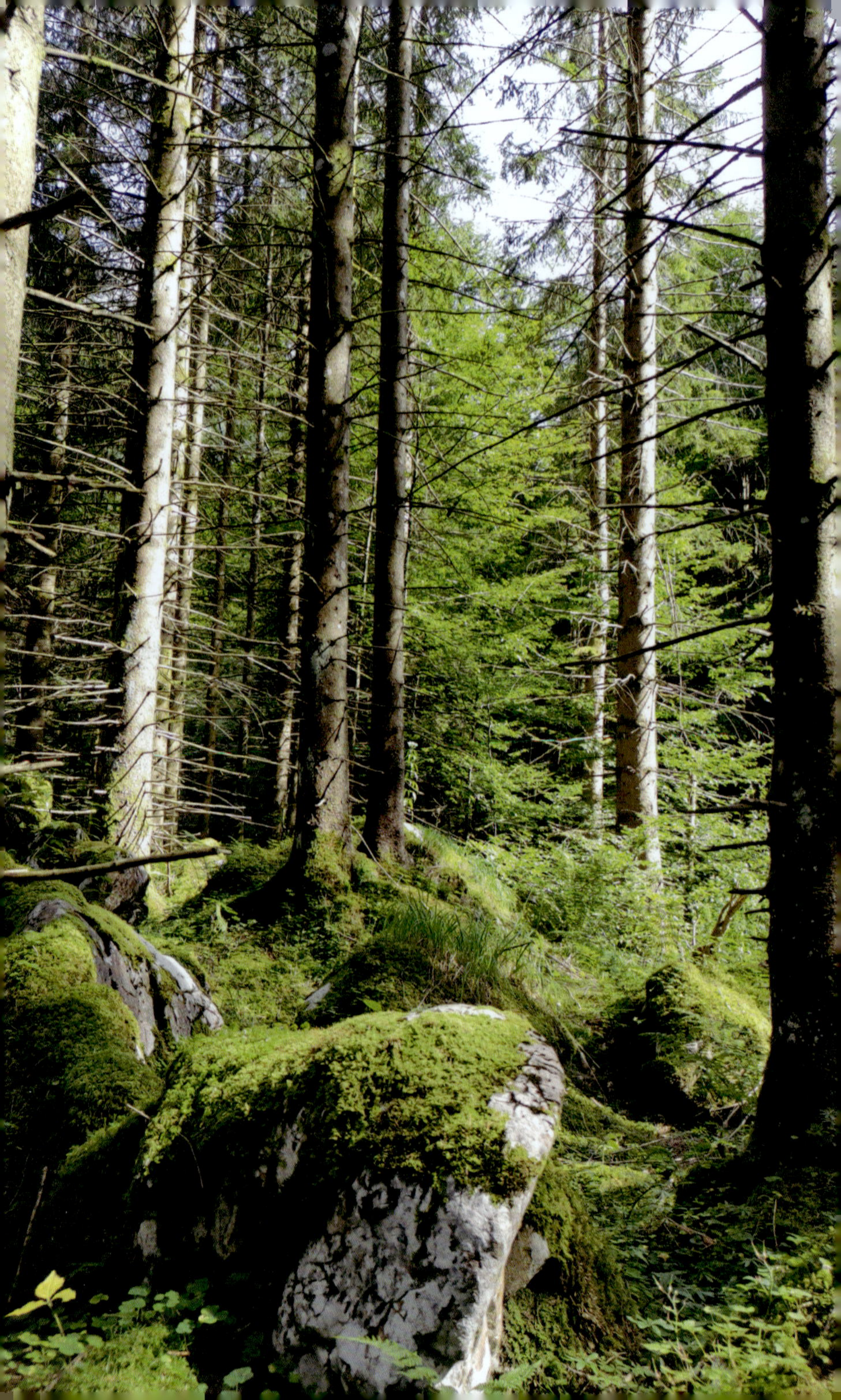

Vorderen Sees führt. Immer wieder blinzelt der See verführerisch durch die Bäume. Nach rund 20 Minuten erreichen wir eine Weggabelung. Wer eine Abkürzung nehmen möchte, folgt dem Schild „Rund um den Vorderen Langbathsee" nach links. In diesem Fall wäre die Wanderung schon nach einer weiteren halben Stunde beendet. Doch das wäre schade – aufgrund der außergewöhnlichen Anmut der Gegend empfiehlt es sich unbedingt, nicht abzubiegen, sondern weiter geradeaus zu gehen. Der Weg führt nun weg vom See in den Wald.

Für die Seele
Wir wandern entspannt unter einem dichten Blätterdach und erleben magische Momente.

Der Forstweg führt uns weiter gen Westen und steigt nun an. Wir befinden uns zwischen den beiden Seen. Der Vordere See liegt hinter uns, der Hintere vor uns. Nach weiteren 20 Minuten gelangen wir zunächst in ein ③ **Bachgebiet,** das von großen Felsbrocken durchzogen ist. Plötzlich fühlen wir uns wie in einem Filmset für „Herr der Ringe": Links und rechts des Weges entdecken wir auf mehreren Hundert Metern große, teils bewachsene „Hinkelsteine", es sind ver-

*Das unter Denkmalschutz stehende **Jagdschloss** ist jetzt im Besitz der Österreichischen Bundesforste. In den beiden letzten Jahrzehnten wurde es mehrfach aufwendig saniert. Die Villa gilt als eine der schönsten Forstimmobilien Österreichs.*

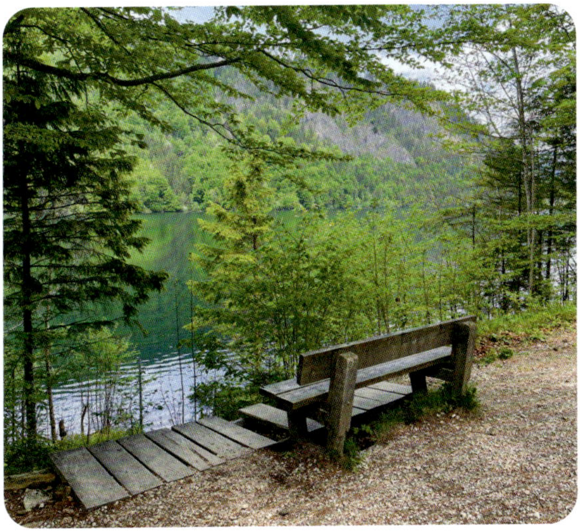

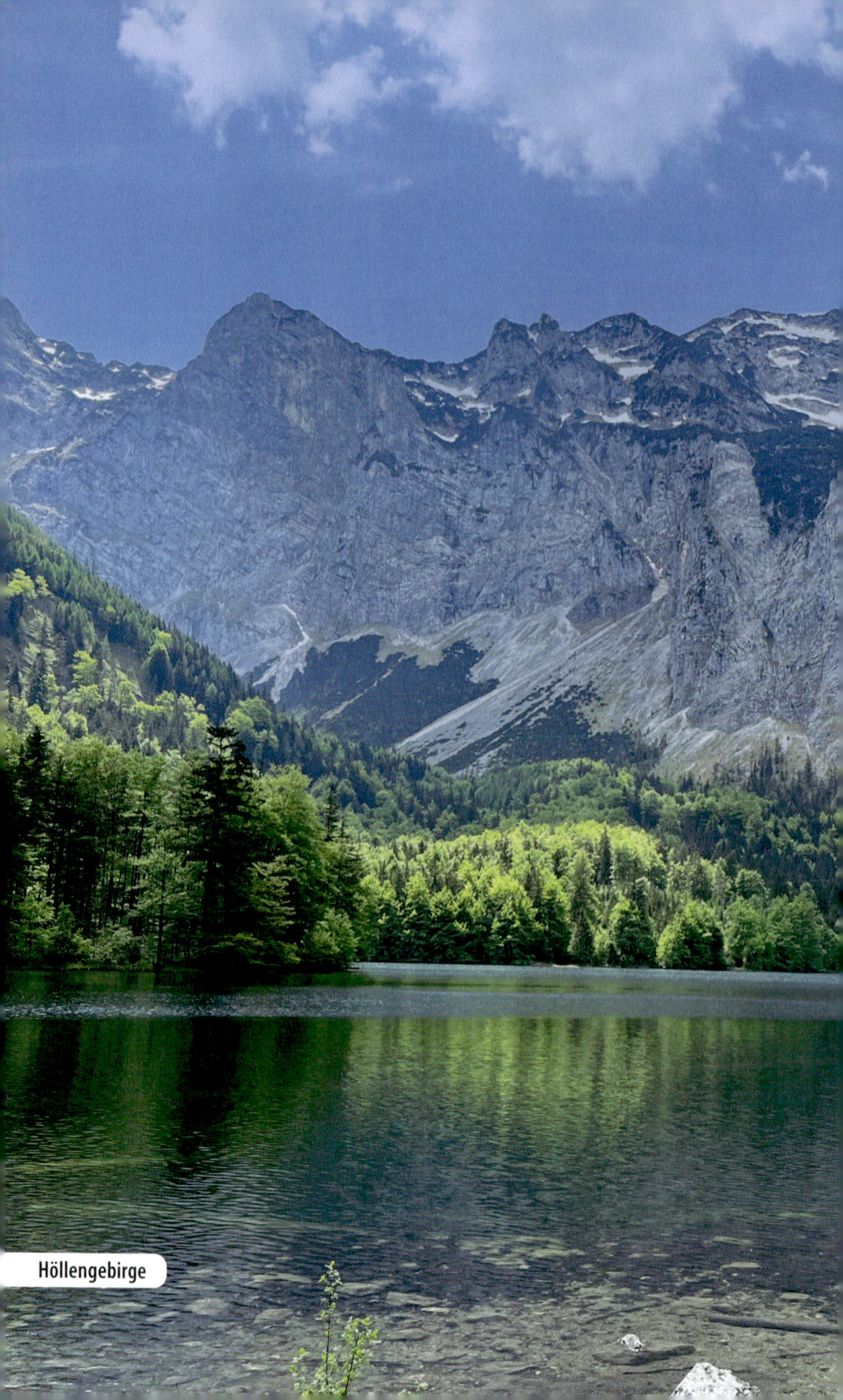
Höllengebirge

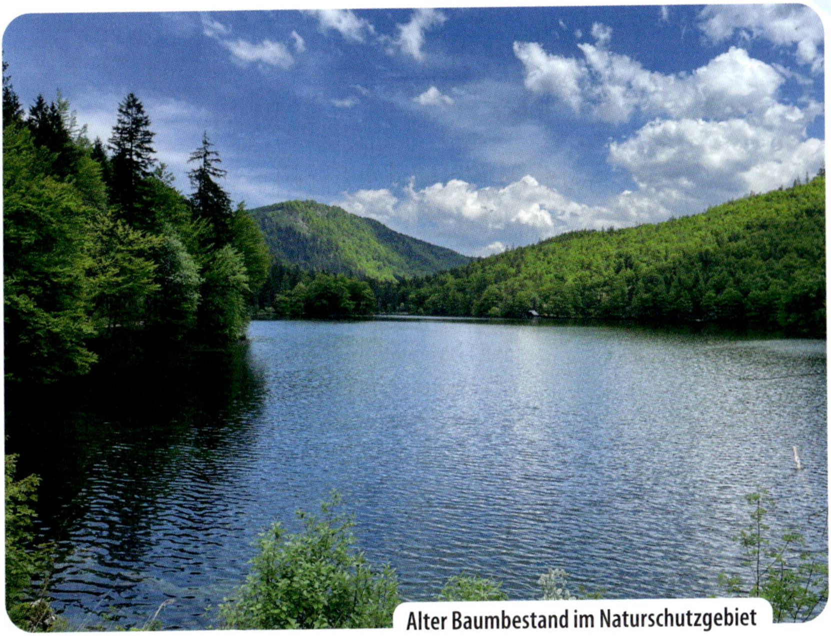
Alter Baumbestand im Naturschutzgebiet

karstete Felsreste aus Wettersteinkalk. Ein Gefühl wie in einem verwunschenen Märchenwald macht sich breit.

Kurz darauf erreichen wir das 4 **Ostufer des Hinteren Langbathsees.** Ein weiteres atemraubendes Panorama eröffnet sich. Das Höllengebirge ragt schroff hinter dem lieblichen Wasser hervor, Spiegelungen der Felsen und Bäume bieten auch hier eine rare Augenweide. An diesem Ufer laden Bänke und Tische zur Pause ein.

Der Wanderweg bietet uns erneut eine Alternative. Nach links geht es direkt auf die dem Hinweg gegenüberliegende Seite des Vorderen Langbathsees. Da wir aber unsere Sinne weiter verwöhnen möchten, halten wir uns rechts und umrunden den Hinteren Langbathsee ebenfalls komplett. Die Seeumrundung führt uns zunächst an das Westufer des Hinteren Sees und somit an den Scheitelpunkt unserer Wanderung. Danach geht es wieder ostwärts, bis wir erneut an die Abzweigung zum Vorderen Langbathsee gelangen.

*Der **Hintere Langbathsee** ist mit einer Länge von rund 600 und einer Breite von etwa 400 Metern kleiner als der Vordere. Er liegt etwas höher auf 723 Metern und steht ebenfalls unter Naturschutz. Als Badesee ist er weniger beliebt.*

Das bis zu 1800 Meter hohe ***Höllengebirge*** *ist Teil der Nördlichen Kalkalpen. Die Berge bestehen aus dem für diese Region typischen hellen Wettersteinkalk. Das Gebirge wurde nach dem südlichen Talkessel „In der Höll" benannt.*

Hier folgen wir dem Wanderschild „Vorderer Langbathsee". Auf diesem Rückweg passieren wir sehr alte und hohe Nadelhölzer; einige von ihnen sind **5 Baumdenkmäler.** Einige Blindschleichen zischen blitzschnell an uns vorbei.

Nach gemütlichen zwei Stunden erreichen wir wieder den Ausgangspunkt unserer Seelen-Wanderung. Wer sich noch nicht sattgesehen hat, nimmt auf den Bänken am Ufer Platz oder kehrt auf der Terrasse des direkt am See gelegenen **Langbathsee Stüberls** ein. Wer es nach der Ruhe dieser beiden oberösterreichischen See-Juwelen etwas lebhafter mag, findet im rund 10 Kilometer entfernten **Ebensee am Traunsee** einen schönen Kontrast.

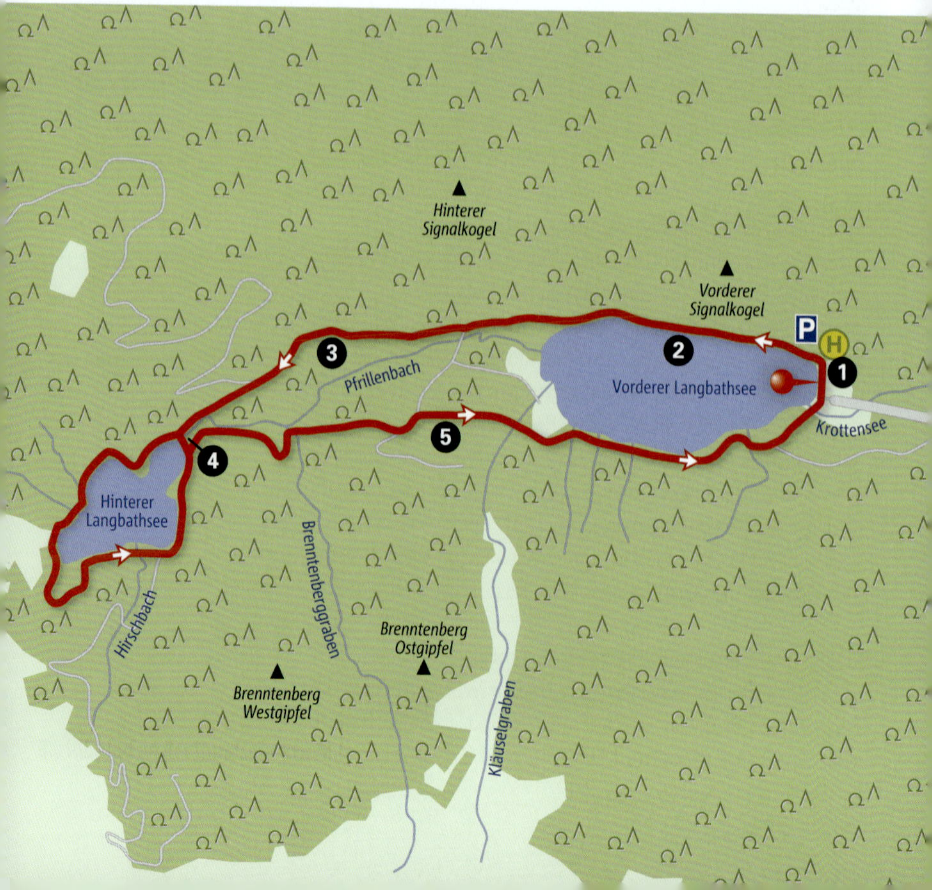

ALLES AUF EINEN BLICK

Entspannung 5/5
Abenteuer 2/5
Vielfalt 3/5

WIE & WANN

Durchgehend geschotterter, breiter und gut gepflegter Forstweg direkt am Seeufer, wenig Steigung. Ganzjährig begehbar für die ganze Familie. Im Winter sind Eislaufen und Eisstockschießen auf Natureis möglich, sofern die Seen ausreichend zugefroren sind.

HIN & WEG

Auto: Parkplatz Langbathseen, 4802 Ebensee
ÖPNV: Traunstein Taxi, Route 40, Haltestelle Langbathsee (Anrufsammeltaxi, Tel. +43 (50) 4 22 16 91, traunsee-almtal.salzkammergut.at/anreise-nahverkehr/traunstein-taxi.html)

ESSEN & ENTSPANNEN

1. **Langbathsee Stüberl,** Langbathsee 3, 4802 Ebensee, Tel. +43 (61 33) 4 01 81, www.lb-stueberl.at

Abseits der Tour empfehlenswert:
In der Kreh, Langbathsee 1, 4802 Ebensee, Tel. +43 (6 64) 65 92 86

ENTDECKEN & ERLEBEN

2. **Naturbadebuchten**
3. **Bachgebiet mit großen Felsbrocken**
4. **Ostufer des Hinteren Langbathsees**
5. **Baumdenkmäler**

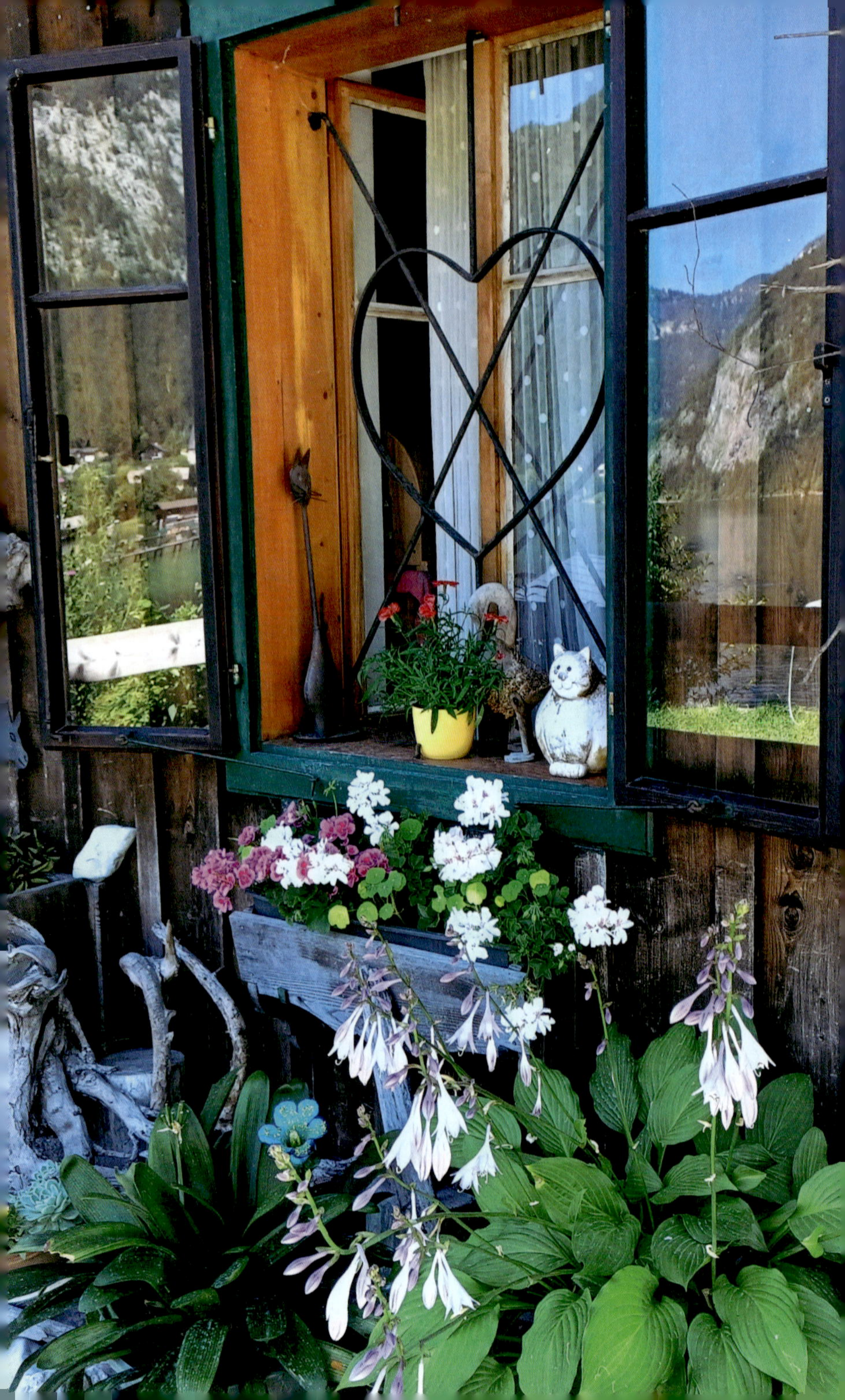

Air-Holung

Natur-Schatztruhe Altausseer See

Wir starten am Westufer des Sees in der Ortschaft **Altaussee** an der **Schiffsstation** und laufen gegen den Uhrzeigersinn los. Direkt hinter dem **Hotel Seevilla,** dort, wo die Traun in den See mündet, beginnt unser Wanderweg 1a. Der breite Schotterweg ist durchweg gut ausgeschildert und auch für Ungeübte einfach zu laufen. Zwei Stunden voller beeindruckender Ausblicke und außergewöhnlicher Naturerlebnisse am Fuße des Hausbergs **Loser** liegen vor uns. Unsere Augen und Atemwege dürfen sich hier an den Ausläufern der Kalkalpen auf Input der Extraklasse freuen!

Unser Weg führt uns zunächst in einer Linkskurve an einigen Häusern und Hütten vorbei, deren üppige Blumendekoration uns schon fröhlich einstimmen. Nach wenigen Minuten erreichen wir das **1 Strandcafé,** eine nostalgische Wirtschaft mit herrlicher Seeterrasse, guter regionaler Küche und interessanter Weinauswahl. Wer den Weg in umgekehrter Richtung läuft, kann hier genussvoll einkehren. Wir sind ja gerade erst gestartet und widerstehen zunächst der Versuchung. Etwa in Höhe des Strandcafés verliert sich die Bebauung, der weitere Weg ist nahezu unbebaut.

Auf der Südseite des Sees folgen wir dem Weg nach Osten. Unsere Sinne werden üppig verwöhnt: Schauen wir nach rechts, rauschen kleine Wildbäche von den Felsen herab. Wenden wir die Augen gen See, werden wir nicht minder überrascht: Immer wieder führen schmale Pfade die Böschung herunter direkt an das Wasser. Wie schön! In diesen Buchten

Kilometer: 8
Höhenmeter: 120
Stunden: 2
RUNDWEG

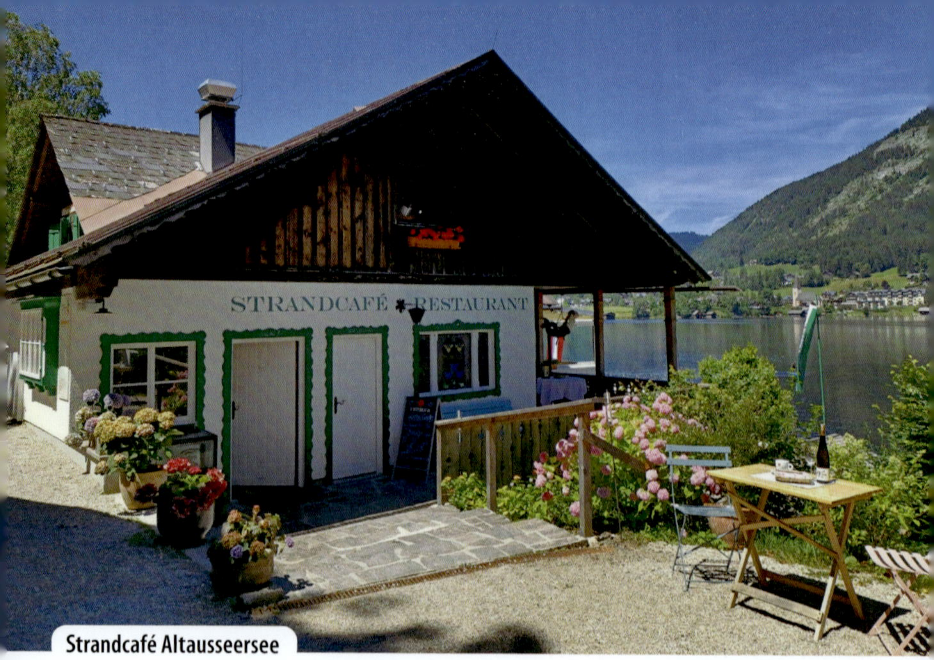

Strandcafé Altausseersee

*Das Gebiet rund um den Bergsee steht unter strengem **Naturschutz**. Hobbybotaniker entdecken hier viele, auch seltene alpine Pflanzen. Doch es gilt: Pflücken oder Ausgraben verboten!*

*Mit etwas Glück können wir direkt vom Uferweg aus **Steinadler** entdecken, vor allem an den schroffen Felsausläufern des Toten Gebirges. Die seltenen, majestätisch wirkenden Greifvögel bauen hier in den Felshorten der Nördlichen Kalkalpen ihre Nester.*

ist das Baden erlaubt. Saubere ❷ **Kiesstrände** laden zum Verweilen ein, das Wasser des Sees hat Trinkwasserqualität. Es ist im Sommer nicht so kühl wie das der meisten Bergseen, denn der See liegt windgeschützt. Auch wenn wir erst eine halbe Stunde unterwegs sind: Hier sollten wir Pause machen und uns erfrischen. Also: Handtuch und Badesachen nicht vergessen!

Wir folgen dem Weg bis zu seinem Scheitelpunkt am Nordostufer. Hier müssen wir uns entscheiden: Nehmen wir die – ebenfalls ausgeschilderte – Abkürzung durch die Seewiese oder folgen wir weiter dem Hauptweg? Beide Alternativen sind reizvoll. Die Hauptroute ist etwas länger, führt an den schroffen Felsen der Trisslwand vorbei und bietet einen Blick von oben auf einen kleinen Nebensee, den verwunschenen ❸ **Astersee.** Hier wurden im Zuge des Naturschutzes vom Aussterben bedrohte Baum- und Straucharten gepflanzt, damit gefährdete Tierarten ein Zuhause finden. Es lohnt sich, hier etwas Zeit zu verbringen und diese Maßnahme gegen die Auswirkungen des Klimawandels intensiver zu studieren. Und wo hat es zuletzt so gut gerochen?

Der Reiz der Ostspitzen-Abkürzung über die Seewiese ist nicht die Zeitersparnis von rund 10 Minuten, sondern das landschaftliche Juwel, das sich uns dort bietet: Am Kies- und Wiesen-Seeufer überrascht uns ein atemraubender Blick auf **Loser** (rechts) und **Dachsteingletscher** (links). Hier kehren wir in das ④ **Jagdhaus Seewiese** ein. Der tschechisch-österreichische Autor Friedrich Torberg hat dieses liebevoll geführte Wirtshaus einst „die schönste Sackgasse der Welt" genannt hat. Auch Hugo von Hofmannsthal und Arthur Schnitzler kehrten hier regelmäßig ein. Ihnen und anderen Literaten verdankt der Altausseer See seine liebevolle Bezeichnung als „steirisches Tintenfass".

Für die Seele

Ein artenreiches Naturschutzgebiet und faszinierende Bergblicke: Diese Tour sorgt für Wow-Momente!

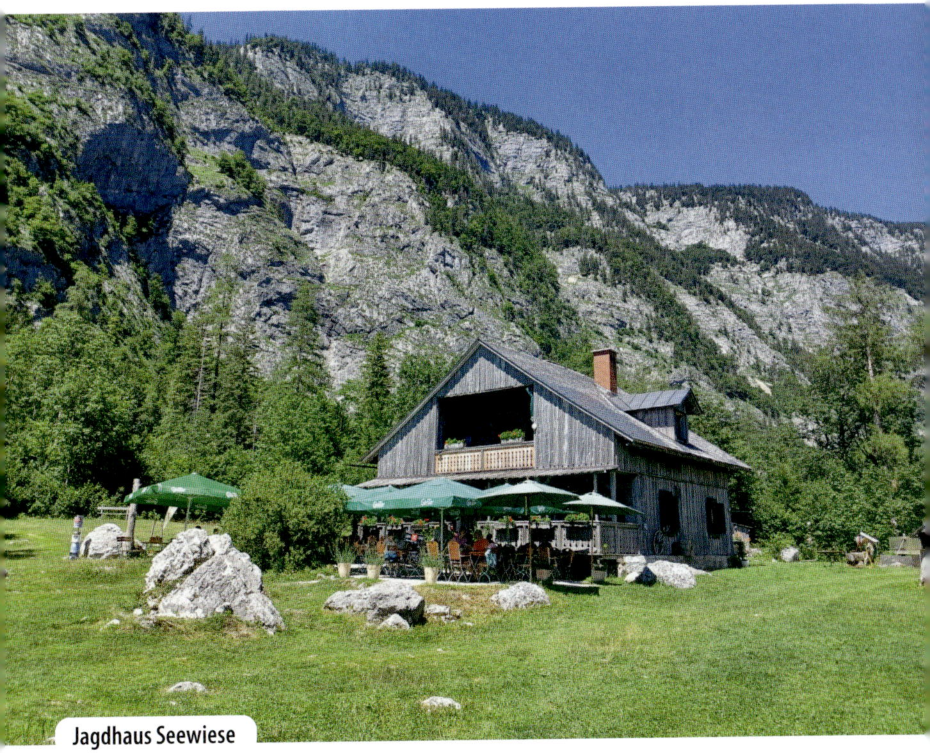

Jagdhaus Seewiese

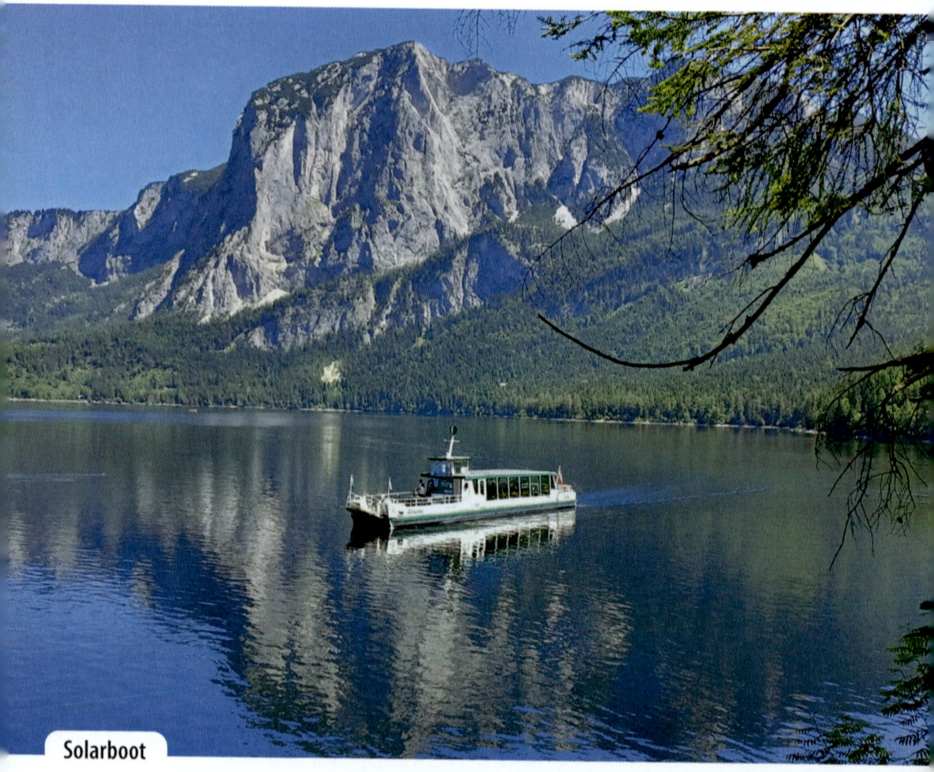

Solarboot

Der **Loser** (1837 Meter) wird von den Einheimischen liebevoll als Hausberg von Altaussee bezeichnet. Man erkennt ihn von Weitem: Die Form seines Gipfels ähnelt der eines riesigen Ohrs. Der Name „Loser" bedeutet in der Sprache der Jäger „Ohr des Wildes".

An der Seewiese befindet sich auch eine kleine Schiffsstation. Wer schon müde Beine hat, kann entweder das Solarboot oder eine Plätte, ein traditionelles kielloses Holzboot, nehmen und nahezu geräuschlos über das Wasser zurück zum Ausgangsort gleiten. Alle anderen beginnen nun den knapp 4 Kilometer langen Rückweg entlang des Nordufers nach Westen.

Der Rückweg führt uns noch direkter am See entlang als der Hinweg. Was für ein Lichtspektakel: Hier schimmert der See hellgrün, dort fast dunkelblau. Forelle und Seesaibling sind im kristallklaren Wasser gut zu erkennen.

Zu Beginn des letzten Viertels unseres Rundwegs stoßen wir auf eine Wiese mit interessanten Exponaten, die ⑤ **Naturbaustelle im Europaschutzgebiet.** Hier bestaunen wir den Wurzelstamm einer Tanne aus dem Frühmittelalter, finden einen Gedenkstein an Richard Strauss' „Alpensymphonie" und lernen über eine Skulptur Paul Preuss und seinen freien Kletterstil kennen.

Der Weg neigt sich nun seinem Ende zu. Noch mal abkühlen? Kein Problem, auch am Nordufer kann man an mehreren Stellen wunderbar baden. Am Ende unseres Rundwegs befindet sich der gut zugängliche ⑥ **Naturbadeplatz Kahlseneck,** eine größere Erholungsfläche, die ebenfalls kostenfrei genutzt werden kann. Die gleichnamige ⑦ **Jausenstation** lädt zur geselligen Rast ein.

Bevor wir in die Ortschaft zurückkehren, bleiben wir noch einmal stehen und atmen ganz tief ein: Die

*Der **Uferwanderweg** ist gesäumt von hohen Tannen, Lärchen und Zirben. An den Hängen finden wir auch Rotbuchen, Bergahornbäume, Eschen und Erlen. Waldkäferarten wie der Alpenbock sind hier in den Altholzinseln zu Hause.*

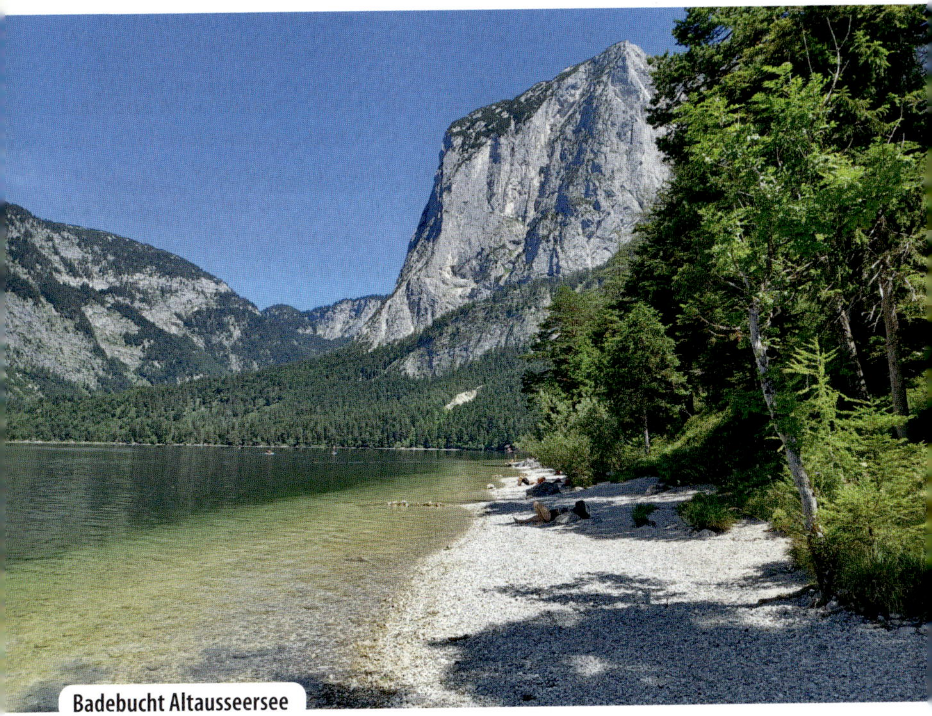

Badebucht Altausseersee

*2015 wurden hier Teile des **James-Bond-Filmes „Spectre"** gedreht. Die österreichische TV-Serie „Der Altaussee Krimi" nach den Romanen von Herbert Dutzler spielt ebenfalls hier.*

Luft riecht köstlich, je nach Jahreszeit vermischt mit dem Duft der prallen Vegetation. Ein wahrer Frischekick für unsere Atemwege! Wer hätte so viel energievolles Leben am Rand eines „Toten" Gebirges erwartet …

Wieder angekommen am westlichen Teil des Nordufers, führt uns der Weg nun auf wenig befahrenen Straßen entlang der Villa Frischmuth und der Friedhofsmauer wieder zurück in die Ortsmitte. Hier halten wir uns links und gelangen zurück an unseren Ausgangspunkt. Diesen Teil des steirischen Salzkammerguts werden wir als perfekten Ort in Erinnerung behalten, um mit allen Sinnen frische Kraft zu tanken.

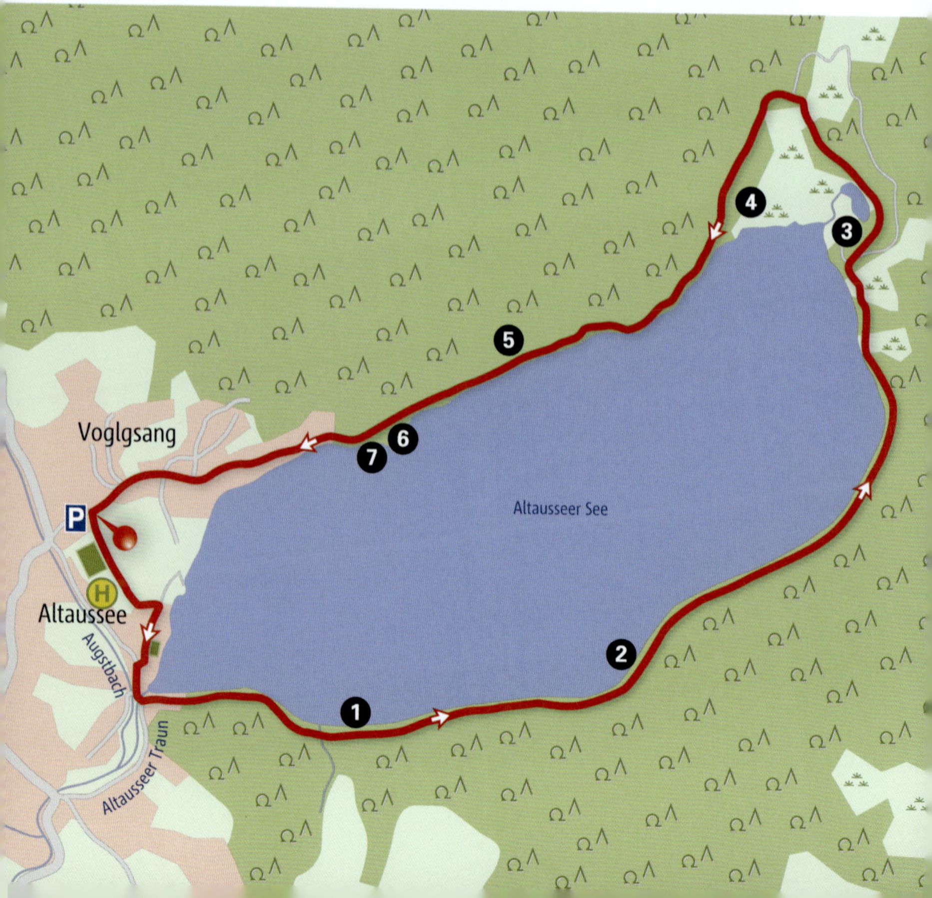

ALLES AUF EINEN BLICK

Entspannung
Abenteuer
Vielfalt

WIE & WANN

Größtenteils geschotterter Weg oberhalb des Seeufers. Der Wanderweg ist von Frühjahr bis Herbst begehbar. Im Winter sind Teile wegen Lawinengefahr gesperrt, es gibt eine Winterwanderweg-Variante.

HIN & WEG

Auto: Parkplatz Zentrum, Fischerdorfer Straße, 8992 Altaussee
ÖPNV: Bus 955, Haltestelle Kurhaus

ESSEN & ENTSPANNEN

1. **Strandcafé,** Puchen 197, 8992 Altaussee, Tel. +43 (6 64) 2 12 93 09, www.strandcafe.at
4. **Jagdhaus Seewiese,** Altaussee 136, 8992 Altaussee, Tel. +43 (6 64) 3 38 76 22, www.jagdhaus-seewiese.com
7. **Jausenstation Kahlseneck,** Fischerndorf 168, 8992 Altaussee, Tel. +43 (6 64) 4 10 25 45, www.kahlseneck.at

ENTDECKEN & ERLEBEN

2. **Badebuchten mit Kiesstränden**
3. **Astersee**
5. **Naturbaustelle im Europaschutzgebiet**
6. **Naturbadeplatz Kahlseneck,** Fischerndorf 168, 8992 Altaussee, www.kahlseneck.at

Die GPS-Daten zu jeder Tour gibt es auf
www.droste-verlag.de

Konzeption/Satz: Droste Verlag, Düsseldorf
Einbandgestaltung: Britta Rungwerth, Düsseldorf, unter Verwendung von Bildern von © Fotolia.com: Andrey Kuzmin, undrey, dabost, niroworld; © www.stock.adobe.com: mRGB
Fotos: Silke Feltes, Bodo Kowasch, Anja Schriever, außer: S. 16: www.stock.adobe.com/Winfried Rusch; S. 18: Tigerente, CC BY-SA 4.0 (https://commons.wikimedia.org/w/index.php?curid=101866313); S. 19: www.stock.adobe.com/EKH-Pictures; S. 42: www.stock.adobe.com/visualpower; S. 122/123: www.stock.adobe.com/dinkaspell; S. 129: www.stock.adobe.com/Sonja und Gerald; S. 133: www.stock.adobe.com/Karl Allen Lugmayer; S. 176/177: Isiwal, CC BY-SA 4.0 (https://commons.wikimedia.org/w/index.php?curid=51846399); S. 178: www.stock.adobe.com/Olha
Textlektorat: Birgit Knape, Mainz
Karten: Angelika Solibieda, Karlsruhe
Druck und Bindung: LUC GmbH, Greven

ISBN 978-3-7700-2519-0
www.droste-verlag.de

FSC
www.fsc.org
MIX
Papier | Fördert gute Waldnutzung
FSC® C011279